组织管理与领导力

安轶龙　兰　芳　主编

南开大学出版社

天　津

图书在版编目（CIP）数据

组织管理与领导力/安轶龙, 兰芳主编. —天津：
南开大学出版社，2017.11（2020.1重印）
ISBN 978-7-310-05487-9

Ⅰ. ①组… Ⅱ. ①安… ②兰 Ⅲ. ①企业管理—组
织管理学②企业领导学 Ⅳ. ①F272.9

中国版本图书馆 CIP 数据核字(2017)第 250101 号

南开大学出版社出版发行
出版人：陈敬
地址：天津市南开区卫津路94号　　邮政编码：300071
营销部电话：(022)23508339　23500755
营销部传真：(022)23508542　　邮购部电话：(022)23502200
*
天津市蓟县宏图印务有限公司印制
全国各地新华书店经销
*
2017 年 11 月第 1 版　　2020 年 1 月第 3 次印刷
260×185 毫米　16开本　12.5印张　300千字
定价：32.00元

如遇图书印装质量问题,请与本社营销部联系调换,电话：(022)23507125

前　言

　　大学生是国家培养的高层次专门人才，对在校大学生进行组织管理及领导力方面进行指导，帮助大学生在就业时顺利地步入社会，适应我国高速发展的社会经济形势，这是教育工作者的责任和义务，也是我们组织编写此书的初衷。

　　当谈到组织管理的时候，就是讨论责任、目标和权力。组织管理理论从简单意义上来说，就是探讨责任和权力是否匹配的理论。因此，组织管理往往与领导力紧密相连。本书所涉及的组织管理与领导力，其研究对象主要包括现代企业及其管理者。

　　本书的使用者主要是以本科生为主，本书以高等教育通识教育改革为基础，以提升在校学生的组织管理及领导力管理方面能力为目标进行编写。本书既可以作为高等院校通识教育课程教材，也可作为高校教师授课的教学参考教材。本书努力将理论分析与实际管理技能指导相结合，在书的每个章节中，均有与该章节内容相匹配的案例呈现给各位读者，每章均配有各种类型的习题与思考题以及实训题。

　　本书并非专业课教材，而是一本旨在面向在校大学生通识教育课程的教材。本教材紧紧围绕全面提升在校大学生组织管理及领导力等方面的管理能力这一主线，试图通过学习本教材，使其在走向工作岗位之前，初步掌握组织管理及领导力方面的管理技能。

　　本书在编写过程中，得到了多位专家的关心、指导以及有关高校的大力支持与帮助，同时，本书在编写过程中借鉴、参考和引用了众多的相关学科的书籍和内容，并吸取了其中许多的精髓，在本书即将出版之际，谨向有关作者表示衷心的感谢，并向对本书在编写过程中给予支持的有关专家表示诚挚的谢意。

　　由于编者水平有限，错误和疏漏之处在所难免，恳请专家和读者批评指正。

《组织管理与领导力》编写组

2017 年 7 月于天津

目　录

第一篇　组织管理与领导力导论

第一章 组织管理概述

引例：

有七个人住在一起，每天共喝一桶粥，显然粥每天都不够。一开始，他们抓阄决定谁来分粥，每天轮一个。于是乎每周下来，他们只有一天是饱的，就是自己分粥的那一天。后来他们开始推选出一个道德高尚的人出来分粥。强权就会产生腐败，大家开始挖空心思去讨好他，贿赂他，搞得整个小团体乌烟瘴气。然后大家开始组成三人的分粥委员会及四人的评选委员会，互相攻击扯皮下来，粥吃到嘴里全是凉的。最后想出来一个方法：轮流分粥，但分粥的人要等其他人都挑完后拿剩下的最后一碗。为了不让自己吃到最少的，每人都尽量分得平均，就算不平均，也只能认了。大家快快乐乐，和和气气，日子越过越好。

思考：请问从上述故事中，你能想到什么？

在人类历史上，自从有了组织活动，就有了管理活动。那么，为何要管理？这是因为有许多事情，不是一个人所能完成的。只要是做需要一人以上来完成的工作，就需要管理。无论从微观方面还是从宏观方面都是如此。就微观而言，例如，有多人在进行拔河比赛，在该过程中，就构成了一个最为简单的"组织"，需要喊口令来协调彼此的行动，所谓"喊口令"就是一种最原始的管理方式；抑或经营企业的过程，也是如此，为了能够使企业高效地运行，必须配以高效的管理来协调企业各个部门之间、不同企业之间、企业与市场之间等各方面的关系。就宏观方面而言，人类社会发展过程中一直存在如何高效利用资源，将有限的资源分配到最为需要的地方，使资源得到更为有效的配置的问题，所以对于政府部门来讲，就需要组织、协调、管理、分配有限的资源，上述这些都属于广义上的管理。

就本书而言，所要研究的管理主要是针对企业及其管理者来说的。随着现代生产技术的迅猛发展，尤其是虚拟企业的出现，企业内部活动与外部环境之间的配合难度越来越大，准确度要求越来越严格，此时，如何进行组织管理与管理组织就显得尤为重要了。

第一节 组织和管理的含义和特点

一、组织的含义

现代社会，几乎所有的活动都是依靠组织运作，而时下所谓的"组织论"研究，多半是指如何管理、驾驭行政、企业组织的方法或临时改善策略，并未直接探索组织的本质，如今，几乎没有人不知道组织的重要性。在本书中，"企业""组织""机构"多指代相同的含义。它们之间的区别仅仅在于涵盖的范围略有不同，有时是一般意义上的泛指，有时是特指某个具体的社会领域。在本书中，"组织"和"机构"，不论是任何种类，依照怎样的法律形式组建，都可以统称为"组织"或"机构"。需要指出的是，本书中的"企业"则主要针对经济领域。了解和关注组织是每一个人必须掌握的，尤其是对于管理者。之所以如此认为，是因为大多数在组织里工作的人并不理解究竟什么是组织。组织管理大师查尔斯·汉迪认为，"在我看来，有时候组织会成为禁锢人们灵魂的监狱。我自己在组织中工作时常常会有这种体验。"从中可以看出，组织和个人有着极其微妙的关系，组织是指有共同目标的人群集合体，个人为了生存和发展，需要有组织。组织的存在是为了实现目标，组织管理的存在是为了提升效率。需要进一步指出的是，本书所指的"组织"一词有双重含义，一是任何一个机构就是一个组织；二是每个机构都有自己的组织结构。前者涉及的是"组织"概念的体制方面，这里的机构和组织具有相同含义。后者则是从"组织"概念的职能角度出发，也就是说每个机构都需要一定的组织架构，即必须"进行组织"，以确保自身的正常运转。结合本书所指的企业组织而言，企业组织系统需要解决的主要是人的问题，如人力资源管理、薪酬管理等。

二、组织的特点

了解和关注组织是每一个管理者必须掌握的，这里需要了解组织自己的特点。

（一）组织因目标而存在

在组织的理解中，对于目标的正确认识就非常重要了，组织的目标应该明确且单纯，特别要强调的是时间，在一定时间内，只有单纯的组织目标才能够有效地被实现，所以时间概念尤为重要。对于企业组织而言，它的目标非常明确：持续的获利能力。一般认为，合理的战略始于确立正确的目标。引用迈克尔·波特的观点：能支持合理战略的唯一目标就是超强持续的盈利能力。企业组织因为超强的持续获利能力而获得了技术领先以及规模的扩大，当企业追求体量大、追求技术领先、追求快速成长的时候，必须记得这些不是企业组织的目标，这只是过程中的一个个环节，但不是目标。企业组织需要在不同的时期，使得自己的目标明确并且单纯，只有这样，企业组织才能够不至于因为目标的混淆或多个目标的选择而耗费了资源。

（二）组织内的关系是人与人之间的关系

需要明确的是，组织里只有管理者和被管理者两种人，组织内的人与人之间是管理与被管理的关系，不是合作关系。然而，很多人遇到过这样的情况，当把很优秀、能力非常强的人组织在一起的时候，并不会得到最好的绩效。每个部门都关心自己如何调整才能与其他部门"无缝"衔接，下级关注自己怎样配合好才能为上级提供支持，而上级则会要求自己为下级解决问题并提供帮助。究竟如何理顺组织内人与人的关系，一是使员工明确，工作评价来源于工作的相关者；二是对于管理者来说，应做到"绝不让雷锋吃亏"；三是激励和宣扬组织的成功而不是个人的成功。

（三）组织处在不确定的经济社会中

时下，虽然市场经济已深入人心，但中国的大部分企业组织还处在一个相对稳定的结构中，组织运行还多沿用一种传统等级制度的、机械的、稳定的方式。但是，以当今的竞争环境来说，降低成本和企业高速增长并存，看似矛盾却并存的现象却是企业组织必须面对的情况。所以，企业组织一方面需要系统自身的稳定，一方面又需要在竞争环境之中不断变化；一方面需要留住优秀的人才，一方面又需要不断引进新的人才以打破固有的平衡；

一方面要保持竞争优势，一方面又要超越自己，放弃固有的东西。每个企业组织都面临着一个全新的局面，一是组织不再是一个"封闭的系统"；二是组织的经营环境已经不再是稳定的状态；三是处于互联网时代的组织呈现出动态组合的特性。

三、管理的含义

上文中对于组织的特点进行了探讨，由于组织是为了生存和发展，因此，类似管理组织这样的课题随之出现。要想厘清如何提高管理组织能力，那么须明确"管理"到底是什么。对于"管理"一词，人们并不陌生，对于管理的定义，主要是以早期的管理学者玛丽·帕克·福莱特将其描述为"通过其他人来完成工作的艺术"为代表，她将管理视为艺术，显然关于管理一词的定义并不全面。再则，斯蒂芬·P. 罗宾斯和玛丽·库尔塔将管理定义为"和其他人一起并且通过其他人来切实有效完成活动的过程"。这一定义既强调人的因素，又强调以最低的投入换取既定的产出。沃伦·R. 普伦吉特和雷蒙德·F. 阿特钠将管理定义为"一个或多个管理者单独和集体通过行使相关职能（计划、组织、人员配备、领导和控制）和利用各种资源（信息、原材料、货币和人员）来制订并达到目标的活动。"这一定义比之前的学者的定义更为具体一些，突出了管理的职能。而国内学者如徐国华等认为，管理是"通过计划、组织、控制、激励和领导等环节来协调人力、物力和财力资源，以期更好地达成组织目标的过程"。这一定义有三层含义：第一层含义说明，管理措施（或职能）有五种——计划、组织、控制、激励和领导。第二层含义是第一层含义的目的，即通过采取上述措施来协调人力、物力和财力资源。第三层含义又是第二层含义的目的，即通过协调人力、物力和财力资源来更好地达成组织目标。以上三层次环环相扣，构成一个有机整体。杨文士等将管理定义为"组织中的管理者，通过实施计划、组织、人员配备、指导和领导、控制等职能来协调他人的活动，使别人同自己一起来实现既定目标的活动过程"。该定义与前一定义没有本质的区别，只不过它只强调人的作用，而对其他资源的作用有所忽视。通过上述国内外学者对于管理这一定义的探讨，综合上述列举的定义，本书将管理定义为一定组织中的管理者在特定的组织环境约束下，运用计划、组织、人员配备、领导和控制等职能，整合和利用组织的资源，使他人同自己一起实现组织既定目标的活动过程。进而，管理的含义可理解为，一是管理的载体是组织。组织包括事业单位、国家机关、政治党派、社会团体及宗教组织等。当然，管理不能脱离组织而存在，同样，组织中必定存在管理。二是管理的本质是活动或过程，而不是其他。更为具体地说，管理的本质是分配、协调活动或过程。三是管理的对象是包括人力资源在内的一切可以调用的资源。可以调用的资源通常包括原材料、人员、资本、土地、设备、顾客和信息等。在这些资源中，人员是最重要的。在任何类型的组织中，都同时存在人与人、人与物的关系。但人与物的关系最终仍表现为人与人的关系，任何资源的分配、协调实际上都是以人为中心的。所以管理要以人为中心。四是管理的职能是计划、组织、领导、控制和创新。五是管理的目的是为了实现组织既定的目标，而该目标仅凭单个人的力量是无法实现的。通过对管理的含义的分析，可以明确几个重要的理念：一是管理是最重要的社会职能之一，一个社会能否正常运转，就取决于对社会生活的管理。只有通过好的正确的管理，才能有效整合资源，实现社会利益的最大化；二是管理是一种后天可学的能力，它是一个行业、一项技能，和其他工作一样，有对其做出规范、保证其顺利执行的行业准则；三是值得学习的管理能力只有一种，即好的正确的管理；四是管理者并不是人人都能胜任的。

四、管理的特点

回答了管理是什么，就解决了管理观的问题，之所以关心管理观的问题，是为了引出管理的特点。

（一）管理只对绩效负责

企业的绩效包含着效益和效率两个方面的内容。对于管理而言，需要有好的效益的同时，又需要用最快的时间达成这个结果。因此，无论采用何种管理形式和管理行为，只要是能够产生绩效的，就认为是有效的管理形式和管理行为，如果不能产生绩效，这种管理行为或管理形式就是无效的，可以确定其就是管理资源的浪费。

（二）管理是一种分配

管理需要分配权力、责任和利益。但是需要特别强调的是，必须把权力、责任和利益等分成一个等边三角形（图1-1）。在管理上出错基本上都是没有把上述三者分成等边三角形。很多管理者喜欢把权力、利益留下，把责任分出去，好一些的管理者把权力留下，把利益和责任一起分出去，也有管理者认为责任和权力以及利益都应该留在自己的手上，根本不做分配。显然这些观点都是非常错误的。管理是在责任的基础上所做的行为选择，需要在界定责任的同时，配备合适的资源，并让人们可以分享到管理所获得的结果。因此，基于责任所做的权力和利益的分配，就是最合适的管理行为。

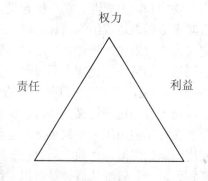

图1-1　管理三角形

（三）管理始终为经营服务

管理是服务，最直接的意义就是管理始终为经营服务。因此管理对服务有着非常明确的含义，管理不是为任何人服务，它是为经营目标服务的。管理与经营是管理者需要具备的两种能力，经营能力是选择正确的事做，管理能力就是把事情做正确。管理始终为经营服务，当在经营上选择薄利多销时，管理上就要选择成本管理和规模管理；在经营上选择一分钱一分货时，管理上就要选择品质和品牌管理；如果像联邦快递一样在经营上选择"隔夜服务"时，管理上就要进行流程管理；如果像戴尔一样选择"直接定制"时，管理上就要进行柔性化管理。

（四）管理是"管人理事"

之所以这样认为，就某一角度而言，每个人都希望得到尊重而不是管理，每个人都本能地认为自己有自我约束能力，尤其是具有自我实现能力的人，更加觉得为其提供平台发挥比任何事情都重要。在这样的认知条件下，如果不能理解管理应该是管理事务，而坚持管理人员的话，一定是得不到管理的效果的。对于企业管理而言，问题就出在管理者只关心人们的态度和表现，并未清晰地指引应该做什么事情，只是凭着兴趣和情绪来做，是一定无法评定和控制结果的，界定应该做的事情就是管理。

【课后材料】

身为计算机工程师的小李在公司人事缩减时被裁员，他难过极了。"我又没有犯什么过错，"他沮丧地问同事，"经理为什么选择把我裁掉？"小李回家想了好半天，一直摆脱不了心里的不满和疑惑，终于决定亲自找经理谈一谈。"我只是想了解一下这次裁员的原因。我知道这次为了精简公司编制，总得有人被裁掉，我很难不把裁员的原因和我的表现联想在一起。"小李将在心里排练好久的话一口气全讲了出来，"如果真的是我表现不好，请经理指点，我希望有改进的机会，至少在下一个工作上我不会再犯一样的错误。"经理听完小李的话，竟露出赞许的神色，"如果你在过去的这一年都这么主动积极，今天裁的人肯定不会是你。"小李不知所措地看着经理。"你的工作能力很好，所有工程师里你的专业知识算是数一数二的，也没犯过什么重大过失，唯一的缺点就是主观意识太重。团队中本来每个人能力不一，但只要积极合作，三个臭皮匠赛过诸葛亮。如果队员中某个不懂得主动贡献，团队总是为了他必须特别费心协调，就算那个人能力再好，也会变成团队进步的阻力。"经理反问道，"如果你是我，你会怎么办？""但是我并不是难以沟通的人啊！"小李反驳。"是没错。但如果你将自己的态度和同事相比，以 10 分为满分，在积极热心这方面，你会给自己几分？"经理问。"我想我明白了。"小李说。原来自己是个"可有可无"的员工。

通过上述这个小案例可以看出，能力是非常重要的，但同时需具备一个更为重要的条件，那就是对于组织来说，个人是否愿意热情地付出，如果个人不肯付出，总是让组织迁就你的习惯，那么即便你具备非常强的能力，但对于组织而言，都是"可有可无"的。

（资料来源：http://www.sohu.com/a/118246573_460374.）

第二节　管理的内容和形式

一、管理的内容

众所周知，管理实际上是人、物、事三者之间的辩证关系，不同的组合就会产生不同的结果，而管理，就是确保人与物结合后能够做出最有效的事来。因此，可以这样认为，就管理来说，其主要的内容就在于对上述三者间的辩证关系的认识。同样的人，同样的资源，交由不同的管理者来运作，结果就会相差很远，那么，人、物、事三者之间的关系是怎样的呢？其一，管理就是让下属（人）明白什么是最重要的；其二，管理不分对错，只面对事实（事），解决问题；其三，管理是"管事"而非"管人"；其四，衡量管理绩效的唯一标准是能否让个人目标与组织目标合二为一；其五，管理就是让员工（人）得到并可以使用资源。以上五点是对管理内容的简述，具体而言，人、物、事三者之间不应涉及地位、级别和特权，针对企业而言，管理不只是企业经营，管理不只是"对人的管理"，不只是高层管理，管理开启的是社会职能。通过以上的分析，对于本书所研究的企业组织来说，管理的内容概括地讲包括计划管理、流程管理、组织管理、战略管理和文化管理五项内容。这五项内容之间是层层递进的关系，即计划管理解决的是资源与目标是否匹配的问题；流程管理解决的是人与事是否匹配的问题；组织管理解决的是权力与责任是否匹配的问题；战略管理解决的是企业核心能力的问题；文化管理解决的是企业持续经营的问题。其中，前三项（计划管理、流程管理、组织管理）被称为基础管理，这是企业生存的关键，后两项（战略管理、文化管理）属于更高一个层面的管理。

二、管理的形式

管理的形式可分为自我管理、决策管理、有效管理、成果管理。

（一）自我管理

自我管理是个人对自我生命运动和实践的一种自发或主动的调节。自我管理的流程是自我认知、自我调控、自我激励、自我评价及自我反省。在当今社会中，个体要自我管理、自我约束、自我完善，进而达到自我实现、自我成就、自我超越。自我管理的关键是充分调动自身的各种调节功能，通过发现优势准确定位自己，且遵从自身的价值观，激发自身的潜能。对于当今社会的管理者，自我管理是极其重要的。例如，比尔·盖茨、松下幸之助、韦尔奇等都是自我管理的典范。自我管理是个人对自身价值的追求，建立明确的目标并一以贯之地执行是走向成功的基础。管理大师德鲁克认为，随着社会、经济和技术的变革，社会对个人的要求越来越多，知识工作者甚至最普通的劳动者都需要自我管理，要善于发现自己的优势并为自己定位。任何人都要把自己定位在能做出最大贡献的位置上，而且要不断努力学会自我发展。例如，李嘉诚先生认为，"想当好经理人，首要的任务是知道自我管理是一重大责任，在流动与变化万千的世界中发现自己是谁、了解自己要成为什么模样是建立尊严的基础。自我管理是一种静态管理，是培养理性力量的基本功，是人把知识和经验转化为能力的催化剂"。总而言之，就可操作层面来讲，自我管理是围绕解决如下六个问题展开的：一是明确自身优势，继而如何发现它；二是如何做事才能取得绩效；三是明确自身的价值观及职业归宿在何方；四是明确自身应该做什么贡献及能做出什么贡献；五是明确自身在人际关系上应承担哪些责任；六是学会授权于人。

（二）决策管理

诺贝尔奖获得者赫伯特·西蒙认为，管理就是决策。决策伴随着管理者管理生涯的始终。无论是在企业发展的哪一个阶段，决策者都必须明确自己想要达到的目标及实现的可能，都必须审慎地认识到决策的有效性及可操作性，无论企业是高歌猛进还是低迷困窘。决策者应该理性地认识现实和市场。决策无处不在，决策成则企业荣，决策败则企业亡。那么，如何进行有效决策呢？一是确定决策目标。例如，王石于1984年创立万科公司，那时，他面对的是政策松绑的巨大市场空间，万科抓住机遇，实现多元化发展，公司创办后的前七年，万科的业务范围涉及进出口、零售、房地产、影视文化、广告、饮料、印刷、电气工程等13类，可谓"多点开花"，直到1992年，万科公司抓住中国开放房地产业，在1993年后，开始全面收缩业务，其力度之大为企业改造所罕见，在当时的决策者看来是不可思议的。彼时，万科提出以房地产业为主业，在房地产经营的品种上，以中档城市民居为主，在投资地域上，万科回师深圳，将重点经营放在北京、天津、上海、深圳四个城市，这才造就了今天的万科，摆脱了中国民营企业在发展初期普遍存在的"短视即短命"的宿命。二是进行有效决策的基本要求。例如，当年可口可乐公司在中国市场推出"天与地"果汁饮料，但产品销售一直低迷，究其原因，可口可乐公司在推出该产品之前，并未仔细研究消费者的需求，最终导致"天与地"退市。有效决策必须全面考察市场，必须关注哪些因素影响到决策的执行，必须认真核对信息的真实性。三是重视别人的意见。例如，当年的柯达公司创始人乔治·伊士曼为了改善公司的经营管理，很重视倾听员工的意见。为此，他在公司设立了建议箱，这在美国企业界是一项创举，自建议箱从1898年设立一百多年来，公司共采纳员工所提的七十多万条建议，付出奖金达2000万美元。决策者应该认真倾听员工的建议和看法，积极采纳员工提出的合理化建议，员工参与管理会使工作计划和目标更加趋于合理，还会增强其工作的积极性，提高工作效率。四是决策必须坚持做正确的事情。决策就是做正确的事情，所以要求决策者必须坚持是非标准，必须以德为先，以人为本，而不是只强调利益。五是必须付诸行动。没有行动的决策只能是一种想法，不能付诸行动的决策等于没有决策。例如，当年麦当劳的创始人雷蒙·克罗克创建麦当劳时，已经52岁了，还没有自己的事业，当他发现快餐的经营方式已经到来之时，毅然决定经营快餐店，并且买下了汉堡、炸薯条的专利权，这样的决策遭到了家人及朋友的一致反对，但他毫不退缩，在他看来，决定大事，应该考虑周全，可一旦决定了，就要一往无前，赶快行动。行与不行，结果会说明一切，最重要的是有行动。之后的发展，证实了克罗克当时决策的正确性，他取得了巨大的成功。克罗克的成功经历说明行动才能出结果，要想取得成功，必须付出行动，而且必须在第一时间付出行动。六是进行必要的妥协。德鲁克认为，决策必然会遇到妥协，妥协是决策的常态。例如，在1929年的美国经济大萧条时期，有一个名叫西尔的企业家，他的企业也曾陷入困境，他试图通过写信给他的同事、朋友等缓解困境，他希望朋友们给他回信，但那时邮票对于每个人来说都属于"奢侈品"，他在给每个人的信中附上了2美元，作为回信的邮票钱，大家都被感动了，西尔收到了订单，使企业很快有了转机。在当时的大萧条中，西尔是为数不多的有所成就的企业家。西尔为何在大萧条中能够成功呢？因为他首先想到的是别人的困难，能够站在别人的立场上决策。决策者容易迷失在自己的思路中，总是考虑自己利益，但结果往往相反，因此，决策者必须善于妥协，学会在决策中运用别人的智慧，从而提高自我决策水平。七是避免不必要的决策。这就需要有效区分必要的决策和不必要的决策。

（三）有效管理

根据德鲁克的观点，良好的企业管理，必然是有效管理。在这里，有效管理必须厘清有效果和有效率以及做正确的事和正确地做事。可见，有效管理是一种结果导向型的管理，结果决定和说明一切。那么，如何做到上述的有效管理？一是管理者实行民主化管理。为使组织能够高效运转，组织的自我管理就必不可少了。例如，在目前出现的众多中小企业中，在企业初创期，企业的领导者对于企业的作用尤为重要，此时企业权力比较集中，但当企业发展到一定程度时，由于规模的扩大，此时企业对于分权、授权就显得异常重要了。诚然，对于专制式的企业管理，其结果是企业效率更高，但有效率并不代表有效果。因此，为了使企业能够有效地达到目标，管理水平低下的企业领导者大多采用专制式管理，优秀的管理者须学会用民主管理取代专制，在当前组织结构趋向扁平化的时代，管理者如果还固守专制式，就会降低管理的有效性，进而降低企业的绩效。二是管理者要适时授权。前文提到要实行民主化管理，首先必须分权。分权的目的显然是让基层组织发挥其主动性和创造性。这样做的好处是，一来能够充分调动基层管理者的积极性和主动性，二来能够使企业管理者集中于关乎企业发展的关键性问题。其次，就是授权。要吸取诸葛亮"事必躬亲"的教训，高明的管理者一定是善于授权的，用他人的智慧完成自己的工作。例如，韩国三星集团会长李健熙深谙授权之道。他在 1994 年 10 月将总裁办公室分设出主管电子、机械、化学及金融保险的四个集团长，将权力充分下放给由集团长和总裁秘书室主任等 7 人组成的集团经营委员会，负责最高层的决策。李健熙的充分授权，并不意味着其权力的衰减，这 7 人都是跟随他多年、与他最亲近的企业高管，他们一直在李健熙的授权下工作，对李健熙的想法知之甚详。即使李健熙不在，他们也能够提出与李健熙意见相差无几的决定。由此看出，管理者必须学会授权，授权能使企业更有竞争力。授权的基础是信任，很多领导者之所以不愿意授权，就是因为不信任下属。因此，决策者要学会授权，就要信任自己的下属。管理者要学会授权，更重要的是学会有效地授权，有效地授权是一项重要的管理技巧，为获得最佳成效，管理者还应适当地监督被授权者，同时给予正面的回馈。

（四）成果管理

成果管理是以目标为导向、以个人为中心、以成果为标准而使组织和个人取得最佳业绩的现代管理方法。它是在企业个体职工的积极参与下，自上而下地确定工作目标，并在工作中实行"自我控制"，自下而上地保证目标实现的一种管理方法。如何构建成果管理？其一建立完整的目标体系。企业明确了自身的愿景、目的和使命后，就应该将企业的目的和使命转化为目标并进行有效的目标管理。企业必须有总目标，各个部门及各个员工都应该有自己的分目标，而且分目标从属于总目标，分目标是实现总目标的基础。企业应该建立怎样的目标体系呢？企业的目标体系有哪些重要的方面呢？德鲁克认为，企业目标应该包括 8 个主要方面：市场目标、创新目标、人力资源目标、财务目标、物质资源目标、生产率目标、社会责任目标和利润目标。企业存在的目的是吸引顾客，那就必须首先有市场，应该建立完整而有针对性的市场目标。这与企业的定位和目的密切联系，一定要首先确定自己的目标顾客是哪些人。企业必须明确它所生产产品的创新点，即它需要在哪些方面进行创新，必须明确创新方向以及产业方向。因此，企业必须建立创新目标，而且能使创新目标在企业活动中被贯彻和执行。企业要生产，必须具备最基本的资源，包括人力、资本、物质投入等。这些方面的目标与企业规模和市场前景相关。企业应该充分有效地利用资源，以降低成本，进行成本控制，所以必须有相应的效率目标——生产率目标。企业存在于社会中，企业必须承担社会责任，这由企业的使命所决定。企业必须有社会责任目标，如企业应该为社会提供怎样的产品，企业的生产经营活动会不会影响到人们的生活、会不会破坏环境等。企业的社会责任目标应该与企业所需要建立的信誉、形象、知名度、美誉度等联系起来。其二运用目标管理的优势。管理者要善于运用目标管理的优势，从而提高管理绩效。包括确定组织目标，提高工作绩效，目标管理要立足现在，面向未来；目标管理的重点是授权，激发员工潜能，提高员工士气，促进沟通，全员参与，增进团结，消除各部门的本位主义、激励员工发扬自主自发的精神，提高工作效率；目标管理使管理评估具体可行。目标管理使得企业没有边界，打破了部门限制和层次阻隔，使沟通和协作能力迅速得以提高。管理者要准确理解目标管理的意义，以便在实际操作中不致"失之毫厘，谬以千里"。其三是建立"适度"的市场目标。所谓适度的市场目标从其本质上可分为两种：一种是定量目标，一种是定性目标。定量目标是可以量化的目标，比如某企业的目标是某年度的市场占有率达到40%；定性目标指不可以被量化的目标，比如某公司的目标是通过销售物美价廉的服装消除阶级差别，实现社会平衡。对于不能量化或难以量化的目标，一般都采用定性目标。决策者在确定目标时，不能只强调目标的量化与层次而忽视了目标的可操作性，因为不能被操作和执行的目标就没有价值。企业要建立适度的市场目标，必须注意以下几个方面的问题：①要改变目标的设定方式。在设定适度的市场目标时，尤其要考虑市场和营销部门的意见，领导者要习惯采用自下而上的目标设定方式，因为这样的目标设定方式是一种双赢的模式。②适度的市场目标要重视经验。企业在设定市场目标时，可以根据本企业近几年的增长率及同行业的增长率来客观评价企业的发展状况及行业的市场饱和程度。企业可以参照这两种标准，然后结合企业内部和外部情况加以综合考虑。③要注意目标的协调性。企业设定的往往是一组目标，这些目标必须相辅相成、协调一致。市场目标必然涉及成本、利润、广告、公关、生产等各个部门，市场目标的变化必须参照这些部门的情况来综合确定。因此，适度的市场目标必然是协调的目标，否则就会导致部门冲突和矛盾，最终会影响员工的生产积极性及企业整体业绩的提升。其四是生产率是衡量企业效益的重要参考指标。没有生产率目标，企业就没有方向；没有衡量生产率的各种方法，企业就会失控。所谓生产率，是指企业对资源利用效率的高低，是衡量企业产出的重要指标。生产率不是企业发展的核心因素，却是起关键作用的因素。谈到生产率，不得不提到以泰勒等人为代表的古典管理理论，其中心问题就是提高劳动生产率。现在大多数企业都接受"缩短工作时间"这一管理理念，所谓缩短工作时间，就是指让员工在有限的时间内生产尽可能多的产品。这种生产方法注重生产效率，不以延长时间来增加产品产量，而以一种竞争和激励机制来调动员工的生产积极性。生产率是企业获得利益、长足发展的法宝，管理者重视提高劳动生产率无可厚非，但管理者要从企业实际出发，从员工的需要出发，尽可能地激发他们的工作动力。也就是说，企业提高生产率要更多地从人性出发，更多地将之转变为一种激励机制。效率是人创造的，所以提高效率就必须以人性为基点。其五为成果可以提升自制力。所谓自制力是指一个人自觉地调节和控制自行动的能力。目标管理使管理者能够理性对待周围发生的事情，无须再关注乏味而惹人讨厌的具体问题，因为员工都能有效提高自己的自制力。成果管理追求目标实施的最终结果，这就使得管理者能有效控制自己的绩效表现。重视结果意味着较强的自我控制，也是一种自我激励。对于大多数员工而言，都希望自己能做得更好。这就使企业里洋溢着一种追求卓越、渴望进步的精神，这种自我控制、自我实现的精神比任何管理制度都有效，因此，成果管理大大增强了个人的自制力。通过实施成果管理，管理者调动了员工的积极性，也使自己从冗杂的事务中解放出来，专注于解决重要的问题。其六是成果关键在于执行。有效的成果管理应该能落实到实践中，应该可以被执行和应用。德鲁克认为，有效的目标绝不是美好的愿望，倘若如此，那么企业的目标就形同废纸，因此，任何抽象的目标都必须转化为各项具体的工作，这种工作应该有期限限制，可以考核并有特定的责任者。一个缺乏执行力的管理者不是一个合格的管理者，一个不能被应用的目标不是一个有效的目标，好的成果必须被运用，只有在运用中才能真正体现成果管理的价值。成果管理的优势在于，它能有效地提高工作效率，好的目标关键在于运用，在于执行。要运用就必须有方法，将成果管理应用得最为成功的国内企业是海尔集团。海尔集团CEO张瑞敏根据德鲁克的目标管理理论，结合海尔的实际，提出了著名的 OEC 管理法。OEC 管理方法也叫日清日高管理法，它是英文 overall every control and clear 的缩写。其含义是全方位对每人、每天所做的每件事情进行控制和清理，并要求每天有所提高，做到"日事日毕，日清日高"。具体地讲，就是企业每天所有的事情都要有人管，做到管理不漏项；所有的人均有所管理、控制的内容，并依据工作标准对各自控制的事项按规定的计划执行，每日把实施结果与计划指标进行对照、总结、纠偏，以达到对事物发展的过程控制、事事控制的目的，确保事物向着预定的目标发展。OEC 管理法促使企业以及每位员工、每项工作都能自我设定目标、自我发展、自我约束并实现良性循环。这一方法可以概括为：总账不漏项，事事有人管，人人都管事；管事凭效果，管人凭考核。其中，总账不漏项是指把企业内部所有的事物按照事与物分成两类，建立总账，使企业正常运行过程中所有的事和物都能被控制于网络之内，确保体制完整，不漏项，从而有利于全面的目标管理。事事有人管、人人都管事是指将总账中所有的事与物通过层层细化而设定目标，并落实到各级人员，由此确定各级岗位职责以及每件事情的工作标准。为达到事事控制的目的，每个人根据其职责建立工作台账，明确每个人的管理范围、工作内容，每项工作的工作标准、工作频度、计划进度、完成期限等。管事凭效果、管人凭考核是指任何人在实施过程中，都必须依据总台账的要求开展本职范围内的工作。这就使每个人能够在相对的自由度下创造性地体现自己的能力，力求在短时间内完成达到各种标准甚至高于标准的各项工作。海尔集团的 OEC 管理体系由三个基本框架构成，即目标体系、日清控制体系和有效激励体系。通过完整的管理体系，海尔集团将企业目标有效分解，并层层落实到每一个员工身上，从目标的设定到目标的控制，再到目标的考核，每一个阶段，目标都能被有效执行，这样就大大提高了员工的工作效率和绩效，并有效地将企业的绩效和员工的个人工作成果统一起来，正是由于海尔建立了科学的目标管理体系并有效地应用了目标，海尔才能快速、持续、健康的发展。由于海尔 OEC 管理充分关注了管理中人的因素，目标的执行就不再是刻板、严肃的数字和制度，而是转化成员工空前高涨的工作热情。好的目标必须被运用，只有在运用中才能真正体现目标管理的价值，成果管理的优势在于它能有效地提高工作效率，好的成果关键在于运用，在于执行。

【课后实训】

关于达到目标过程中的管理，可以参看日本东京芝浦电器股份有限公司提出的实现的程序与方法。

程序 1：下级可以根据下放的权限，在自我控制下进行工作。此时，上级应特别注意，权限下放可以借上下级的信任关系加以促进；貌似亲切的干预，会妨碍下级的自由处理。

程序 2：要更多更快地收集与公司和上级意图以及下级工作有关的情报。

程序 3：要使下级承担义务，主动报告各方面的重要问题。

程序 4：上下级之间有义务进行严格问答式的意见交流。

程序 5：例外情况由上下级共同处理。

程序 6：上级对下级提出的各项要求尽可能做好充分的准备。

程序 7：上级要调整个别对外关系的业务。

程序 8：对新入职员工或担负新任务的人员，除按上述程序执行外，实现权限下放时要格外慎重。

程序 9：研究"督促的方法"。

（资料来源：日本东京芝浦电气. 目标管理实践[M]. 沈阳：辽宁人民出版社，1981.）

第三节　当今环境下的管理问题

环境对于企业组织来说，其重要性不亚于企业的组织结构对于企业生产发展的影响，而且在管理理论和实践当中，人们常常忽略了环境的作用，这往往都是因为传统的管理理论和管理实践都将企业这个特殊的组织作为一个封闭的系统来对待，但是企业是存在于社会之中的，任何社会的组织和个人都有可能会影响到企业的发展。

一、"互联网＋"时代的来临导致企业环境的变化

随着互联网与传统产业融合的加剧，"互联网＋"从一个国家报告上的词语变成每个企业的自觉行动，传统企业所面临的一切都在飞速变化。在新的环境下，原有组织想要继续生存下去，就需要具备很强的适应性，而开放运营将是其中最为典型的特征。这种开放运营将表现为以下几个方面。

（一）从"由内而外"到"由外向内"

传统企业组织在产品设计、开发到生产、销售都是以"从内向外"提供为出发点，都是基于现有自身能力体系结构、提供方式、资源状况进行设计。"互联网＋"时代是一个个性的世界，"我"的时代。企业也在发生着改变：对外，企业更多地关注客户的个性化需求，让客户更多地参与到产品设计和开发过程中；对内，组织要更加弹性和扁平，重视员工的个性培养和个体作用。

（二）从封闭走向开放

"互联网＋"要求企业不再将自己的优势封闭在组织内部。传统条件下的企业核心优势，即产品、专利，正在受到挑战，甚至成为新兴产业推广的壁垒。因此，相对于传统企业的封闭，未来企业组织将更加积极向外推广，谋求合作。开放合作使得新老企业得以结合，形成围绕该技术的生态网。在这种开放合作的氛围中，高效的组织结构与优秀的资源结构成为企业关注的核心要点，高效合作成为这个时代企业组织关系的关键词。企业秘密需要严格的保护，但同时企业必须善于吸收外部的优点，打破传统的观念，即有价值的内容可以同时从企业内部和外部获得，商业化的路径也可以同时从企业的内部和外部进行。因此企业只有通过搭建开放的窗口，才能在一个边际成本日益趋于零的经济中存活。这种开放意味着付出，企业必须学会分辨能力中不太核心的部分，并将自己的一部分能力与外部能力进行低价甚至免费的交换，来获取外部能力的参与。比如马斯克开放了特斯拉的专利，相对于专利而言，特斯拉更看重企业的生产设计。而通过这种开放，特斯拉可以推动汽车行业生产更多的电动车。

（三）从自我生长到不断并购

外部的快速变化使得企业为了实现目标必须常常从外部汲取能量，这和植物型企业通常通过原料加工、生产产品不同，新时代的企业通常是捕食性的，它们对外部具有极强的依赖性，甚至很多组织会圈养起一片领域，即打造生态圈。"互联网＋"时代，要求企业在规划自己目标的时候不以生产为主，而是以功能为主。这使得新时代的组织跳出了传统组织必须要获取材料、组织生产、提供服务的圈子。举例而言，对一家传统出租汽车公司来

说，要想增加一辆出租车，就需要以较大的成本获得一辆汽车和牌照。新时代企业则并不考虑汽车本身，例如滴滴出行，搭建平台吸收私家用车，新型的企业甚至不必承担生产的成本，几乎不需要成本就能增加一辆出租车，只需通过网络协调使人们分享他们的汽车即可。这种跳出圈子的思考方式给企业带来了很多优势。

（四）企业组织架构的弹性与整合能力成为关键核心能力

收购和吞并是新时代企业成长的重要手段。这种手段通常是针对关键核心的功能和技术，企业组织更愿意通过并购的方式直接将这些核心部分纳入体系内部。仅2014年，谷歌就收购了25家公司，平均两周一家。如果算上为了专利和知识产权收购的公司，总数甚至达到79家。这些新并入的公司和企业，如何在原有体系中顺利地运转是考验一个企业组织承受力的关键。

二、宏观环境因素

具体哪些因素会对企业组织运行产生影响？一般认为，这些因素包括社会、技术、经济、政治和法律等一般因素，以及竞争者、工会、政府、股东、消费者、社会公众、金融机构和供应商等特殊因素。这些因素并不是总是影响着企业的运行，但这些因素和任何一个企业都具有千丝万缕的联系。为了使管理者对这些因素有很好的了解，本书大致将这些变量分为社会、经济、政治和法律、技术这几类。

（一）社会因素

一个组织的成员在工作时表现出来的价值观和态度在很大程度上是来自于其信仰、家庭和一些社会的惯例。对于成功、变化、工作的基本概念、风险和承担、时间的功效、竞争、成就感和权威等，人们有着不同的态度。在许多传统社会中，一些传统的价值观正在发生变化，并且让位于现代的价值观。

（二）经济因素

经济变量对于企业的组织结构和功能的影响是巨大的，经济体系的类型、竞争和经济稳定性极大地影响着公司的日常运作。企业在计划活动当中要用到经济预测数据，通常货币政策和财政政策是影响企业的两个重要的经济变量。货币政策决定货币的供给，财政政策则决定着价格的稳定性和税率。经济变量经常会引起管理者在管理实践上的差异，尤其在发展中和不发达经济体中更是如此。在这些经济体中，管理者往往忽视了市场和人力资源计划，他们常常处于一个卖方市场，因此，只要他们的产品能够达到一个最低的质量标准，并且定价合理的话，在大多数情况下，他们能够非常轻松地出售他们的产品。

（三）政治和法律因素

政治气候、法律尺度和法律环境对于企业组织的管理来说是至关重要的，所谓的法律尺度包括种族歧视的消除、环境的控制、消费者保护、工会与管理的关系，以及对于某些行业的管制。在不发达国家，政治变量的影响力更大一些，在这些国家或地区引进先进管理方法的主要障碍来自于过多的政府控制和干预，取消这些限制则会被社会公众理解为政府偏向于私营企业。

（四）技术因素

技术影响着企业组织的产品、过程、方法和技能。技术上的改变意味着企业在所有这些方面的改变，可以这样说，技术环境或其中生产技术类型的变化决定着企业组织的功能类型和结构类型。

三、微观环境因素

微观环境因素包括战略管理环境、组织结构环境、人力资源环境和企业文化环境。

（一）战略管理环境

企业组织的战略管理环境主要是企业整体的功能和责任、所遇到的机会与风险，主要关注营销、技术、组织及财务等战略性决策问题。在市场竞争环境下，战略管理是事关企业生存和发展的重大问题，在企业组织管理中处于核心位置，决定着企业的成败，尤其是对于目前出现的数量庞大的中小企业更是如此。

（二）组织结构环境

任何一个富于竞争力的组织都是以适当的组织结构形式存在的，它为企业的运行和发展提供有力的基础保障。企业的组织结构是否有效合理，对其生存和发展具有不容小觑的作用。企业不但需要适应目前发展状况的合理高效的组织结构，还需要组织结构在企业发展的外部环境和内部环境发生变化的情况下能够适时进行变革，尤其是在知识经济和互联网时代背景下，企业的组织结构环境必须使企业成员在适合的岗位上有效利用资源，充分发挥各自的才能和潜力，为企业的发展提供有力支持。

（三）人力资源环境

人力资源已成为企业发展的第一要素。企业的人力资源环境主要包括人力资源尤其是知识型人才的数量与水平、企业本身的人力资源培养与储备情况及企业获取外部人力资源能力的状况。只有当人力资源的储备情况能够满足企业发展的需要，并能各尽其能充分发挥效能时，才能为企业组织持续发展带来动力。因此，企业不仅要有效管理内部人力资源，还要具有从外部环境获取本企业发展所需人力资源的能力。

（四）企业文化环境

企业文化能够指引企业员工向着企业目标努力，使员工具有归属感和责任感，同时，能约束员工行为，使之遵守企业的规章制度和道德规范，随着市场竞争日趋激烈，仅靠硬性的规章制度已然难以奏效，必须使管理制度和企业文化进行融合。

四、中观环境因素

企业组织的中观环境，是指联系宏观环境和微观环境的媒介，即企业间协调和变革层次上对组织产生的一系列影响。其中影响最为深远的，就目前所处的时代来看，应属于网络环境。这里所说的网络环境主要是指由于网络技术发展而形成的个人之间、企业等组织之间、个人和组织之间的信息网络所带来的影响。网络环境有广义与狭义之分，所谓广义的网络环境除了技术层面的网络环境之外，还包括企业等组织之间在信息、物质、资金、技术、人才等方面现存的相互依赖、相互作用的影响；所谓狭义的网络环境也就是主要由信息技术及网络技术所引起的影响。

在网络环境中，企业面临着一场前所未有的挑战与机遇，以前那种相对稳态的环境发生了巨大的变化，网络环境下几乎所有的企业都发现它们处在一个不断变化和不断预测的市场环境中，总结起来，有五种比较突出的特征。

1. 产品从标准化导向转向顾客化导向

网络环境中，几乎每一个顾客都有自己的特殊需求，不断追求能展示自己个性的产品。顾客在某种程度上也要参与到产品的设计及生产过程中来，例如，海尔建立并大力推广的"人单合一"模式。企业不仅面临着不断设计和加工新产品以适应市场需求的巨大压力，而且需要将供应商、零售商、顾客等纳入供应链中去，这样的组织网络化具有明显的顾客导向化。

2. 产品生命周期大为缩短，新产品风险增大

科技的加速发展使得产品的生命周期日益缩短，例如，西班牙服装公司 ZARA，其产品在全球的店铺保持了一周两次的上新频率，而其捕捉 T 台上最新的流行趋势并于阿尔泰修（ARTEIXO）的总部进行设计再到服装店，只需要 2～3 周时间，而大多数传统服装行业的这个周期却达到 6～9 个月或更长。为了尽可能缩短产品上市的时间，企业无一例外地选择与其他企业合作，并将各企业的核心能力进行整合。

3. 市场机遇具有极大的隐蔽性、短暂性和高风险性

在网络环境中，企业的市场机遇多是短暂的、隐蔽的，然而，对未来的影响却是深刻的，同时还具有高风险性。这种特征要求企业不仅自身对环境的变化高度敏感，同时要求合作企业之间就有关市场需求及环境变化信息实现共享。而信息共享往往发生在一定的合作关系基础上，例如企业间建立的战略联盟合作关系。

4. 市场充满突变性

市场的突变性要求企业首先从观念上适应变化、预测变化、追求变化，并在组织形态上加以改变，如企业内部网络化、各自治单元自组织、自优化，向各自治单元适当放权，加强各自治单元的自我管理能力等。

5. 企业市场竞争力"软化"

企业的形象、品牌逐渐成为企业在市场竞争中取胜的法宝，知识在企业竞争力的构成中占有越来越重的比例。如何在企业内部与企业之间进行知识管理，如何把握企业之间的知识传递与技术扩散，如何将显性知识隐性化，又如何将隐性知识显性化等都是企业在网络环境下提升自身竞争力的关键问题。在这种环境下，人们越来越重视研究市场的特征和变化，并谋求从根本上提高企业适应环境、利用环境的能力，以便企业的生存发展，组织创新使企业的结构性维度和关联性维度随着网络环境而不断变化。

五、管理与环境

管理者为何要了解企业组织所处的环境？现在以及未来的管理者都应该学会在复杂多变的环境中为企业谋求生存和发展。组织的生存能力已经成为他们了解和适应外部环境变化的一个功能。适应外部环境要求管理者具有许多的技能，主要包括：识别并影响消费者的需求和偏好；与供应商建立良好的关系，以确保可接受的价格和质量，以及能够及时地获得充足的原料。杜绝违反政府法规、法律的行为；了解竞争对手的活动。虽然洞察环境的动态变化是对每一个管理者的要求，但是公司也应设立相应的部门来应付某些环境因素的变化。这些部门通常是：公共关系部、市场研究部、研究与开发部、公司计划部等。管理者必须尽力去预见未来的变化，并且要自始至终地关注它。这样做，管理者就可以使得其组织能够适应环境的变化，以避免组织的利润和生存受到威胁。

【课后材料】

　　曾几何时，"柯达时刻"所指代的还是值得珍藏和回味的记忆。随着柯达公司的淡出，这个词汇已经被染上了贬义色彩，成了企业经营的魔咒。一代霸主的陨落总会让人唏嘘不已，这个曾被誉为"美国荣光"的企业到底是怎么走向穷途末路的呢？在1930年，柯达公司成功占据世界摄影器材行业75%的市场份额，并成功获取约90%的行业利润。在同一年，柯达公司被纳入道琼斯工业平均指数，并在榜单上占据了74年之久。在1935年，柯达公司推出了柯达克罗姆胶片（kodakchrome），这是全球第一款成功投入商用的彩色胶片，也是柯达公司最为成功的产品之一。在1959年，柯达公司推出了Starmatic相机，这也是第一款自动化的勃朗宁盒式相机。在接下来5年中，这款相机的销量高达1千万台。1963年，柯达公司推出了Instamatic系列傻瓜相机，这是又一款具有革命性意义的产品。在接下来的8年时间中，柯达公司共出售了超过5000万台傻瓜相机。在1966年，柯达公司的胶片被带上月球轨道1号飞行器，记录了宇航员约翰·格伦的太空之旅。在当时，美国市场有90%的拍摄胶卷和85%的相机都出自柯达公司之手，公司的利润也迎来了新高，达到1900万美元。在20世纪90年代，柯达公司决定进军数码拍照行业，并代工了苹果公司的消费级数码相机QuickTake。在1996年，柯达公司推出DC-20和DC-25两款数码产品。尽管如此，但柯达公司的转型决心并不彻底。缺乏想象力的公司高层固执地认为数码技术的出现不会对传统的胶片行业造成太大冲击，并没有采取任何激进的转型措施。柯达公司逐渐跟不上市场的步伐，消费者开始转向以索尼公司为首的数码相机生产商。在2001年，胶片的销量出现大幅下跌。但糟糕的市场表现恰好证明管理层的想法只是一厢情愿。柯达公司还是低估了数码相机的普及速度。随着越来越多的竞争对手进入到这个行业，柯达公司的利润开始大幅下滑。眼看胶片市场逐渐萎缩，来自亚洲的竞争对手接连向市场推出售价低廉的数码产品，柯达公司陷入了内忧外患的局面。截至2005年4月份，柯达公司已经亏损1.42亿美元，标准普尔直接将其信用等级降低至垃圾等级。根据研究机构IDC的数据，柯达公司生产的数码相机在1999年的市场占有率为27%，到2003年下跌至15%。在2007年，柯达数码相机的市场占有率仅为9.6%，全美排名第四。到2010年，柯达公司在美国数码相机市场的占有率进一步下跌至7%，排名下跌至第七，排在佳能、索尼和尼康等企业之后。此外，智能手机的快速崛起也为柯达敲响了丧钟。但很可惜，由于缺乏对颠覆性变化的深刻认识，管理层在决策上接连出错，公司的发展步伐明显落后于市场的变化节奏。再加上没有把握住用户拍照的真实目的和社交需求，柯达公司最终还是沦为了科技革命和市场发展的牺牲品。

　　从以上的案例中可以看出，柯达公司从辉煌到没落，从环境影响的角度看，科技革命因素和市场因素等成为柯达最终破产的直接原因。

　　（资料来源：http://www.sohu.com/a/109932682_211860.）

第四节　组织管理对管理者提出的要求

　　人类为了生存和发展，需要有组织（有共同目标的人群集合体），因此，怎样提高组织能力就成为管理中永恒的主题之一。

一、组织管理的理解

了解和关注组织是每一个人必须掌握的，尤其是管理者。这是因为大多数在组织里的人们并不了解什么是组织。组织的存在是为了实现目标，组织管理的存在是为了提升效率。组织的属性决定了组织自身有着自己的特点，作为一个需要对目标和效率做出承诺的人的集合体，还需还原组织自己的特性，因此对于组织的正确理解还是需要回归到组织本身的属性上。当一个人与组织联结的时候，对于这个个体来说，如何理解组织和个人的关系就变得非常重要。本书认为在组织中管理者是用目标、责任、权力来联结，而不是用情感来联结的。组织有正式组织与非正式组织之分。正式组织是指运用权力、责任和目标来联结人群的集合；非正式组织是指用情感、兴趣和爱好来联结人群的集合。当谈到组织管理的时候，应该就是讨论责任、目标和权力，所以，组织理论从简单的意义来说，就是探讨责任和权力是否匹配的理论，组织结构设计从本质意义上讲就是一个分权、分责的设计。所以当理解组织的时候，也就意味着对于组织而言，不能够谈论情感、爱好和兴趣，不能够希望组织是一个"家"。一是组织更注重的是责任、权力和目标，当目标无法实现的时候，组织也就没有存在的意义，而组织中的人也就失去了存在的意义。二是组织必须保证一件事是由同一组人来承担。很多管理者都被复杂的组织管理搞得焦头烂额。人们总是从制度建设、激励体系和人员素质方面着手，认为这些措施可以解决组织混乱的问题，但是发现效果也不明显，问题依然存在。为何？一个根本原因就是：没有理解到组织需要明确的责任、权力和目标。也就是说，同一个权力、责任和目标必须是由同一组人来承担。在组织中看到结构臃肿、效率低下、人浮于事、责任不清、互相推诿的情况出现的时候，必须先看看是否存在同一件事件有两组人在做，同一个责任有两组人在承担，同一个权力有两组人在使用，这是出现上述情况的原因所在。这些情况可以用"组织虚设"来形容。虚设的组织在企业中大量存在，比如一家企业有市场部门但又设有营销部，没有分清市场部和营销部的分工，结果市场部没有研究市场，反而做了很多促销的设计、终端的规划，而这些职能恰恰是营销部的职能，到了经营结果出来的时候，根本无法分清是场部还是营销部对绩效结果负责任。更可怕的是，很多企业设有各个职能部门，但是又专门设一个管理部，通常称之为"综合管理部"。有了这个部门，就会发现企业所有的职能部门都只会做容易做的，不容易做的事情就推给综合管理部，结果综合管理部成为不管部，最后职能部门虚设，所有的问题都会集中到综合管理部，责任就根本无法界定，而资源却被耗费光了，因为大家都有责任，也就不需要负责任。因此，组织中最可怕的就是"组织虚设"。三是在组织中人与人公平而非平等。在社会结构中，人是以生存为前提的，人们受到法律和道德的双重约束，在法律和道德面前，人与人应该是公平而且平等的。但是在一个组织结构中，人的生存是以实现目标为前提的，人们应该承担各自的责任和目标，从而拥有不同的权力，因为这些不同，人与人应该是公平的但非平等的。组织的重点是人，在这个前提之下，还必须了解到组织更强调服从而非平等。比如军队这样的组织。四是分工是个人和组织联结的根本方法。组织的能力来源于分工带来的协作，没有分工就没有组织结构的活力。对于组织来说，无论是结构设计，还是人员的选择，如果使用得当，可以简化和澄清组织中一个很关键的问题，也就是谁控制什么的问题。在任何一家企业中，清晰的沟通线、控制线、责任线和决策线都是至关重要的，得到这个清晰的脉络，需要分工的设计，不能够依靠人的自觉或管理的制度，组织结构本身就应该做好这件事情。组织的分工主要是分配责任和权力，组织必须保证一家企业所要承担的责任有人来负责，同时让负有责任的人拥有相应的权力，因此组织中个人和组织的关系事实上是一种责任的关系，分工使每一个人和组织结合在一起，同时也和组织目标结合在一起。组织分工需要理性设计和法律界定，没有人们对于分工的权威和认同，事实上就无法实现组织管理。

二、组织因目标而存在

组织既有人的因素也有资源的因素，但是能够把人们联结在一个系统中的关键因素却是目标。有些人认为人们之所以集合在一起是因为利益，也有些人认为集合在一起是因为共同的理念，也许这两个因素都成立，但这不是真正集合人群的因素，只有共同的目标追求，才会把人们联结在一起。不同的目标设计会导致不同的人群聚集在一起，也决定了人们不同的行为选择和价值判断，因此目标决定组织存在的意义。正因为如此，在组织中，对于目标的正确认识非常重要，组织的目标应该明确而且单纯，特别要强调的是时间，在一定时间内，只有单纯的组织目标才能够被有效地实现。对于组织目标而言，时间概念尤为重要。如果公司的目标是为顾客创造价值，获得盈利之外的任何东西，譬如这个目标只是将公司做大，或是成为技术领导者，那都会使公司陷入麻烦之中。这里其实是一个因果关系，企业组织因为超强的持续获利能力而获得了技术领先以及规模，千万不能反过来把因果倒置，当企业追求大、追求技术领先、追求快速成长的时候，必须记得这些不是组织的目标，这些只是过程中的一个个环节，是一个个结果，但不是目标。

三、组织内人与人的关系是权责关系

对于组织内的关系应该是一种什么样的关系，有人认为组织内的人与人之间的关系是管理与被管理的关系，组织内只有管理者和被管理者两种人，一些人认为组织内是合作关系，人和人是平等、合作的，每个人根据自己的职责承担着任务和责任，为完成任务而相互合作。需要在此明确：组织内人与人之间是权责关系，不是管理和被管理的关系，甚至也不是"合作"关系。权责关系所产生的基本现象是：每个处于流程上的人更关心他能够为下一个工序做什么样的范式，每个部门都关心自己如何调整才能够与其他部门有和谐的接口，下级会关注自己怎样配合才能够为上级提供支持，而上级会要求自己为下级解决问题并提供帮助。如何让组织关系变成权责关系，第一，工作评价来源于工作的相关者。很多组织会采用各种方式进行人员评价，但不管使用什么样的方式，工作评价的共同点都是以工作结果为评价的根本对象。如果想要获得权责的关系，需要改变评价的主体以及评价根本对象，在这个评价体系中，最为关键的评价主体是与工作相关者，只要在流程上相关的人都是工作评价的主体。同时，不仅仅评价工作结果，还要评价工作贡献。第二，"绝不让雷锋吃亏"，这是华为公司企业文化中非常重要的一个准则。作为一家企业的法则法规，它面向企业的每个员工提出了企业对员工的要求，然而，在华为基本法里会看到更多的条例并不是"要求"，是企业对每一个员工的承诺。华为管理层将"我们绝不让雷锋们、焦裕禄们吃亏，奉献者定当得到合理的回报""我们强调人力资本不断增值的目标优先于财务资本增值的目标。"作为对每个员工业绩的承诺，这一点落实到中国的企业中比任何西方管理科学中提及的"关键绩效指标"都更见效果。第三，激励和宣扬组织的成功而不是个人的成功。其实在形成每个人之间的权责行为的时候，需要一种氛围，那就是注重团队或者组织的荣誉而非个人的荣誉，注重个人在团队或组织中的角色或所发挥的作用。多年来中国的企业组织一直存在一个习惯，那就是习惯把所有人的努力最终变成一个企业家的成就，所以就有了所谓的"企业精神领袖"之说。在中国企业组织中，通常不会存在多个成功人士的说法，只能够是一个人的成就，结果出现了两个极端：一个是组织里只有一个人的绝对权威，其他人只是配角，不能够分享成就和成功；另一个极端就是认为付出之后需要分享成功的人只好自立门户，结果诸侯割据尽显，这些现象真的需要管理者好好反思。

四、组织管理需要解决的管理方面的问题

（一）管理者需要学会混沌的思维方式

混沌的思维方式是相对于稳定均衡的思维方式而言的。稳定均衡的思维方式是惯常的组织管理思维方式，这种思维方式最在意的是如何确保所有的行动回归到预定的计划上来，管理者所努力的方向是保证结果与计划相符，所以在发挥管理职能的时候会坚持控制和计划这两个管理的基本职能。比如在计划管理中习惯使用的"例外管理"，但混沌的思维方式刚好相反，它不是不关心计划与结果的吻合，而是更关心目标实现过程中寻求能够带来超乎寻常的结果。

（二）组织管理构建自己的弹性能力

所谓弹性能力是指不借助任何外力，能够自己加压、自我超越的能力。例如，常常看到的有些企业似乎永远不会犯错误，似乎总能抓住机会获得竞争的优势地位。支撑这家企业成功的关键因素之一是企业自身的弹性能力，例如，当海尔开启质量之路的时候，并未停留在这个方向上，而是在合适的时间率先进入服务战略，而当服务给海尔带来强有力的竞争地位的时候，海尔又要求进入组织流程再造，之后进入全球化的努力，海尔的每一次进步，都抢在市场变化的前端，都能够在行业中领先一步，所以海尔总是可以让自己处在不断竞争的地位并保持竞争优势。在稳定均衡的状态中，企业可以保持自己原有的竞争优势，企业也可以按照自己对于市场的理解的经验来判断未来，但当企业进入一个混沌状态的环境的时候，所面对的问题是全新的问题，没有经验和先例来借鉴，更可能的情况是以前的优势变成了劣势，所以组织需要自我超越、自己加压、不断改变。

（三）在组织内部打破均衡状态

稳定均衡的思维方式倾向于把发展的过程理解为一个平稳的趋势，混沌状态的思维方式则把发展过程理解为从一种半稳定的临时状态跳跃到下一个半稳定的临时状态，所以在混沌状态的思维方式里，所有的发展都是时断时续的。混沌状态的思维方式的理解更接近于实际的市场情况，那么组织就需要打破自己的平衡来获得市场的机会，管理者此时需要关注的是如何保证组织能够迅速地上升到新的变化空间，在时断时续的发展中，能够进入持续的阶段而避开停顿的阶段，这就要求管理者必须清醒地认识到，管理上的每一个举动或疏忽所造成的后果很可能是错过了持续发展的阶段，所以，组织内部需要不断地打破平衡，不能默认没有能力的人在岗位上，不能默认老朽的管理者在关键岗位上消磨时间直至退休，不能对市场上的技术采取观望的态度，不能放任服务水平下降而寻找借口，绝不能追求"一团和气"。

（四）实现组织学习

学习型组织的构建在今天已不是时髦的话题，问题的关键不在于是否要建立学习型组织，而是如何实现组织学习。组织学习最根本的是要解决组织本身存在的问题，而不是对这些问题产生的后果做出反应。组织处在一个非均衡、混沌的环境中，在这个环境中组织必须是动态的，一旦管理者能够转变自己的思维方式，使自己掌握混沌状态的思维方式，能够实现组织的真正学习，能够自己超越自己，主动打破自己组织内部的平衡，不管出现什么样的突发事件，也不管环境如何改变，组织总是可以让自己凌驾于变化之上，处于主动的位置。

本章小结

本章分别讲述了组织、管理及组织管理的概念及内涵，并就当今环境下组织管理的相关问题进行了探讨。

本章习题

1. 什么是组织？
2. 什么是管理？
3. 企业管理者如何界定组织管理？

第二章　领导力概述

引例：

领导力就是影响力。它并非是一些有魅力的男人和女人的私人储备，而是一种存在于每一个人身上的活力。每个人都有成为优秀领导者的潜力，释放这种力量可以让我们每个人都取得非凡的成就。我们的社会现在正面临着领导力缺乏的危机，在政府机关、商业机构、社区、学校、家庭等组织中，我们都需要优秀的领导者。一个优秀的领导者必须经历五项修炼。

学习：领导者必须善于向所有人学习。

执行：锲而不舍，在失败中总结教训，走向成功。

引导：让团队成员各尽其能。

培养领导者：信任团队成员。

培养领导者的发展型领导：创建能够传承的系统。

丘吉尔、富兰克林、罗斯福、华盛顿……这些时代的伟人都是按照这五个层级成长起来的。

思考：亲爱的同学们，你从上述描述中能领悟到什么？

"领导"这个词是大家极其熟悉的，但基于日常称呼的习惯，人们习惯性地认为"领导"是领导者的专称，但是这个理解是错的。领导其实是指管理职能而非领导者，领导者需要发挥领导职能，同样，管理者也需要发挥领导职能。这是需要特别说明的。

第一节　领导力的涵义

一、关于领导和领导力的理解

领导是指影响别人，以达到群体目标的过程。领导者就是负有指导、协调群体活动的责任的人。现实中并非所有的经理人都是领导者，反之亦然，但优秀的经理人多半也是能干的领导者。并非所有居于领导职位的人都能领导，反之，不在领导岗位上的人也能起一定程度的领导作用，因为领导职能本身有着自己的特性，这个特性就是：作为管理职能，领导借助于影响力而非职位发挥作用。甚至可以说，只要他具有影响力，任何人都可以发挥领导职能。影响力由两部分构成：第一是权力，第二个是个人魅力。

（一）权力

权力本身就具有影响力，在权力的面前很多人直接臣服，很多人依附于权力。但是依然需要在同样的权限范围下界定，一些人让权力的影响力极其巨大，一些人却没有办法让权力产生影响，为何？其实是运用权力的能力不同。权力产生影响力可以从四个角度来体现：法定权、奖赏权、惩罚权、统治权。

第一是法定权。就是说在法律层面上，在制度的层面上，权力自身就会发生影响，因此由结构和制度安排的明确的权力是非常重要的，明确确定的权力所具有的正式威力会产生有效的影响力，所以在管理中需要在制度或结构上明确权力，这样才可能发挥职能。

第二个是奖赏权。人性的基本需求就是获得肯定和赞赏，因而奖赏具备影响力，尤其是来自于高层管理者的肯定和赞赏，对于员工而言，其影响力是非常巨大的。职位越高的人，动用奖赏权力的机会越多，所产生的影响力效果就越大。但是人们往往发现，职位越高的人，奖励的习惯越少，批评的习惯越多。但是需要知道的是，职位高的人评价和批评的机会很多，但是并不是因为批评和评价产生影响力，让下属惧怕并不意味着会产生服从和认同的效果，而多一点奖赏就会产生影响力并获得良好的认同。

第三个是惩罚权。惩罚具有影响，这是大家共知的常识。

第四个是统治权。统治权和惩罚权有着很多相似的特征，因此，可以放在一起来讲，即一旦运用这个权力，就需要考虑运用的效果，也就是说必须起到"杀一儆百"的效果，否则就会得到相反的结果，不是产生影响力而是影响力下降。总之，对于权力所产生的影响力而言，法定权和奖赏权应该多使用，而统治权和惩罚权尽量少用，但一旦使用就要严格有效。在管理中，领导职能的发挥就是凭借足够的严厉和充分的奖赏。

（二）魅力

一些人具有权力却无法发挥影响力，另外一些人没有权力却有着巨大的影响力，原因就在于两者的魅力不同。其实魅力是一个人自身的修炼，也可以说是个人的性格外化，魅力包括六个构成要素：外貌、类似性、好感回报、知识、能力、专家权。

第一个是外貌。魅力的第一个构成要素就是外貌，外貌所产生的影响是任何人都认可的，外貌吸引人的人总是会很容易获得支持和帮助，不过有一个现象是：外貌对女性要求高，对男性要求低，外貌其实没有客观评价标准，什么样人长得好看或难看，更多的是依据公众的评价，没有客观标准。这就需要关注公众的评价，只要是面对公众，就需要态度认真，保持仪表干净，给人一个认真、整齐的印象，否则就会导致个人魅力的丧失。

第二个是类似性。所谓类似性，就是指和人群保持一致而不是与众不同。作为领导者需要能够融合于群体当中，和群体保持一致，让人们觉得你和他们没有什么分别，是他们当中的一员，有着相类似的背景和境遇，有着相互可以理解的认识以及对于环境相近的认识。很多管理者总是希望自己能够超越群体，能够比身边人更聪明，有更准确的判断，能够超出人们的能力而带领大家，能够与众不同。这样的理解反而是错误的，因为只有认同才会具有影响力，真正的领导者都是融入群体获得认同的。其实，如果一个管理人员在任何场合下都是正确的话，其发挥领导职能的机会反而减少，因为没有人愿意和他合作，所有在他身边的人都感觉到自身比他人水平低，所以一定要告诫自己，不要在任何场合下，都证明自己是正确的，而是尽可能帮助周围的人做出正确的判断和选择，当大家都是正确的时候，影响力自然产生，而管理者也会得到赞赏和爱戴。如果你在任何场合下都证明自己是对的，别人是错的，不论事实与否，你会被归为异类，也就无法得到认同，人们不能接受你，也就无从获得影响力。类似性对于形成魅力是极其有效的，如果不具备类似性的能力，就会导致管理者和员工无法达成共识，特别是随着社会变化的加剧，人们价值取向的多元化的出现，如果不能具有类似性，就无法有效地发挥所有员工的能力。

　　第三个是好感回报。好感回报是指管理者需要先付出，之后人们会回报给你，追随你，使你获得领导力。其实在人与人的交往中这是一个被普遍认同的规则，也叫黄金定律；你想别人对你如何，首先看你对别人如何。好感回报是一个有效获得魅力的途径。只要你愿意付出，就一定会获得认同，你的影响力就会展开。领导者最重要的就是给大家希望和依靠，如果领导者能够付出，人们自然会追随。

　　第四个是知识。知识的影响力已经是人们生活的一部分，具有知识一定可以具有魅力，科学家和专业人士所具有的影响力是有目共睹的。不过在魅力构成中，知识有着自己的特点，要求既有专业知识，同时也要有生活知识，简单地讲就是专业知识能够成为生活的知识，如果你具有这样转换的能力，你所拥有的知识就会增加你的魅力，所以要真正施加影响的话，专业知识就要变成生活知识。

　　第五个是能力。能力分为很多种，在魅力的构成要素里面，能力是指认同力、网络力和办事力。也就是说魅力体现在能力上是需要群体认同的，构成有效的人际关系，并能够解决问题。解决问题的能力尤其重要，如果不能解决问题，就不可能产生魅力，而且更重要的是要做到"做能做之事"。当你做了十件事情，八件事情办成，两件事情未办成，那么没有办成的事情就会被人们记住，而成功的八件事情会被人们淡忘。所以，出现了这样的情况："这不公平，我给他们做了很多事情，他都不记得，我唯一没有做到的他记得。"这恰恰是形象记忆的特色。真正成熟的管理者知道如何把问题交给更合适的人来解决而不是自己解决所有的问题。不要急着自己去做，让所有人都有机会去做事，别人能够做到成功，而自己又有精力把自己要做的事情做好，管理者的魅力从而得到确认。

　　第六个是专家权。所谓的专家权是指专家的权威可以产生影响力。但是这个权力的角度并不是要求领导者成为专家，而是领导者可以借助于专家的影响力来获得自己的影响力，这是非常有效的。专家权不是指领导者要成为专家，而是领导者有权评定谁是专家，然后发挥这个专家的影响力来实现自己的目标；也可以这样描述，其实专家并没有专家权，专家权在领导者那里，专家只有通过领导者的专家权才会产生影响，否则是不会产生影响力的。

　　二、领导者和管理者

　　领导者和管理者都需要发挥领导的职能，而领导者和管理者常常会混淆自己的职能和认识，因此需要对领导者和管理者加以探讨。如上文所述，领导者是负有指导、协调群体活动的责任的人。因此，领导者具有如下特征：影响他人去做领导者要做的事情，使用个人的影响力，领导是一个影响的过程，不一定有正式的职称或职权，公司机构的管理者不一定是领导人，领导者必须具有远见和服务力。管理者本身的工作绩效依赖于许多人，而他必须对这些人的工作绩效负责。管理的主要工作是帮助员工发挥长处，避免短处。管理者具有如下特征：具有一定的职称和职权，不一定需要有远见，可照章行事，优秀的管理者往往也是卓越的领导人。领导者与管理者的差异如表2-1所示。

表 2-1 领导者与管理者的差异

领导者	管理者
定力方向	解决问题
构建团队	保持稳定
促进变革	按章行事

　　领导者承担的责任是让企业能够有明确的方向，不断适应变化，建立一个核心的管理团队，也就是说领导者真正的责任是确保组织的成长。管理者只对绩效负责，而产生绩效的关键因素在于解决问题，保持稳定，制度和规范得以贯彻和执行，从而获得绩效。分析两者的差异，是因为日常管理中，领导者常常关注绩效和当前，而管理者关注成长和未来，绝大多数中国企业的管理者都在做领导者的事情。中层的管理者总是谈论公司管理层建设的问题、公司的战略问题及公司变革的事情，很少谈论制度和规范的执行、面临的解决方案和行动。同样的，如果和领导者沟通，他们谈得更多的是绩效和执行力，这是目前中国企业所面临的管理问题。到底谁是领导者呢？在组织结构里，职位最高的就是领导者，在一个组织中，当然只有一个领导者，绝大部分都是管理者。但是相对于一个小的组织而言，管理者又承担了领导者的职责，因此，对于很多人来说，需要平衡两个角色，一个是服从于他的上司的管理者角色，一方面带领他的下属的领导者角色。

三、领导的技能

　　领导职能的发挥取决于领导者是否拥有领导技能，领导技能包括三方面的内容（图2-1）。
　　第一是人际技能。人际技能是指管理者和人们一起工作的能力及判断，包括人际关系技能、组织技能和解决冲突的技能。

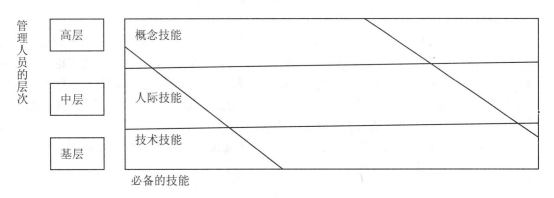

图 2-1 领导技能

　　第二是概念技能。概念技能是指管理者能够明白整个机构的复杂性及本人的工作适合于机构内任何环节的能力，包括信息处理技能与制定决策的技能。
　　第三是技术技能。技术技能是指为执行特定任务而运用必要的知识、方法、技能和设备的能力，包括资源分配的技能和其他具体的、与任务有关的技能。

如图 2-1 所示，所有的管理者都需要拥有人际技能，不管是基层还是高层管理者，领导技能的核心是与人合作的能力。对于基层管理者来说，对技术技能的要求要更多一些，也就是需要基层管理者对于工具、技术和设备具有足够的专业能力，并能够直接解决问题。对于高层管理者来说，从复杂的事务中整理出清晰的思路和策略是关键，也就是说对于高层管理者来说最关键的是"复杂问题简单化"，把公司里所有复杂的事物变得简单，让所有人理解。概念技能是领导最重要的技能，如果管理者能够把复杂问题简单化，成员就可以有效地执行。其实一个人能不能由基层上升到高层，就取决于这一概念技能，取决于能不能让复杂问题简单化。

四、领导力

"领导力"的概念很复杂，大多数人对这个术语都有一个直观的感觉，或者至少有一个总体印象，但是概括性的领导力并不能很好地帮助我们理解。詹姆斯·亨特认为，"领导力是一种能够影响人们工作热情的技巧，其目标是实现共同的利益。"阿尔·卡特曼认为，"成功的领导人比普通人有更出众的表现。"比尔·乔治认为，"领导者的责任是提供一个授权环境，使员工为顾客服务，并为员工提供培训、教育和支持。"安迪·斯坦利认为，"领导者会提供一个更美好的未来蓝图，然后让人们和他们一起实现。"这些见解和定义很好很有用，但约翰·马克斯韦尔给出了一个被普遍接受的关于"领导力"的定义，他认为，"领导力是一种影响力，既不能太强，也不能太弱。人们对领导力有太多的误解，当他们听到某人与令人印象深刻的职衔或被指派到某一领导岗位时，就认为此人是一个领导者。有时确实如此，但职衔对于领导工作本身并没有太大的价值。真正的领导力不是授予、任命或指派的。它仅仅来自于影响力，不能强求，必须通过努力才能获得。"那么，什么又是"影响力"？巴恩斯认为，"影响力存在于一个人的才能、学问、品德、经验和地位之中，前提是他所坚持的是真实的，他所建议的是明智的。"综上所述，领导力是对他人有益的、有愿景导向的影响力，通过领导者的示范、信念和性格得以实现。

【课后材料】

《时代》和有线电视新闻网在 2002 年夏天进行的一项民意调查表明：71%的受访者认为"典型的 CEO 比一般人缺少诚信和道德感，在针对主要公司 CEO 的道德和伦理标准的评分中，72%的受访者认为他们很失败或缺乏领导力。《华尔街日报欧洲版》进行了一次类似的调查，调查显示：只有 21%的欧洲投资者认为企业领导者是诚实的"。因此，领导力缺失导致的第一个后果就是失去被领导者的信任。

从以上材料中可看出，当领导者或那些有领导职责的人推卸责任、走捷径或不能胜任自己的工作时，最终很难有成果。

第二节　领导力与管理之间的关系

当今时代可以毫不夸张地被称为"领导力的时代"。从历史的角度看，人类历史可以说是"领袖的产物"。从将印度从英国统治中解放出来的独立领袖甘地，到保护美国黑人公民权及经济权益的马丁·路德·金，还有第二次世界大战中激励英国人民斗志的温斯顿·丘吉尔，杰出的领袖总是决定着国家的命运。在体育界，领导者的力量也被发挥得淋漓尽致，表现平平的队伍一旦换上好的教练就势如破竹。有学者曾对美国 NBA 球队进行过分析，发现在任用优秀教练员之后，球队成绩会变得更好。企业界也是如此，在激烈竞争中保持长盛不衰的秘诀就取决于 CEO 带领全体员工创造出成果的领导能力。事实上，领导力不仅仅局限于 CEO 一人。负责基层产品、业务的中层管理者的自身"实力"和管理下属的"领导力"也是影响团队成果的重要因素。

一、领导与管理

领导（leadership）与管理（management）不同，但是两者不相同的原因与大多数人所认为的并不同。领导既不玄妙也不神秘，它与"超凡魅力"或其他异乎寻常的个性特征没有关系。领导不是少数人的专利。领导未必优于管理，也未必可以取代管理。确切地说，领导与管理是两种互不相同而又互为补充的行为体系，各有其功能和特点。在日趋复杂、变化无常的商业环境中，两者都是取得成功的必备条件。

二、管理和领导两者之间的差异性

领导=愿景×感召×动力
管理=绩效×管控×权力
那么，领导与管理究竟有何根本不同呢？
简单地说，管理与处理复杂情况有关，领导与应对变革有关。处理复杂情况和应对变革这两种不同职能，形成了管理行为和领导行为的特征（表 2-2）。

表 2-2　领导与管理的区别

管理者		领导者	
绩效	正确地做事	愿景	做正确的事
	关注现在、短期发展和底线		关注将来、长期发展和前景
	寻求秩序		喜欢变革
	喜欢冒险		避免冒险
	更多地诉诸理智而非情感		既诉诸理智，又诉诸情感
管控	借助控制手段	感召	依靠信任
	创建并组织团队		征召联合员工并向新方向前进
	使用激励措施		鼓舞
	诉诸正式方式		诉诸共同的事业
	强调结构、策略和体制		强调核心价值观、共同利益和哲学
权利	以效率为目标	动力	关注效用
	问"如何""什么时候"		问"什么""为什么"
	管理		改革
	乐观地接受严密约束		绕开规则和政策，或改变它们
	行使职务权利		运用个人影响

三、管理和领导两者之间的关系

领导与管理的关系既有重合，又有区别。领导是从管理中分化出来的，但在具体工作中领导活动和管理活动，有较强的复合性和相容性。在领导工作中，只有把领导和管理紧密结合，才能真正产生领导效果。在一些组织的具体工作中，往往会产生管理过度而领导不力的结果，如此就会过分侧重于抑制、控制和预见性，导致一些短视行为的发生，此外，也会使下属过分注重专业化，缺少培养综合能力的机会。因此，管理过度、领导不力的组织很难有创新精神，无法应对市场竞争中出现的重大变化，从而导致企业竞争力下降。没有创新精神的组织，往往会被市场逐渐淘汰。例如，柯达胶卷被消费者抛弃就是一个很明显的例子，曾经的辉煌不等于未来的机会，一个有生产力的组织，必须要有一种创新机制，而一味地依赖于机械式的管理，就意味着放弃了创新。还有一种情况，就是领导有力而管理不足。领导有力而管理不足的组织，往往只会强调远景目标，而不重视近期计划和预算。有时也会因为管理不足，组织内部将会形成一种不分专业、缺乏体系和规则的群体文化，从而令下属处于无序状态，结果无法达成预期的目标；管理不足，还将使那些不愿意接受内部控制度和无法解决问题的人聚集在一起，最终导致状况失控，甚至产生一败涂地的结局。

四、领导与管理的综合素能

管理和领导，虽定义不同，但显然有诸多相似之处。两者都涉及对需做事情做出决定，建立一个能完成某项计划的人际关系网络，并尽力保证任务得以完成。管理和领导之间的关系不是相互替代的关系，也不是非此即彼的关系，而是一种平衡关系，在知识型社会和组织中都是不可或缺的。因此，领导与管理的综合素能应该包含六个方面：凝聚人心、善于授权、多谋善断、整合资源、带队育人、达成绩效。一个领导者，做好这六个方面，就称得上是一个优秀的领导者。

【课后材料】

1940 年 5 月 13 日下午，被任命为英格兰首相后的第三天，丘吉尔就告诉内阁成员，"我所能奉献的唯有热血、辛劳、眼泪和汗水。"当着英国下议院全体议员的面，他说："若要问我们的政策是什么？我的回答是在陆地、海上、空中作战。尽我们的全力，尽上帝赋予我们的全部力量去作战，与空前凶残的、人类罪恶史上黑暗可悲的暴政作战。这就是我们的政策。若要问我们的目标是什么？我可以用一个词来回答，那就是胜利。不惜一切代价夺取胜利，不惧一切恐怖夺取胜利，无论前路如何漫长、如何艰苦，也要夺取胜利。因为不胜则亡。我们务必认识到，没有胜利就不再有大英帝国，没有胜利就不再有大英帝国所象征的一切，没有胜利就不再有多个世纪以来的动力和干劲：人类借此向自己的目标迈进。我已精神振奋、满怀信心地承担起我的责任。我确信，如果大家联合起来，我们就不会遭到挫败。在此时此刻的危急关头，我认为我有权要求各方的支持。我要说，'来吧，让我们群策群力，并肩前进！'"

（资料来源：http://www.qiankungold.com/read/bWZqd1psMTRtY2dlRk5rVG1qZzA.html.）

从以上材料看出，丘吉尔是一位真正的领导者，他被一个强烈的理想引导着，他有一个男人所应有的自信，知道自己注定就是为了那个时刻而生的。丘吉尔组织了一个高效的战争内阁，有效地增强了国家生产军需品和军队装备的能力。丘吉尔时代的英国对德国的猛攻进行了艰苦卓绝的抵抗，这就是领导力。

第三节　领导力的内容和过程

一、为何需要领导力

为了得到更加详细的解释，必须讨论一下领导的"目的"。许多人对领导力感兴趣，认为领导力可以为自己带来想得到的东西，包括权力、控制力、自信（享受服务）。但是，领导者的生活与上述期望有很大不同，它包括授予权力（授权）、帮助他人解决问题并前进、服务他人。领导者带头创造新事物，其意义大于事物本身。如果领导力是致力于全局性愿景的影响力，那么这种影响力就由对现状的不满所驱动，并将事物引向更好的方向，通常称之为"创造差异"。领导者根据未来的愿景进行差异化管理，这种愿景比一般人所能看到的更为长远，乔治·巴纳认为，"（领导者）必须完全地拥有自己的愿景。愿景必须建立在领导者对即将到来的现实的感知基础之上"。领导者不能让事物停滞在发展时的状态，应推动它们，并让它们发展得更好。正是由于对现状的不满和对未来愿景的向往，领导者在使命感和责任感的推动下发挥着影响力。正如美国前总统西奥多·罗斯福所说，"我们需要的领导者是有灵感的理想主义者，他们有着伟大的愿景，敢于梦想而且能努力使梦想成真，它们能用灵魂中燃烧着的熊熊烈火点燃人们的激情。"这就是领导的本质。

领导力水平决定着成败。一直以来，凡是成效微小的地方，必定存在着领导力的缺失，凡是成效显著的地方，必定存在着坚强的领导力。约翰·马克斯韦尔认为，"一切都因领导力而前进或后退。"当领导者或那些有领导职责的人推卸责任、走捷径或不能胜任自己的工作时，最终很难有成果。接下来，还会导致企业、财务或情感层面的痛苦与磨难，再者，领导力缺失可能导致重大的地缘政治后果。

二、领导力的五个方面的内容

人们如何才能掌握领导力的奥秘？对于大部分缺乏领导力天赋的人来讲，领导力充满了神秘色彩，对于他们而言，领导力是一个循序渐进的过程，而非一种静止不前的状态。当事物保持静态时，管理能够如鱼得水，而当事物处于不断变化的动态过程中，唯有具备领导力才能处理好其动态关系。领导力包括职位（position）、认同（permission）、生产（production）、立人（peopledevelopment）、领导特质（pinnacle）五个方面的内容。

（一）第一层次——职位

职位型是领导力最初级的境界，即所谓的"入门层次"。职位型领导者所仅有的影响力来源于他的职位头衔。即使员工能去服从领导者，那也往往是因为他们非听不可。领导者所拥有职位和头衔衍生出职位权力，而职位型领导力正是基于这种权力。拥有一个领导职位本身并无可厚非，但是将其作为迫使员工服从自己的筹码则是大错特错的。对于一位领导者来讲，依靠职位换取影响力实非高明之举。进言之，仅仅做到第一层次的职位型领导者或许能够成为"老板"，但是难以称得上是真正的领袖。在此领导哲学之下，他们所拥有的是唯命是从的下属，而非和衷共济的团队。此类领导者依靠各种规章制度、政策条文和组织条款来管控他们的员工。这样的直接后果就是员工只会在领导者权威所及的范围内服从他们，以完成"分内事"为己任，而领导者于其权力范围之外，则很难要求员工付出额外的时间或精力。职位型领导者在与志愿者、年轻员工以及高素质员工工作相处时，往往存在困难。究其原因，主要在于这类员工具有更加强烈的独立性倾向，仅仅依靠职权的职位型领导者难以对其施加充分的影响力。基于职权的职位型领导力是唯一不需要能力或努力就能得到的，因为任何人都可以因为被赋予某个职位而自然而然地拥有它。

传统意义上的领导力征途都是从领导职位开始的。有人参军入伍，成为一名新兵，开始努力追求列兵军衔的晋升，而当某个人得到一个工作时，往往也会同时获得一个头衔或职务说明，工人、销售员、服务生、职员、会计师、经理，不一而足。职位是领导力提升之旅的起点，也是领导力建立与发展的最低层次与牢固基石，真正的影响力必须以此为基础。曾经有一段时期，领导者严重依赖自身职权来领导，尤其在封建世袭时代这一点更加不足为奇。拥有一个领导职位无可厚非，一个人得到领导职位往往是因为更高层领导者看中了他的天分与潜力。获得了一定的头衔和职位之后，一定的领导权力与权威往往也随之而来。职位是一个很好的起点，但同其他领导层次一样，它也有自身的积极方面与消极方面。

1. 职位的积极方面

第一，某些人被赋予领导职位往往是因为他们具有领导潜质。大多数时候人们能够获得某个领导职位是由于高层权威人物的任命，这一点或许显而易见，但其背后有深层含义。这也往往意味着高层权威人物认为新任命的领导者具有某种程度的领导潜质，譬如你受邀担任领导角色而刚刚开始接触领导力，那么高层领导对你的信任是非常值得庆祝的。最优秀的领导者是基于个人领导潜质来提拔的，而非政治、资历、证书或个人便利。如果你获得了一个新的领导职位，那么你就达到了领导力征途的第一层次。你将有机会表达自己的意愿并做出决策，而你最首要的目标就是向你的上司与团队证明，你能够胜任这份职位。

第二，一个领导职位意味着领导权威被认可。当一个人获得领导职位和头衔时，某种程度的权威或权力会随之而来，尽管最初的权力或许是非常有限度的，但不必气馁，因为大多数领导都需要通过极少权力的运用证明自己以赢取更大的权力。作为一名新的领导者，你必须明智地运用你所赋予的权威，着眼于帮助你所领导的人与整个团队的提升。照这样做，你的追随者会赋予更大的权威。当这一刻来临的时候，你所赢得的是领导力，而不仅仅是一个职位。

第三，领导职位是促使领导者成长的催化剂。获得领导职位与肩负领导职责是密不可分的，其中最重要的一项要求是领导者的个人成长。只有在领导力征途上不断求索、坚持不懈，你最终才能取得骄人的成功，如果你相信职位创造领导者，那么你要想成为一名优秀领导者是很难的，你将会止步不前，放纵自我，去享受职位带给你的种种好处，而不去努力成长为你原本能力所及的优秀领导者。对一个组织产生最大负面作用的领导者正是那些自以为是的人，一旦他们获得了渴望的职位或头衔，他们就会停下前进的步伐，停止创新。他们耽于他们所得到的授权而堵塞任何前进的力量。你要不断努力设定新目标来充分利用好职位所带来的良好机遇，不断成长。优秀的领导者总会是优秀的学习者，要想成为高效的领导者，你必须明白你所获得的领导职位仅仅是促使你成长的催化剂。如果你做到了并成为一名终身学习者，你将会持续不断地提升自我领导力，不论你的领导潜力大小，你也要充分挖掘。

第四，一个领导职位使得潜在领导者能够定义与塑造自身领导力。人们被赋予一个领导职位最大的潜在优势在于为他们提供了一个机会来决定他们想要成为哪一种领导者。他们所获得的职位或许已被界定，但是他们本身不是。"领导对领导学会"的创立者弗朗西斯·赫塞尔本认为，"领导力与你做了什么关系不大，而与你是谁关系甚笃。如果你将领导力视为操纵别人的伎俩或攫取你个人利益的工具，那么每位员工都有权利去怀疑。但如果你的领导力最首要且最主要地来源于你的内心品质与正直理想，那么你可以要求员工为你们的组织及其使命奉献自我。"如果你新接触领导力，或刚刚被赋予某个领导职位，那就是你思考你所要建立的领导力风格的最佳时机。

2. 职位的消极方面

第一，拥有领导职位常常具有误导性。职位是定义领导力最简单的方式。一旦某人拥有了一个职位或头衔，人们会把某人等同于它。然而，职位或头衔往往具有很强的误导性。因为领导力是行动，而非职位。领导者总是在将人们带向前方，他们不是静态的，如果没有前进的征程，也就没有所谓的领导力。

第二，依靠职位的领导者常常低估人的价值。依靠职位来实现自身领导力的人总会将他们的职位赋予极高的价值——常常会高于他们所做的任何其他事情。对他们而言，他们的职位比他们所从事的工作、他们对员工所传递的价值观甚至他们对团队所做出的贡献都重要。这种态度对于促进良好人际关系的建立有害无益。事实上，职位型领导者往往将员工视为麻烦制造者，或是整个组织大机器中可以任意替换的小零件，甚至是他们在实现下一个职位晋升目标路上制造麻烦的障碍。因此，那些拥有职位型领导者的单位、团队或组织会遭受可怕的低落士气。那些依靠自身头衔或职位去影响他人的领导者，往往难以与人良好合作，有些职位型领导者甚至讨厌员工。为何？是因为他们不能够与人通力合作才不得不依靠自己的职位，还是因为他们依靠自己的职位而从不去花时间与精力去与他人合作呢？职位型领导者在领导他人时，忽略了很多人的因素。他们没有意识到，作为领导者，他们必须把他们自身的理念与员工的志向以一种共赢的方式结合起来。简言之，他们之所以没有领导好的原因在于，他们没有认识到并将这个事实考虑在内：那就是不管在任何地点，为了任何目的，任何类型的领导力都是与人合作的学问。

第三，职位型领导者依赖于政治手段。当领导者珍视职位胜过影响他人的能力，这个组织的工作环境将会变得非常政治化，将会充斥各种操纵与阴谋。职位型领导者更加关注控制力而非奉献。他们工作是为了获得头衔，他们无所不用其极以获得能力所及的最多员工与最大预算专款——不是为了实现组织所肩负的使命，而是为了捍卫并扩张其"地盘"，当一名职位型领导者这样做的时候，这常常会刺激其他人同样如此，因为他们担心别人的所得就是其个人损失，这不仅会导致尔虞我诈、故作姿态和阴谋操纵的恶性循环，还会造成部门间的恶性竞争。

第四，职位型领导者将权力置于责任之上。不可避免的是，那些依赖于自我权力的职位型领导者会产生强烈的权力意识。他们期望自己的员工来服务自己，而不是寻找途径去服务自己的员工。与提升工作相比，职权对他们更重要，他们将自己的"地盘"置于团队合作之上，因此，他们经常强调对他们有利的规章制度而忽略人际关系，这对于促进团队合作、创建积极的工作环境毫无作用。仅仅因为你作为领导者有权力去做某事，并不意味着那是一件正确的事，把你的注意焦点从权力转变为责任往往是一名领导者走向成熟的标志。在领导力起步的年代，大多数领导者都会为自己所拥有的权威及在此权威下享受的特权而感到欣喜，如果不是彻底的自我陶醉，那些权力是令人振奋的。作为领导者的每一个人都必须努力成长为不依赖于自身职位的领导角色，如果沿着这样的道路成熟起来，将能把焦点从为自身利益享受权威转变为用自身权力去服务他人。

第五，职位型领导者往往是孤独的。领导力并不意味着必然孤独，所谓的孤独是人们自身导致的。如果职位型领导者错误地认识领导力的作用和目的，他们很容易变得孤独。成为一名优秀的领导者并不意味着竭力成为"山大王"，而高高立于他人之上，优秀的领导者是要与员工并肩同行，并帮助他们和你一起攀登高峰。如果只是你自己一个人居于山峰高处，或许会觉得孤单，如果有其他的同伴在你身边，你就不会觉得孤单。"山大王"式的领导者营造了一种十分消极的工作环境，因为他们容易感觉受到威胁而充满了不安，无论何时看到具有潜质的员工开始攀登职场高峰，职位型领导者内心都会充满担忧，时刻害怕自己在高处的位置被别人取代。因此，他们会暗中削弱那些展露才华的人，努力捍卫自己的职位，时时让自己处于领先于他人的优势地位。如此之后，最优秀的员工会感到被暗中削弱打压，最终选择离开单位或组织去找寻新的职场发展机遇；而只有资历平平和缺乏上进心的人留了下来，并且他们也清楚自己处于组织的最底层。这就逐渐形成一种唯我独尊的企业文化，而使得职位型领导者孤独地站在最高层，领导者并不必然孤独，那些感到孤独的人其实是自己一手造成的。

第六，职位型领导者会被打上标签而难以前行。无论何时，当人们利用他们的职位来长期领导他人并且难以建立真正的影响力的时候，他们会被贴上职位型领导者的标签，在组织内部很少能获得进一步提升的机会，他们中可能会有些同级调动，但是很少能够再升迁了。这些领导者需要意识到，你依赖职位越久，想要改变别人对你领导方式的固有印象就越难。你或许需要改变你的职位以重新开始建立个人影响力。

第七，职位型领导氛围下员工流动率会很高。当领导者依赖他们的职位来实现领导的时候，所带来的结果几乎都是较高的员工流动率。每一个公司都会不可避免地存在一定的员工流动率，但每位领导者一定要问的是，"哪些人离开了？""是最顶尖的人才流失了？"如果顶尖人才流失了，而资质平平的人进入公司，将来就会产生麻烦。停留在领导力第一层次的组织倾向于流失掉第一流的人才，而只能吸引到二流甚至三流的人才。一个组织中职位型领导者所占的比例越高，公司流失高端人才而只能吸引低端员工的概率就越大。如果一位处于第一层次的领导者掌权，那么这个组织最终也只会是停留在第一层次上，而如果领导者处在第四层次上，那么这个组织也难以发展到登峰造极的层次，除非其领导者成长到第五层次。

第八，职位型领导者用人之弱，而非其强。依赖于自身职位与头衔的领导者是所有领导类型中最弱的。他们付出得最少，而期待他们的员工能为他们努力工作，结果就是，他们的员工也付出最少。一些为职位型领导者工作的员工或许一开始很强势、雄心勃勃、富有创新性并具有斗志，但他们很难保持这种状态。他们往往会变成以下三种人中的一种，即看钟坐等下班者、"刚刚好"的员工、心不在焉的员工。

领导力第一层次最大的消极方面在于，它既不富于创造性也不具备革新力，它是得过且过的领导力层次，如果领导者沉溺于第一层次的消极面中太长时间，他或许会发现自己逐渐成为局外人，如果达到第一层次的领导者失败于此，除了被扫地出门，别无出路。他将不得不离开领导职位。

（二）第二层次——认同

领导力的第二层次完全基于对人际关系的把握。在认同领导力这个层面上，人们追随你是因为他们愿意听你的，当你喜欢他人，将他们当作有血有肉的个体来看待，你就开始影响他们。在此过程中，信任得以建立。无论是在家还是在工作中，无论是在娱乐消遣中或是义务奉献中，工作环境都会变得积极向上。处于第二层次的领导者，其着眼点已非维持自己的职位，而在于如何去了解身边的人并努力探寻和他们的相处之道。领导者与追随者彼此了解，推心置腹，建立起牢固持久的友好关系。即使没有领导他人，你也可以喜欢他们；但如果不能真正关爱他人，你将很难领导好他们。爱人者方能御人。

（三）第三层次——生产

迈入"认同"这一层次的领导者面临的最大危险往往是故步自封于此。然而，真正优秀的领导者并非只是营造一个舒适的工作环境，他们更能把任务完成，把工作做好。因此领导者要努力迈向第三层次——生产。这一领导力层次基于成果，领导者由此获得影响力与公信力。人们开始追随着领导者是因为他们对于整个组织的巨大付出。当领导者迈向领导力的第三层次时，很多有益的方面逐渐显现，工作突飞猛进，斗志奋发昂扬，营业利润增长，员工流失减少，目标得以实现。也是在这一层次上，动势作用得以发挥。在这一层次上，领导和影响他人成为一种乐趣。众所周知，成功与生产率可以解决大量问题，领导者迈向领导力第三层次中成为变革的代言人。他们能够勇敢面对并及时解决棘手的难题，他们能够做出艰难的抉择挽回困局，他们更能够将追随者引领至新的高效境界。

（四）第四层次——立人

领导者之所以伟大，不在于他们所拥有的巨大权力，而在于他们善于授权的能力。这正是处于领导力第四层次上的领导者所做的。他们充分运用自身的职位权力、人脉关系与生产能力并投资于他们的追随者，着力培养他们直到他们真正成长为新的领导者，这就是中国人所说的"立人"。这样的结果就是复制，关注个人发展层面的领导者实际上在不断地复制他们自己。生产创造或许能够赢得竞争，但关注个人发展能够赢得冠军。在这一层次上，总会看到这两种变化：首先，团队协作迈向新的水平，究其原因在于对于人力资本的巨大投资加深了人际关系，帮助人们增进相互了解与忠诚度；其次，工作表现再上新的台阶，究其原因则在于团队中更多领导者的出现促使他们帮助更多的人提升工作质量。处于第四层次上的领导者改变了他们追随者的人生，而人们之所以追随他们也是因为领导者为他们做出的努力，这种条件下结成的人际关系往往是延续终身，牢不可破的。

（五）第五层次——领导特质

领导力最高的也是最难企及的层次是特质。虽然大多数人能够实现从第一层次向第四层次的跨越，但是第五层次所需要的不仅仅是努力、技能和意向，某种程度上也需要具备高水平的天赋。只有天赋异禀的领导者才能迈到这一步，那么走到巅峰的领导者又在做些什么？他们致力于培养实现第四层次的领导者。如果人们备受尊敬、乐观豁达，同时富于创造力，他们就能够获得对他人的影响力，并相对容易地赢得追随者。仅凭自身力量去培养追随者是充满挑战的，大多数领导者选择不去做也是因为培养追随者往往比单纯地领导他们需要花费更多的心血，然而，在所有的领导力任务中，难度最大的就是将领导者培养成能够并愿意去培养其他领导者的人，但是巨大挑战性的背后也有着丰厚的"回报"：一流顶尖的领导者成就一流顶尖的组织。他们创造出其他领导者所不能创造的机遇。人们追随他们是因为他们的领袖特质以及他们所代表的东西。换言之，他们的领导力为他们赢得了无上的口碑和声誉。因此，巅峰领导者往往能够超越他们自身的职位、所处的组织，甚至所从事的行业。在你前进的道路上，主要考虑如下三点：一是明确"我"是谁？即成功的领导者努力地去了解自己，他们清楚自身的长处与不足，他们知道自己的脾气秉性，他们明白怎样的个人经历促进自己的发展。他们更清楚自己的工作习惯，自己每天、每月甚至每个季度的规律，他们知道自己能够与哪一类人合作愉快，而又需要哪一类人的协助。他们明白自己要往哪里去，并且如何到达那里。因此，他们知道自己能够做什么，且他们的领导力能够持续进步。能够深层次地了解自己远非易事，也不是一朝一夕的事，这是一个长期复杂的过程，自知是有效领导的坚强基石。二是明确"我"的价值观是什么？价值观是领导力的灵魂，它指导着人们的行为。关于自我价值观，应明确以下三个关键领域的想法：道德价值观（究竟什么是以"对"的理由做"对"的事）、理性价值观（该如何营造与他人相互信任、尊重的环境）、成功价值观（什么样的目标值得你去终身追求），下表（表2-3）是一项对于领导者特质的调查。在明确了对上述三个领域矢志不渝的恪守，就将会使领导者富于个人魅力，促使员工加入你的团队，追随你的领导。显然，如果领导者拥有坚定的道德价值观，员工将会尊重他们本身，而不仅仅只是他们的职位。不成熟的领导者努力利用他们的职位来谋取较好表现，而具有自我认知的成熟领导者会认识到员工持续良好的表现并非是由职位、权力或规则促成的，它是由真实又正派的核心价值观所激励而产生的。

表 2-3　领导者特质调查一览表

顺序	特质	比重
1	以身作则地领导	26%
2	坚定的道德情操	19%
3	商业方面的丰富知识	17%
4	公正	14%
5	总体智商与竞争力	13%
6	员工认可度	10%

如果想要成为一名更优秀的领导者，不仅仅需要了解自己，确定价值观，还需将它们融入生活的点滴。

【课后材料】

印度独立后的第一任总理尼赫鲁，在政治生涯开始时便追随圣雄甘地，支持甘地所领导的运动。甘地本人对他十分欣赏，并对他寄予厚望。甘地经常和尼赫鲁在各种问题上交换意见，主动提拔他担任领导职务，由于甘地的作用，尼赫鲁在国大党的地位迅速提高。尼赫鲁虽然九次被捕入狱，但是他从未放弃过他的政治抱负和理想。更加可贵的是，尼赫鲁并不盲目追随甘地，他不怕困难，对欧洲进行了考察，在很多问题上的看法早已超过甘地。他始终走在印度民族解放运动的最前列，提出了印度"完全独立"的政治目标，得到了印度人民的广泛拥护。他所具有的良好品格以及对独立事业的坚定信仰和目光的远大，深受印度人民的崇敬和信赖。

（资料来源：鲁克德，从零开始读懂领导学[M]. 上海：立信会计出版社，2014.）

良好的品格造就优秀的领导者，恶劣的品行则是成功的羁绊。领导者必须通过自己的道德品质来吸引员工。员工往往对领导者的能力表示钦佩，进而服从，但是更多的时候是为领导者的道德品质所感动，进而产生无条件服从和信赖。

第四节　当今环境下的领导问题

一、互联网时代企业领导模式与领导力开发创新

互联网时代的到来和互联网技术的广泛应用使得组织环境呈现出新的特征，并给企业的领导实践带来了新的挑战。外部环境呈现出的信息开放和用户主导的特征，使得如何快速掌握并满足用户价值诉求成为关系到企业生存和发展的关键能力。对此，企业必须创造条件并充分激发员工的积极性和主动性，使得员工和企业一道为用户创造价值。然而，伴随着知识员工的崛起、员工诉求的多样化、管理者和下属间相互依赖性的增强等，传统的以企业和领导者为中心、自下而上驱动的领导模式愈发难以起到激发员工群体活力的作用。在此时代背景下，企业的领导实践必须在打破传统领导模式的基础上进行创新，以适应时代特征和企业环境特征的要求。

二、职场负向行为的出现与应对

在当今组织中，员工在工作场所中表现出一些负向行为的事例似乎并不稀奇。例如，员工可能会表现出反生产的工作行为，也可能在人际关系上排挤、伤害同事，还有可能在组织中传播谣言或做出其他有损于组织与团队发展的事情。到底是什么样的情境或个体的原因刺激了这些职场负向行为的出现？这些不同的职场负向行为会给组织、团队与员工个人带来怎样的影响？作为企业中的领导者或人力资源管理者，又该如何有效地应对员工的职场负向行为？这些问题都是目前环境下需要解决的问题。

三、中国文化情境下的领导力情境

在组织管理过程中，领导力是一个常谈常新的热门话题。几乎任何类型的企业组织都在呼唤更高水平的领导力，而员工职业成长中也离不开领导力的提升。在相当长的一段时间内，在如何认识和提升领导力水平这一问题上，我们都是在亦步亦趋地追随着西方学者的脚步。事实上，在我们自己的文化宝藏中，毫无疑问地积累和埋藏着许多有关领导力的智慧与洞见。然而，这一领域长期以来并没有得到充分重视和开发。究竟中国文化中有哪些积淀可以应用到当今组织的领导力发展中？在领导力研究中该如何考虑中国人和中国社会的一些基本文化特征？西方的研究成果在中国文化情境下应用时，又需要进行怎样的调整？在中国社会文化背景下，关于领导力问题，又能获得哪些独特和新颖的发现？这些问

题都是目前环境下领导力需要解决的问题。

【课后实训】

组织一次关于领导力训练的活动，活动内容如下：

形式：8 人一组为最佳。

时间：30 分钟。

材料：眼罩 4 个，20 米长的绳子一条。

适用对象：全体参加领导力训练的成员。

活动目的：让学员体会及学习作为一位主管在分派任务时通常犯的错误以及改善的方法。

操作程序（如图 2-2 所示）：

（1）选出一名总经理、一名总经理秘书、一名部门经理、一名部门经理秘书和四名操作人员。

（2）把总经理及总经理秘书带到一个看不见的角落，然后跟他们说明游戏规则：总经理要让秘书给部门经理传达一项任务，该任务就是由操作人员在戴着眼罩的情况下，把一条 20 米长的绳子做成一个正方形，绳子要用尽。全过程不得直接指挥，一定是通过秘书将指令传给部门经理，由部门经理指挥操作人员完成任务。部门经理有不明白的地方也可以通过自己的秘书请示总经理。部门经理在指挥的过程中要与操作人员保持 5 米以上的距离。

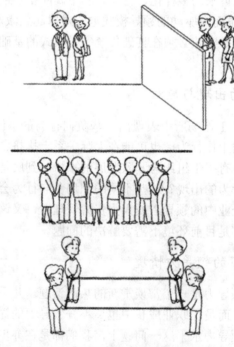

图 2-2　《他的授权方式》操作指导图形

讨论：

（1）作为操作人员，你会怎样评价你的这位主管经理？如果是你，你会怎样来分派任务？

（2）作为部门经理，你对总经理的看法如何？对操作人员在执行过程中看法如何？

（3）作为总经理，你对这项任务的感觉如何？你认为哪方面是可以改善的？

（资料来源：http://www.docin.com/p-1679977875.html。）

第五节　领导力对管理者提出的要求

关于领导力对管理者提出的要求，在宏观层面可以从以下三个方面理解：

一是职位权力。这里的职位权力是指组织所赋予管理者的职位权力，其包含法定权（职位所赋予的法定权力）、惩罚权和奖赏权。

二是威信。这里的威信可以理解为"威望+信誉"，威望即专业特长和成功经历，信誉即品德修养的核心体现。管理者的威信又称为非职位权力，包含管理者的品德修养（尤其是信誉）、知识技能（或称专家权、专长权）、实际业绩（成功经历或资历）和个性魅力（宽容、豁达、自信和谦虚等）。

三是激励能力。管理者的激励能力，即激发人的内在动机，调动人的积极性，是领导力的关键所在。

具体来讲，就权力要素进行分析，领导力对管理者来说要做到一不滥用权力。因为权力是有限的，而影响力是无穷的。领导不是统治，也不是压制，更不是飞扬跋扈，而是一种凝聚人心的积极力量。滥用权力是管理者黔驴技穷的表现。回归到"领导"的本意，领导就是要做好表率、带好头，领导是在前面冲锋陷阵号召队员"跟我上"而不是跟在后面踹着队员的屁股高喊"给我上"，这是领导之所以是领导的根本所在。二要善于授权。到底哪些工作可以授权呢？具体来讲，以下工作可以授权（如表2-4所示）：

表2-4　管理者可以授权的工作事项一览表

必须授权的工作	应该授权的工作	酌情授权的工作
授权风险低的简单工作	下属已经具备能力	突发事项非常紧急，企业负责人来不及处理，或有其他更重要的事务无法同时解决
重复性的程序工作	有挑战性但风险不大	授权事项虽然重要，但比较细微，与企业的目标和主要业务关系不很紧密但又是必需的
下属完全能够做好的，甚至可以比领导者做得更好的工作	有风险但可以控制	

下面，就威信要素进行分析，领导力对管理者的要求，一是可以提升品德修养。领导无德，何以服众？只能被下属严重鄙视，尤其要注重领导者的信誉，"言必行，行必果"。二是可以提高专业技能。专业技能是威信的根本，领导无才，何以驭众？古代的将领多是熟知兵法而又武艺高强者，有战斗力的领导才是最好的领导。三是可以创造实际业绩。实际业绩是威信的保证，百姓爱戴严肃而有作为的领导，胜过爱戴懦弱无能的领导千百倍，从古到今，皆是如此。四是可以修炼个人魅力。个性魅力是威信的补充，领导者的最高境

界是给人如沐春风的感觉。宽容、豁达、自信和谦虚让领导者笼罩着一层迷人的光环。

一言以蔽之，要善用激励艺术。激励能力是领导者的核心能力，是成就最卓越领导者的关键所在。

本章小结

本章主要就领导及领导力相关理论及观点进行了陈述，并且给出了相关测试方法。

本章习题

1. 什么是领导力？
2. 就领导力 5 个方面的内容，谈谈你的想法。

第二篇　人际技能篇

人間詩話　第二冊

第三章 沟通技能

引例:

邱如萍的同事都说她"外柔内刚",她自己也承认这一点,说,"常常在我与下属的谈话结束很久以后,他们才开始觉察到我是在责备他们"。邱如萍的装束很女性化,说话温柔,语气平和,即使是在批评他人,也从不怒目圆睁。她待人和气,具有一流的倾听技巧。也许正是这种特质打动了员工,他们都很尊重她,说她温柔的外表下蕴藏着坚强的意志。

"有一件事情我永远难忘,至今还历历在目。当时,我必须开除一个员工,她是我最好的朋友,有些事我没有处理好,影响了我们的关系。其实,这对她并没有影响。后来,她进入另一个行业,做得相当出色。"

邱如萍在工作中逐渐掌握了处理问题的技巧。她的诀窍是,在用人之前事先做好准备。"当你做计划的时候,就要清楚你需要什么样的人才以及你的要求。除了必需的工作技能,我很看重品质、个性、幽默感和责任感。选人时谨慎些,用起来就轻松多了。"

员工一旦被正式录用,邱如萍就会提供锻炼机会,随时纠正他们的错误。"我不希望看到我第一次考核时,对方对自己的工作还一无所知。"

她待人诚实、坦率,有争执时马上解决,绝不拖泥带水。但是,她也从不态度强硬,不给对方造成压力。做了这么多年的主管,邱如萍总结出三类最难打交道的员工以及与他们友好相处的办法。一是满腹牢骚的员工,"我尽量开导他们,让他们往远处着想,给他们尝试的机会"。二是桀骜不驯的员工,"他们真令人头疼,我曾被他们气得浑身发抖,但我有原则,绝不纵容不讲道理的人。我会让他们知道,在我们这里,只要有道理,什么都可以商量,否则免谈"。三是能力差的员工,"我并不歧视他们,给他们创造增进技能的机会,并给予指导,通常有半年时间。多数员工进步很快,我会继续鼓励他们"。邱如萍说,与难打交道的员工即"问题员工"相处的诀窍是主动与他们沟通,深入了解他们。通过不断思考和吸取教训,邱如萍对待各类员工的技巧日渐成熟。不仅"读人"的本领大增,处理问题的能力也有所增强。"我从不排斥另类,他们虽然与我个性不同,但都有自己的优点。一个多元化的环境就应该有各类人才,创造力才能增强。只要对公司有用的人,就要充分发挥他们的潜能。"

邱如萍曾与9位上级共事,他们都是控制型的,但她能与这些主管和睦相处。这是她的优势,也是她成功的基础。

这是一个成功的管理沟通案例。它为我们描述了作为一名管理者的邱如萍是如何通过有效管理沟通,成功处理与上级和下级的关系的。生活中处处需要沟通,组织中也不例外。企业的各种经营管理活动必须借助管理来展开。

第一节　管理沟通的理念

一、管理沟通的内涵

管理沟通是管理活动中不可缺少的组成部分，也是管理者最重要的职责之一。著名的管理大师彼得·德鲁克就明确地把沟通作为管理的一项职能。无论是计划的制订、工作的组织、人事的管理、部门间的协调，还是与外界的交流，都离不开沟通。可以说，良好的沟通是组织效率的保证。企业是由许多不同的部门、成员所构成的一个整体，这一整体有其特定的目的和任务。为了达到企业的目标，各部门、成员之间必须有密切的配合和协调。只有各部门、成员之间形成良好的沟通意识、机制和行为，各部门及成员间才能彼此了解、相互协作，进而促进团体意识的形成，增强企业目标的导向性和凝聚力，使整个企业组织体系能围绕终极目标进行良性运作。所谓管理沟通，就是指在一个企业组织的范围内，为了实现组织目标，围绕企业的管理活动而进行的沟通。对管理沟通的理解，需要把握以下几点。

（一）管理沟通就是指在管理领域里发生的沟通

管理沟通的行为和过程发生在管理的过程和职能范围内，它是管理者在履行管理职责的过程中，为了有效地实现管理职能而进行的一种沟通活动。

（二）管理沟通应该是指为了达到管理目的或目标而进行的沟通，是一种有目的的活动

严格说来，任何沟通活动都有自己的目的，只不过管理沟通与其他沟通形式相比目的性更为明确罢了。管理沟通的目的是为了实现组织目标，因此，在管理沟通过程中必须依照组织目标进行沟通，不能为了沟通而沟通。管理沟通的任何内容的实施和展开都是受组织目标导引的一种有计划的、自觉的、规范性的活动和过程。

（三）管理沟通是管理活动的本质要求

管理就是组织大家共同完成某项任务，实现某种目标的活动过程。这个过程以持续的、复杂的、大量的沟通活动为基础。据统计，沟通占据了管理者的大部分时间和精力。所以，管理沟通是管理者的基本职责之一，是管理行为的基本构成要素。

（四）管理沟通强调的是理解能力

从一定程度上说，管理的本质就是给出命令和指示，而管理沟通则是传达信息；并且只有当传达的信息被理解和接受，这样的信息才有意义。有效的管理沟通常常通过反馈来核实理解的正确与否。

（五）管理沟通是多层面的沟通

管理沟通是一个涉及个体、组织和外部社会多个层面的沟通过程。在这个过程中，既存在个体与个体之间的沟通，又存在群体与群体之间的沟通，还存在个体与群体、组织内部与外部的沟通等。

综上所述，管理沟通具有以下特点：

（1）沟通的信息以语言或文字的方式实现。

（2）沟通内容包括信息传递，情感、思想、观点和态度的交流。

（3）沟通过程中心理因素发挥了重要作用，信息发出者和接收者要考虑对方的动机和目的，而结果还会改变人的行为。

（4）沟通中会出现特殊的沟通障碍，这些障碍一方面来自信息的失真，另一方面是特有的心理障碍，如偏见和爱好、背景、政治与意识等。

二、管理沟通的作用

管理沟通是为了实现企业目标而进行的沟通，其作用也是与企业的目标紧密相关的。任何一个企业的成长都需要沟通。具体而言，管理沟通的作用体现在以下几个方面。

（一）管理沟通是管理活动的瓶颈

管理沟通是管理活动的瓶颈，如果这个瓶颈不通畅甚至堵塞了，那么企业活动就无法实施。在竞争日益激烈的现代社会，一个企业要想顺利地展开工作，实现企业的目标，必须获得各种有关环境变化的信息，使企业确定的目标与科学的战略决策在不断变化的环境中得以实现。企业外部的信息沟通可以获得有关外部环境的各种信息与情报；企业内部的信息沟通可以了解职工的意见倾向和工作结果，把握他们的劳动积极性与需求，洞察各部门之间的关系与管理的效率。只有及时、全面地掌握企业内部管理过程中活动的特殊性及各种信息、情报与资料，才能反映各方面的情况与变化，借以及时控制、指挥整个组织的运转，实现科学有效的管理。

（二）管理沟通是改善人际关系的润滑剂

在一个企业内部，有效的沟通是极其重要的。我们常在一些企业中看到科研人员（或部门）与生产人员或经销人员（或部门）之间关系紧张、矛盾激烈以及内部人际关系失调的局面，究其原因，是缺乏沟通或沟通方式不当所致。

众所周知，无论在日常生活中，还是在实际工作中，人们互相沟通思想与交流感情是一种重要的心理需要。沟通可以解除人们内心的紧张与怨恨，使人们感到心情舒畅；而且互相沟通可以使双方产生共鸣和同情，促进彼此的了解，并改善相互之间的关系。

（三）管理沟通是有效激励的基本途径

随着社会的不断发展，人们逐渐开始由"经济人"向"社会人""文化人"的角色转变。无论是当局者还是旁观者，随着经济的开放，人们从单纯追求物质待遇和享受过渡到追求精神满足与自我实现，而这种自我实现与精神满足体现于能否直接参与或在多大程度上参与企业的管理。因此，在企业管理中，管理者的知识、经验及观念往往影响着职工的知觉、思维与态度，进而改变他们的行为。特别是当管理者为适应发展的需要，必须进行某项改革时，他的一个重要任务就是通过信息沟通或情感沟通转变职工原有的抵制态度，改变其无法适应现状的传统行为，这样才能实现与员工间的良好合作，搞好企业的改革。因此，沟通既可以促进领导改进管理，又可以调动广大职工参与管理的积极性，使职工增强信心，积极主动为企业献计献策，增强责任感，从而增强企业内部凝聚力，使企业蓬勃发展。

（四）管理沟通是企业创新的途径

两个人各有一个苹果，彼此交换苹果，每人仍有一个苹果；若两个人进行思想交换，每人就有两个思想，从而产生思想火花，变成创新的源泉。目前许多企业家采取了各种各样的形式在企业中开展全方位的沟通活动，如高层接待日、意见箱制度、恳谈餐会、网上建议等，通过各种渠道让员工进行跨部门的讨论、思考、探索——这些过程往往潜藏着无限的创意。一个成功的企业，其沟通渠道往往是畅通无阻的。此外，基层的员工处于组织生产和管理的第一线，对组织活动有着更深刻和直接的理解，他们往往能最先发现组织出现的问题。有效的沟通机制可以使组织的中高层管理者及时了解组织出现的问题，并在相互的沟通和交流中提出革新的方法，同时顺利实施，这也是企业创新的重要来源之一。

三、管理沟通的类型

管理沟通是达到企业目标的一种重要手段。在沟通类型的划分上，可谓仁者见仁，智者见智。根据不同的划分标准，可以把沟通划分为不同的类型。

（一）单向沟通与双向沟通

根据沟通是否出现信息反馈，可以把管理沟通划分为单向沟通与双向沟通。

1. 单向沟通

单向沟通是指信息发送者以命令方式面向接受者：一方只发送信息，另一方只接受信息，双方无论在语言上还是情感上都不需要信息反馈，如电话通知、做报告、演讲、书面指示等。单向沟通的优点是：传达信息速度快；发送信息者不会受到另一方的挑战，能保持发送信息者的尊严。其缺点是：有时难辨是非，准确性差；信息接受者易产生挫折与抗拒心理。

2. 双向沟通

双向沟通是指信息发送者以协调和讨论的姿态面对信息接受者，信息发出后还需及时听取反馈意见，必要时发送者与接受者还要进行多次重复商议交流，直到双方有了共同的理解为止，如讨论、面谈、谈判等。双向沟通的优点是准确性高；接收信息者有反馈的机会；接收信息者对自己的判断比较有信心，并有参与感与光荣感。而双向沟通的缺点是：信息接收者有心理压力；传递信息速度慢，易受干扰，并缺乏条理性。

（二）正式沟通与非正式沟通

根据沟通渠道产生方式的不同，可以把管理沟通划分为正式沟通和非正式沟通。

1. 正式沟通

正式沟通常是在组织系统内部，根据组织原则与组织管理制度进行的信息传递与交流，包括组织内外的公文来往、会议、命令等。正式沟通一般以书面沟通为主。按照信息流向的不同，正式沟通可分为上行沟通、下行沟通、横向沟通与斜向沟通。

2. 非正式沟通

非正式沟通是指组织成员私下的交谈、传闻和"小道消息"等。与正式沟通不同，非正式沟通的沟通对象、时间及内容等各方面都是不经过计划和难以辨别的。非正式沟通在管理沟通中有不可忽视的地位和作用。其优点在于沟通形式灵活多样、直接明白、反应迅速。但非正式沟通难以控制，传递的信息不确定，容易失真，可能影响组织的凝聚力和人心稳定。

（三）语言沟通与非语言沟通

根据信息载体的不同，管理沟通可以划分为语言沟通与非语言沟通。

1. 语言沟通

语言沟通是以文字符号实现的沟通，可以分为口头语言沟通和书面语言沟通两种形式。平时的演说、交谈、访谈、小组会议、大型会议以及小道消息传播都离不开口头语言沟通，书面语言沟通又可细分为正式文件、备忘录、信件、公告、内部期刊、规章制度及任何传递书面文字或符号的手段。

2. 非语言沟通

非语言沟通是指除语言沟通以外的各种沟通方式，一般是通过媒介而不是讲话或文字来传递信息。美国心理学家艾伯特·梅拉比安经过研究认为：人们在沟通中发送的全部信息中仅有 7%是由语言方式来表达的，而 93%的信息是由非语言方式来表达的。非语言沟通的内涵十分丰富，为人熟知的有身体语言沟通、副语言沟通、物体的操纵等。

四、管理沟通的过程

与一般意义上的沟通一样，管理沟通的过程同样由七个要素组成，即信息源、信息、编码、通道（渠道）、编码、接受者及反馈。沟通始于某一个意图，即要被传递的信息。信息被转化为信号形式（编码），并通过媒介（渠道）传送给接收者，由接收者将接收到的信号转译过来（编码），如图 3-1 所示。

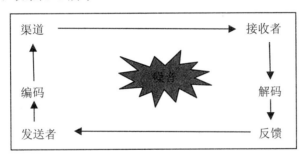

图 3-1　沟通的过程

1. 发送者与接收者

发送者把头脑中的想法进行编码生成信息，被编码的信息的质量高低受到四个因素的影响，即发送者的技能、态度、知识以及社会—文化系统。与发送者一样，接收者同样受到技能、态度、知识以及社会—文化系统四个因素的影响。

2. 信息

信息就是要沟通的内容，至少包括四个要素，即事实、情感、价值取向和意见观点。一次沟通可能传递一个方面，也可能同时涉及几个方面。所有的沟通信息都由两种符号构成：语言符号和非语言符号。

3. 通道

通道是信息经过的线路，是信息到达发送者、接收者的手段。沟通渠道包括个人谈话、电子沟通、小组会议、实况广播、录像带、信函、街头传闻或小道信息。

4. 反馈

反馈是发送者和接收者相互间的反应。是否存在反馈，是沟通与传播的主要区别。大众传播往往是单向的，不存在反馈；政府发布的公告、通告等，也往往没有反馈。

5. 噪音

噪音是指妨碍信息沟通的任何因素。

【课后实训】

自我测试：趣味测试——"工作环境中的沟通水平"

1. 你上司的上司邀请你共进午餐，回到办公室，你的上司颇为好奇，此时你会：
   a. 告诉他详细情况
   b. 不透露蛛丝马迹
   c. 粗略描述，淡化内容的重要性

2. 当你主持会议时，有一位下属一直以无关的问题干扰会议，此时你会：
   a. 要求所有的下属先别提问题，等你讲完
   b. 纵容下去
   c. 告诉此下属在预订的议题讨论完之前先别提出新的问题

3. 你与上司正在讨论问题，有人打长途给你，此时你会：
   a. 告诉上司的秘书说不在
   b. 接电话，而且该说多久说多久
   c. 告诉对方说你在开会，一会回过去

4. 有位员工连续第四次在周末向你提出要求提前下班，此时你会：
   a. 明说我不能允许你了，否则他人会有想法
   b. 今天不行，下午四点我要开个会
   c. 你对我们相当重要，我们需要你，特别是在周末

5. 你刚刚成为部门主管，你知道还有几个人关注这个位置，上班的第一天，你会：
   a. 个别找人谈话确认出有谁想当这个部门的主管
   b. 忽略这个问题，并认为情绪的波动会很快过去
   c. 把问题记在心里，但立即投入工作，并开始认识每一个人

6. 有位下属对你说："有件事本不应该对你说，但不知你听说没有——"
   a. 我不想听办公室的流言
   b. 跟公司有关的事情我才有兴趣听
   c. 谢谢你告诉了我怎么回事，让我知道详情

（资料来源：崔佳颖. 管理沟通实践教材[M]. 北京：经济管理出版社，2015 年.）

第二节　领导力与沟通

　　每次发生飞机的重大失事，世界大小媒体都会评头品足一番。在 1988—1998 年，大韩航空的飞机损失率为每百万次 4.79 架飞机，相当于美国运联的 17 倍之多。此事引起美国国家交通安全委员会的警觉，他们将大韩航空后续发生的所有失事事件都记录备案并做了分析。

　　分析的结果却让人惊诧不已：大韩航空事故频发，跟飞机性能关系不大，该航空公司所采用的飞机性能跟世界上其他大航空公司并无不同；而是大韩航空飞机上工作人员之间

的沟通机制莫名地失灵了——在他们的一次坠机事故前，黑匣子记录飞机曾发出了14次警铃，但是无人理睬。而问题的症结是，韩国人的高权力距离指数导致了大韩航班上的沟通不畅，这是此前大韩航空飞机失事的罪魁祸首。

什么是权力距离指数？它是指一种特定文化中重视和尊重权威的程度。在高权力指数的国家，下属往往因为害怕权威而不敢表达自己的意见，或者习惯于婉转地表达意见；同时，不大敢怀疑比自己拥有更多权力的领导。上下级的沟通需要有足够的时间来揣测对方背后的意思。在紧急的情况下，不可能有时间去揣测。

成为一个高效的沟通者对生活中要完成的每一项事情都有所帮助。沟通技巧绝非只是如何提高交谈的说服力和写作的技巧。正如一位学生干部所说，"上帝赋予了我们两个耳朵和一张嘴巴，我想这就是告诉我们要多听少说。"

作为领导，必须能够与他人进行有效的沟通。如果你想知道一位商学院毕业的研究生应该掌握哪些最重要的技能，各位CEO、高级管理人员都会提到一点——高明的沟通技巧。管理人员一天的大部分时间都在与人进行沟通。实际上，有人调查过管理人员在各项活动中花费的时间，结果显示，在他们每天的生活中，沟通占据了70%～90%的时间。这便是你花费在或是将要花费在沟通上的时间，这一绝对数量强调了沟通技巧在你的职业生涯中的重要性。

领导者，即对他人进行管理、指导、激励和鼓舞的人，可以是男性也可以是女性，在一家机构或是一个团体中，领导者对他人施加影响，左右他人的注意力。领导者能让其他人跟随他们，或是追求他们所定下的目标。有效的领导建立在有效的沟通之上。领导者正是通过有效的沟通来实现管理、指导、激励和鼓舞的。高明的沟通技巧能创造出必要的理解和信任，从而使其他员工受到鼓励，愿意跟随。如果失去了有效的沟通，管理者将一无所获；如果失去了有效的沟通，管理者将无法成为有力的管理者。事实上，拥有有效沟通的能力，是管理者晋升为领导者的敲门砖。早期哈佛商学院曾做过一项调查，在一家机构中需要具备哪些条件才可升职并获得成功，结果显示，业内的领军人士所具有的特质包括"能够沟通，能够做出可靠的决定，能与他人合作完成任务"。

沟通是指信息的传递，可以从一个人到另一个人，也可以从一个人到其他许多人，可能是口头的，也可能是非口头的。两人之间的沟通常常被称为"修辞语境"，人们一般将其描述为由传达者、接受者及信息三者所组成的简单语境。

沟通的复杂源于信息传递过程中受到的中断或干扰，有可能来自传达者，也有可能来自接受者。信息传递的语境、周围的干扰、传递媒介的选择、传达信息所用的词汇以及说话者的形象——所有这一切都影响着信息的传递，关系到它是否能被成功地、按照说话者的原意传达给另一个人。

要进行有效的商业沟通，最基本的就是要学会预测修辞情境中所受到的干扰，选择正确的传递媒介，生成明确的信息，使其能被特定的接收者接收且不被曲解，也就是与理想的修辞情境尽可能地接近。因此，领导沟通要求人们在分析听众的过程中必须要预测到所有的中断和干扰，并制定出足以控制整个修辞情境的沟通策略，以提高信息的传递效率。

一、领导力沟通的重要性

西方有句谚语："Lead through effective communication"，译成中文意思是"领导力是

凭借有效的沟通而建立起来的"。托马斯·法兰达在《不同寻常的感受：增加商业利润的领导原则》中指出，"对于一个领导人而言，没有什么比有效沟通这种技能更重要的了。"可见，成功地实现领导的过程就是企业领导力有效沟通的过程，有效的领导力沟通有利于企业领导目的的实现和逐渐确立领导权威。

领导力沟通如此重要，是因为不管是公司战略的实施，还是高效团队的建设、员工的激励等，企业中所有的工作都需要沟通，才能被领导者或员工所接受和理解，才能实现领导力。同时，有效的领导力沟通能促进领导力的提高。领导过程是否顺畅，完全依赖于领导者是否与被领导者或员工进行了有效的沟通。领导力沟通是成为一个领导者的必备能力。一个领导者，即使有很强的能力和很高的职位，也无法弥补沟通不佳造成的相关问题。

领导力沟通也是企业与外部环境之间建立联系的桥梁。企业在经营中必然要和顾客、政府、公众、供应商和竞争者等发生各种各样的关系；而且，企业外部环境永远处于不断的变化之中，企业为了生存和发展必须适应这种变化，这就要求企业领导者不断地与外部保持持久的沟通，以把握成功的机会，并避免企业失败的可能。

二、领导力沟通的有效原则

（一）目标清晰明确

在任何工作中，一定要把目标清晰明确地告诉员工，避免产生歧义，并要反复与其沟通，确保对方能够准确理解。

（二）善于倾听

好的领导者必须具备"作为一个倾听者所拥有的非凡技能"。领导者与被领导者或员工沟通时，一定要把自己内心的想法搁置一边，用心去倾听对方的真实想法。

（三）会提问

好的领导者还必须具备非凡的提问能力，同时要具备一定的好奇心。领导者要用提问的方式了解员工的想法，并帮助员工找到相应的解决方案。

（四）尊重对方

尊重一个人首先表现在你的态度上，你的每一个面部表情、每一句的语速语调都能体现出你对对方尊重的程度，也包括你在与对方沟通时倾听的态度，你是否有经常打断别人说话的习惯，或只是一味表达你自己的观点，只有给予对方尊重才能够更好地进行沟通。

（五）有同理心

同理心也可称为换位、移情。这要求领导者能站在被领导者或员工的立场和角度了解对方的心情，思考问题。如果在沟通中只一味强调自己的观点，忽视对方的感受，就容易让对方产生逆反心理。所以管理者要设身处地从对方的角度去观察和分析，了解他们的心情，让对方感到他们是被理解的，这样沟通才能有效地进行。

（六）正向引导

沟通中，不管是好消息还是坏消息，都要采取正面激励的沟通方式，促进员工的正面行动。

【课后实训】

一个小游戏：善于提问的艺术

目的：通过叙述问题或安排提问，激励学员进行思考并做出积极响应。

程序：如何鼓励大家积极参与呢？以下建议可供参考。

（1）在课程早期就指出你希望大家提问。让学员知道你鼓励并且期盼提问（是可以问问题的）。

（2）对所问的第一个问题做出明确的回答。学员们可能会仔细观察以判定你有多认真。

（3）注意非语言的举动。你往往可以从面部表情/身体姿势上看出有人想提问或想提出不同意见，这样就不用等着他们来插话或举手了。

（4）提醒大家没有愚蠢的问题，只有愚蠢的回答。

（5）将问题重复一遍或用自己的话说一遍，以便自己对问题理解透彻，并确保其他学员也听到了。

（6）在要求提问后稍停一下，5或10秒钟的时间看似很长，但对大家来说是同样有压力的。

（7）不要在马上要休息、吃饭或下课时问有没有问题，因为大家急于要做下一件事就不愿提问或使得提问的人不得人心。

（8）在你印出的议程或课程表上明确列出提问和回答的简短时间，这使得学员对提问有所准备。

（9）不要让大家觉得你在赶时间，但还是能（不情愿地）回答一两个问题。这样就明显让人感到你希望没人提问。

总结与评估：

大多数优秀的研讨会组织者都希望在课程进行到一定阶段时，学员能够积极参与进来。大多数有相同经历的学生也想参加讨论，其他人可能因对某个内容困惑不解而真的有问题要问。给时间问问题是当然的，但寻求好问题却是一门艺术。

第三节　沟通障碍及改进方法

案例

研发部梁经理才进公司不到一年，工作表现颇受主管赞赏，不管是专业能力还是管理绩效，都获得大家肯定。在他的缜密规划之下，研发部一些延宕已久的项目都在积极推行当中。部门主管李副总发现，梁经理到研发部以来，几乎每天加班。他经常在第2天看到梁经理电子邮件的发送时间是前一天晚上10点多，接着甚至又看到当天早上7点多发送的另一封邮件。这个部门下班时梁经理总是最晚离开，上班时第一个到。但是，即使在工作量吃紧的时候，其他同事似乎都准时走，很少跟着他留下来。平常也难得见到梁经理和他的部属或是同级主管进行沟通。李副总对梁经理怎么和其他同事、部属沟通工作觉得好奇，开始观察他的沟通方式。原来，梁经理部是以电子邮件交代下属工作。他的属下除非必要，也都是以电子邮件回复工作进度及提出问题，很少找他当面报告或讨论。对其他同事也是如此，电子邮件似乎被梁经理当作和同仁们合作的最佳沟通工具。

但是，最近大家似乎开始对梁经理这样的沟通方式反应不佳。李副总发觉，梁经理的下属对部门逐渐没有向心力，除了不配合加班，还只执行交办的工作，不太主动提出企划或问题。而其他各部主管，也不会像梁经理刚到研发部时，主动到他房间聊聊，大家见了面，只是客气地点个头。开会时的讨论，也都是公事公办的居多。李副总趁着在楼梯间抽烟碰到另一部门的陈经理时，以闲聊的方式提及梁经理工作相当认真，可能对工作以外的事就没有多花心思。李副总也就没再多问。

这天，李副总刚好经过梁经理房间门口，听到他打电话，讨论内容似乎和陈经理业务范围有关。他到陈经理那里，刚好陈经理也在打电话。李副总听谈话内容，确定是两位经理在谈话。之后，他找了陈经理，问他怎么回事。明明两个主管的办公房间相邻，为什么不直接走过去说说就好了，竟然是用电话谈。

陈经理笑答，这个电话是梁经理打来的，梁经理似乎比较希望用电话讨论工作，而不是当面沟通。陈经理曾试着要在梁经理房间当面沟通。但梁经理不是以最短的时间结束谈话，就是眼睛还一直盯着计算机屏幕，让他不得不赶紧离开。陈经理说，几次以后，他也宁愿用电话的方式沟通，免得让别人觉得自己过于热情。了解这些情形后，李副总找到了梁经理谈话，梁经理觉得效率应该是最需要追求的目标，所以他希望用最节省时间的方式，达到工作要求。李副总以过来人的经验告诉梁经理，工作效率重要，但良好的沟通绝对会让工作进行顺畅许多。

案例点评：很多管理者都忽视了沟通的重要性，而是一味地强调工作效率。实际上，面对面沟通所花的些许时间成本，绝对能让沟通大为增进。沟通看似小事情，实则意义重大！沟通通畅，工作效率自然就会提高，忽视沟通，工作效率势必下降。

一、沟通障碍

在沟通中，由于存在着外界干扰及其他因素的影响，信息往往失真，使得信息不能正常传递。人际沟通和组织沟通中都可能出现各种障碍而导致失去效率，一般来说，影响有效沟通的障碍包括下列因素。

（一）个人因素

个人因素主要包括两大类：一是情感因素，二是能力因素。从情感因素来说，个人的性格、气质、情绪、认知、价值观等存在差异，这些因素会影响个人对信息意义的理解。研究表明，人们往往听或看他们感情上能够接纳的东西，或他们想听或想看的东西，甚至只愿意接受中听的、拒绝不中听的信息。从能力因素来说，个人的智力、经验、知识、思维、表达和沟通技巧等能力都会对沟通效果产生影响。例如，有些人可能不擅长口头表达，使用了不恰当的语言来表达自己的思想，或者使用了互相矛盾的口头语言和形体语言导致被别人误解等，这些都会造成信息传递困难，从而产生沟通障碍。

（二）人际因素

人际因素主要包括双方的相互信任、信息来源的可靠程度以及发送者与接收者之间的相似程度。

沟通是发送者与接收者之间"给"与"收"的过程。信息传递不是单方面，而是双方面的事情，因此沟通双方的诚意和相互信任至关重要。上下级间的猜疑只会增加抵触情绪，减少坦率交谈的机会，也就不可能进行有效的沟通。

信息来源的可靠程度是信息接收者对信息发送者的信誉、诚实和客观等情况的判断，实际上是由接收者主观决定的。就个人来说，员工对上级是否满意很大程度上取决于他对上级可靠性的评价。就组织而言，可靠性较大的工作单位或部门比较能公开、准确和经常地进行沟通，工作成就也相应地较为出色。

（三）结构因素

结构因素主要包括组织地位差异、信息传递链和空间约束三个方面。

由于组织中设有等级分明的权力保障系统，不同地位的人拥有不同的权力，这就使得人们在信息传递过程中，更关注信息的来源，其次才是信息的内容。同样的信息，由不同地位的人来发布，效果有很大差异。组织地位差异经常会使得地位比较低的员工传递的重要信息得不到关注，而地位比较高的人发布的不重要信息则得到不必要的过分重视，从而造成沟通障碍。

一般来说，信息通过的等级越多，到达目的地的时间也越长，信息越失真。组织规模的大小往往影响信息传递的速度和质量，规模越大，等级越多，信息需要经过的路径就越长，信息失真程度就越大。

组织中的工作往往要求员工只能在某一特定地点进行操作。这种空间约束的影响通常在员工单独在某位置工作或在数台机器之间往返运动时尤为突出。空间约束不利于员工之间的交流，限制了他们的沟通。一般来说，两人之间的距离越短，他们交往的频率也越高。

（四）技术因素

技术因素主要包括语言、非语言暗示、媒介的有效性和信息过量。

大多数沟通的准确性依赖于信息发送者赋予字和词的含义。语言知识和符号系统，本身没有任何意思，它仅仅是我们描述和表达个人观点的符号或标签。每个人表述的内容常常是由他独特的经历、个人需要、社会背景等决定的。因此，相同的语言和文字可能对信息发送者和接收者具有不同的含义，进而激发不同的感情，造成信息的歪曲。

沟通过程中的障碍还可能是由于沟通媒介选择不当造成的。各种媒介的特点与效率不同，各有所长，应当根据所传递的信息内容选择相匹配的沟通渠道和媒介。例如，要进行一项重要复杂的业务沟通，光靠打电话是绝对不行的，必须安排面对面的口头交流，否则就会产生障碍。

现代组织中的信息传递快而且多，管理者常面临信息过量的问题。在快节奏的工作环境中，信息传递的任何延误都会造成重大损失；而信息的大量增加，会使人觉得难以抉择，无所适从。信息过量不仅使管理者没有时间去处理，而且也使他们难以向同事提供有效的、必要的信息，无法进行有效沟通。

二、有效沟通的实现

从上述的沟通障碍来看，只要采取适当的行为方式将这些沟通障碍消除，就能实现管理的有效沟通。因而，无论是人际间沟通还是组织中沟通，有效沟通的实现取决于沟通技能的开发和改进。

（一）增强个人沟通能力

个人沟通能力是沟通的基础，要增强个人沟通能力，需要从以下几个方面着手。

1. 提高个人表达能力

对于信息发送者来说，无论是口头交谈还是书面交流，都要力求准确地表达自己的意思。有效的沟通不仅需要信息被接收，而且需要信息被理解。为此，信息发送者要了解接收者的文化水平、经验和接受能力，根据对方的实际情况来确定表达方式和措辞等；选择准确的词汇、语气、标点符号；注重逻辑性和条理性等。也就是说，要用对方能够理解的语言来传递所要表达的信息。

2. 保持积极倾听和建设性反馈

积极倾听不是被动地听，而是集中精力对信息进行主动地搜寻。在积极倾听中，信息的发送者和接收者都在思考。积极倾听还伴随着建设性反馈（语言和非语言的），这样能减少很多由于信息误解而产生的沟通障碍。积极倾听的关键因素如表 3-1 所示。

表 3-1　积极倾听的关键因素

积极倾听的关键	无效的倾听者	优秀的倾听者
主动倾听	被动、懒散	提出问题，用自己的话说出对方的意思
找出兴趣点	感觉内容枯燥	寻找机会，学习新内容
防止分散精力	容易分心	防止或者避免分散注意力
注意到思维快于表达这一事实	当对方语速慢时容易走神	倾听并领会字里行间的意思
反应	不用心	点头表示兴趣，给予积极反馈
判断内容，而非表达方式	若表达不清楚则不予理睬	判断内容，跳过表达错误
控制情绪	先入为主，开始争论	当完全理解时才做出判断
倾听别人的意见	表现得没兴趣	倾听中心意思
专心倾听	假装注意	表现出积极的身体态势，视线接触
训练思维	抵制难懂的信息，喜欢轻松、娱乐性的内容	运用有难度的材料来训练思维

资料来源：理查德·达夫特，多萝西·马西克. 管理学原理[M]. 高增安，马永红，李维余，译. 北京：机械工业出版社，2009：325.

3. 注意非语言沟通方式的运用

语言沟通与非语言沟通的矛盾往往造成人们对信息理解的困难。降低沟通中的不一致的关键是对其保持警觉，防止发送错误的信息。手势、面部表情、声音语调以及讲话方式要与语言传递内容相匹配。

4. 选择合适的沟通时机

由于所处的环境、气氛会影响沟通的效果，所以信息交流要选择合适的时机。对于重要的信息，在办公室等正规的地方进行交谈，有助于双方集中注意力，从而提高沟通效率；而对于思想上或感情方面的沟通，则适宜在比较随便、单独相处的场合下进行，这样便于双方消除隔阂。沟通双方要表现出诚恳的态度，选择双方情绪比较冷静时进行沟通，不要让情绪影响沟通效果。

三、营造良好的沟通氛围

（一）获取沟通对象的信任

管理者应当能够获得员工、同事和上级的信任，管理者的可信度是其谦逊、公正和善意逐渐为人所承认的长期过程的结果。与沟通对象之间的和谐关系只有通过前后一致的行为才能逐步形成。如果员工曾多次遭到管理者的轻视或管理者不履行其诺言，管理者与这些员工的沟通效果就会大打折扣。

（二）创造信任和公开的组织气氛

组织应当创造一种相互信任、鼓励畅所欲言的文化。如果管理者和员工之间不能充分信任，就不太可能坦率地表达自己的想法。要形成组织中良好的沟通氛围，管理者应鼓励人们开诚布公地与他人沟通，并愿意为员工提供多种信息沟通渠道；对于员工提供的任何意见和看法，能够以某种方式予以影响。

四、建立合理的沟通渠道和组织结构

（一）开发和使用多种沟通渠道

信息必须通过相应的沟通渠道才能得以沟通，要想改善组织内部的沟通状况，需要依赖多种信息沟通渠道的开发和使用。通过举行部门聚会、休闲活动等非正式聚会，编辑公司出版物，定期进行匿名的员工满意度调查，建立正式申诉制度，开设合理化建议邮箱等，有助于改善上行沟通，使管理者了解员工的信息。会议、管理信息系统、面对面沟通、上级巡视等形式，可以改善下行沟通，将管理层的意图贯彻到员工层面。而且，新型电子媒体如电子邮件、手机短信、电视会议等的应用，提供了更多的选择，使得沟通渠道更加丰富。

（二）建立合理的组织结构

组织结构设计应当考虑各个部门岗位的信息传递职责，落实各部门、各岗位获得相关信息的权利，明确组织内信息沟通的规则，建立尽可能短的信息传递链，以确保信息能够促进组织内的分工协作，有助于发现和解决问题。例如，为了增进部门之间的沟通，可以在相应部门中设立联络员岗位，可以设立临时性的委员会和工作组来定期讨论和解决问题，并确保相关部门间的沟通和协调等。

【课后实训】

游戏：传递信息

形式：4～5 人。

时间：10～12 分钟。

材料：一则摘自报纸杂志的简短文章。

场地：教室及可利用的教室外的场地（比如走廊）。

目的：演示说明信息在通过各种"渠道"加以传递时往往会失真。

程序：

（1）事先从近期报纸杂志中摘录一则 2～3 段长的文章，但不要是最热门的新闻。

（2）将人员分成 4～5 人一组。

（3）将各组成员从 1～5 号分好次序。

（4）请 1 号留在教室内，其他人先出去。

（5）你把故事念给各组的 1 号听，但不允许他们提问或做记录。

（6）2 号可以从教室外进来，每组的 1 号负责将故事复述给 2 号听。

（7）3 号进来，2 号将故事再复述给 3 号听。

（8）依次类推，直到每组的 5 号都听到了故事。

（9）讲师抽查几组 5 号学员，请他们复述一下听到的故事。

讨论：

（1）每个传递者是否遗忘了一些内容？是哪些？

（2）故事在传递中，出现了哪些错误或篡改？

（3）我们如何才能注重加强记忆和理解？在现实生活中，我们可以采取哪些方法？

总结与评估：

（1）我们会发现，在这样的传递过程中，每个传递者都不可能把全部内容详细地传递给其他人。

（2）造成这种情况的原因有语言表达、理解能力、对相关内容的熟悉程度等方面的不同。

（3）为了加强和注重记忆和理解，我们可以注意聆听其关键词，边听边想，避免断章取义。

本章小结

本章着重论述了管理沟通、组织沟通、领导力与沟通、沟通障碍及改进方法等。虽然本章较全面地介绍了沟通的技能，但是应该指出，沟通并非易事，没有一种捷径能够使你很快成为一名出色的沟通者。倘若你想成为一名成功的沟通者，不仅需要了解沟通的基本原理以及方法，更应积极地参与沟通实践。

本章习题

1. 什么是管理沟通？

2. 管理沟通的类型有哪些？

3. 影响组织沟通的因素有哪些？

4. 论述领导力沟通的重要性。

第四章 获得权力和影响力

引例：

一个人能够改变环境，约翰·韦特利就是一个活生生的例子。他证明了杰出的领导者可以重塑一个组织。

约翰·韦特利于1990年春季就任安格拉监狱看守长。当时，他面对的是一项极为棘手的工作。这所监狱的暴力和犯人的不满情绪已有很长历史了。其中谋杀、自杀和越狱的企图屡见不鲜，犯人们的心境可用四个字来概括：毫无希望。而看守们的工作士气也十分低落。由于服刑人员中无期徒刑犯占很大比例，使得监狱的管理和控制工作十分艰难。

不出三年，韦特利使安格拉监狱发生了巨变。监狱中暴力事件的数目大幅度下降，犯人的焦虑感和不安感也得到了缓解。事实上，整个监狱里几乎找不到一个韦特利的贬损者，包括死刑犯在内，一个叫凯利斯的死刑犯这样说道，"监狱长这人真的很棒，他把我们当人看，而不是当作社会的垃圾"。州司法部门对刑犯人的抱怨数目进行过客观的统计，韦特利接任工作后，犯人的抱怨次数从每月50次下降到10次。

韦特利为什么能为监狱带来这样积极的影响？他具备什么样的前任看守长们所不具备的领导品质？

人们都认为他开放、无私而且细致。在这个封闭的社会中，看守拥有权威而犯人则是服从者。但韦特利改革了规章制度，他认为自己在这一系统中是犯人的辩护人，他要求把犯人作为有血有肉、有情感有需要的人看待。即使韦特利自己犯了错误，他也会当众承认。为了帮助犯人更好地度过空闲时间，他增设了基础阅读、计算机和法律知识课程。为了鼓励良好表现，他提供了各种各样的奖励措施，如增加会客时间，以及打电话、看电视的特权。

最能表现韦特利领导风格的一个例子是他对1991年10月州法院颁布的犯人对判刑不服提出上诉的最后期限的严格限制所做出的反应。在路易斯安那州12名看守长中，只有他一人帮助犯人阻止这项决议。他让监狱印刷厂印刷了5000封上诉信，还在监狱的广播台设立了有问必答栏目，聘请法律顾问回答犯人的问题，并要求犯人参加。

韦特利并非以人道主义做法（即对犯罪的宽容或对犯人的溺爱）取胜，他对死刑的宽松是因为他坚信这些因素转变一下就可以起到威慑作用。如果犯人并不做相应改变，他会毫不犹豫地实施惩罚。比如，犯人咒骂看守，就会丧失到小卖部买东西的特权，在饭厅中浪费饭菜，就会失去听广播的机会。

韦特利范例表明，领导者能够改变环境。

（资料来源：刘建军. 领导学原理——科学与艺术[M]. 上海：复旦大学出版社，2001:329.）

思考：你们觉得领导者如何才能提高自己的领导力？职位所带来的权力是否能确保别人接受？除了职位所带来的权力外，一位管理者还需要具备什么样的素质和能力来确保别人的追随？

第一节　权力和影响力

在一个群体之中，由于群体成员之间认知水平不一，人的个性不一，对各类事物的态度不一，要使群体能够发挥作用、防止社会堕化和平衡冲突，最终实现共同目标，就必须要有领导者来领导大家建立群体规范，落实角色分工，统一群体成员的思想认识，增强凝聚力，将大家团结在一起，共同为实现群体目标而努力。

拿破仑说过："只有糟糕的将军，没有糟糕的士兵。"优秀的领导者能激励别人去思考，去行动，形成强大的组织力量。可以说，高绩效群体的一个关键因素就是有效的领导。

毫无疑问，所有的群体都需要领导。我们说，领导者之所以能够实现对下属的领导，其基础是权力。权力是影响领导者与被领导者之间关系的一种重要力量。从领导角度来说，权力是领导者影响被领导者行为的一种力量，这种力量有助于被领导者服从和追随领导者；从被领导者角度来说，权力还表现为一种依赖关系。一个人对另一个人依赖越大，受其影响的程度就越大，即后者对前者的权力越大。

领导者只有更多地控制下属所要做的事，才会使下属对他产生依赖，进而对下属形成更大的影响力。

说到领导，说到我们要对别人施加影响，要激励别人去思考、去行动，来实现大家共同的目标，就会产生一个问题——"我们怎样才能对别人施加影响？领导者凭借什么来领导？"我们可以想象一下我们的班级管理。假设班级有一个目标要实现，有一件事要完成，需要一个人带领大家完成。那是不是我们班级当中的每一个人都能担任这个角色？班委是不是就一定比别人更容易影响大家拧成一股绳做事情？

我们经常听人这么说：人一走茶就凉。为什么？技术部门的领导不好当，为什么？

因为人的权力来自于职位，当离开职位之后，你没有别的影响力，所以对人没有影响力，茶就显得凉了。技术部门领导为什么不好当呢？这是因为技术部门有技术专家，就会有技术权威，形成影响力，使得技术部门的领导影响力相对减少。所以，究其原因，领导者的权力主要来自两个方面：一是职位权力。简称职权。这种权力是组织授予的，随职位的变化而变化。二是个人权力。这种权力来自领导者本身，由于自身的某些特殊条件才具有的。这种权力不会随着职位的消失而消失，所产生的影响力是长远的。

一、法定权力

它是指组织内各职位所固有的、法定的权力，通常由组织按照一定程序和形式赋予领导者。这种权力可以通过领导者利用职权向下属发布命令、下达指示直接体现出来，也可以借助组织内部政策、程序和规则直接体现出来。不同组织成员因其所处的地位不同，享有的法定权力也不同。例如，一般的学校都设有很多部门，比如学工部、教务部、财务部等，每个部门都有部长，他们的法定权力就是在其部门职责范围内的管理、领导。

二、奖励权力

它是指提供奖金、提薪、升职、赞扬、理想的工作安排和其他任何令人愉悦的东西的权力。它来自下级追求满足的欲望,由于被领导者感到领导者有能力使他的需要得到满足,因而愿意追随和服从。领导者控制的奖励手段越多,这些奖励对下属越重要,拥有的影响力越大。

概括地说,奖励权力是指领导者能够在下属做得好的时候或者是希望他做得好的时候给予奖励的权力。一个人能否让别人追随他,很大一部分也来自这部分权力。举个例子,我国历史上有很多的小皇帝,他们被立为皇帝之后,却没有实权,想改革创新,想提拔人才,但是所有想法能否实现必须听太后或者托孤大臣的,那么他对别人的影响力就必然会下降。各种谄媚之臣可能就会围着像慈禧或者鳌拜这样的人,就是这个道理。

三、强制权力

它是领导者对其下属具有的绝对强制其服从的力量。下属不服从领导者的命令或指示,将会受到惩罚。换句话说,强制权力是指给予扣发奖金、降职、批评甚至开除等惩罚性措施的权力。它来自下级的恐惧感。这种权力的行使与领导者担负的工作和职位相关。简言之,就是你有一定位置,你叫别人做事,别人不做或者做得不好怎么办,你必须有惩戒之能,这样你才会对别人有威慑力,才能管别人。

四、专长权力

它是由个人的特殊技能或某些专业知识而形成的权力。它来自下级的信任,即下级感到领导者具有专门的知识、技能,能够帮助他们排除障碍,克服困难,实现组织目标和个人目标,因此愿意跟随。

五、个人影响权力

个人影响权力是指与个人的品质、魅力、资历、背景等相关的权力。它来自下级的尊敬,即领导者具有良好的品质和作风,受到下级的敬佩,进而使下级愿意接受其影响。

例如,刘备起初没有权力,没有什么专长,但是他就是有一种影响力,让关羽、张飞、诸葛亮追随他,死心塌地,这就是个人影响力。所以,了解了领导权力的构成后,当我们听到"人一走茶就凉""技术部门的领导难当",就不难理解了。对于任何一个领导者来说,职位权力无论何时都是必要的,但仅仅拥有职位权力的领导者只会是一个指挥官,而不能成为令人信赖和敬佩的领导。领导者还应加强个人素质的修炼,更自觉地培养自身的影响力,把领导者的影响力建立在群众自愿接受和支持的基础上。在拥有职位权力的同时,获得更大的个人权力,这将有助于提高领导的有效性。

【课后材料】

1. 量表测试——领导认知测试

以下 25 道测试题,同意的请选同意,不同意的则选择不同意。

(1)为纠正员工的错误,管理者应该先指出员工的长处,然后再讨论其错误。

(2)管理者没有必要与下属讨论组中的远程目标。只要下属能了解组织当前目标,他们就能有效履行任务。

(3)最佳的谴责方式就是当众斥责。

(4)冤情或士气问题,一般由员工的直属上司处理,而不宜告诉特别的专人处理。

（5）为下属制订工作目标时，工作量应该超过他们的能力负荷限度。

（6）管理者的首要任务在于执行规章制度。

（7）同僚之间人缘最佳者应成为合适的管理者。

（8）管理者如在下属面前认错，则将丧失下属对他的尊敬和自己的威严。

（9）管理者如以"我不知道，但我将探寻答案，然后再答复你"作为问题的答复，则该管理者必将有资格教导他人该如何做这项工作。

（10）技术人员比其他人更适合担任管理者。

（11）管理者是天生的，而非后天培养的。

（12）管理者值得花大量时间来让新员工接受良好的培训。

（13）讽刺是对付员工最好的妙方。

（14）让规章被彻底执行的最好方法，便是制订多重违规惩戒措施。

（15）管理者应该询问下属有关他们对工作的意见。

（16）良好的管理者应尽量授权给下属。

（17）管理者应不理会员工差别，对他们一视同仁。

（18）管理者不应不断地提醒员工过去的错误，一旦改正，就不应再提及。

（19）偶尔对员工的责骂有利于员工循规蹈矩。

（20）惩罚员工时，管理者应避免说出或做出令员工憎恨的事情。

（21）在倔强与要求严格的管理者的领导下，员工会做得更好。

（22）倘若新员工没有学会履行职责，则应视为他们未曾接受良好的教导。

（23）管理者对自身工作感兴趣与否，要比他是否能够有效地履行工作更为重要。

（24）如果管理者对员工详细地说明工作细节，则员工将能以最有效率的方式工作。

（25）管理者若想有效地做好工作，则他必须经常了解下属的感受、态度与观念。

评价：与下列参考答案对比：（1）同意。（2）不同意。（3）不同意。（4）同意。（5）不同意。（6）不同意。（7）不同意。（8）不同意。（9）不同意。（10）不同意。（11）不同意。（12）同意。（13）不同意。（14）不同意。（15）同意。（16）同意。（17）不同意。（18）同意。（19）不同意。（20）同意。（21）不同意。（22）同意。（23）不同意。（24）不同意。（25）同意。

测评结果：如果符合的数目介于 20～22 个，表明具有良好的领导基础；如果符合的数目介于 18～19 个，表明具有较为平常的领导力，应该通过学习和实践获得进一步提高；如果符合的数目少于或者等于 17 个，表明在领导力方面还存在很大欠缺，应该从很多基础性工作开始着手，一步步加以改善。

2. 一个小游戏：测试团队成员感觉其在团队中所具有的影响力的程度

准备材料：使用红、绿、蓝及黄色的方纸片或圆纸片，大约 50cm×50cm（每个参与者每种颜色拿一张）；信封（每人两只，一个放彩色方纸片，另一个上写上"答案"二字，必须确保不能透过信封轻易地看到颜色）。

目的：测定团队成员感觉其在团队中所具有的影响力的程度。了解影响力的概念。

程序：①分发信封；②向参与者说明他们在一个信封中将会找到四张彩色的方纸片——一张红色的、一张绿色的、一张蓝色的及一张黄色的。让他们根据自己在团队中所具有的影响力程度，选择相应颜色。红色：我有非常大的影响力；绿色：我有相当影响力；蓝色：

我只有很小的影响力；黄色：我没有影响力。将上述材料贴到活动挂纸、板等上面。让参与者有足够的时间认真考虑他们的选择。注意：确保参与者就座时离得足够远，以保证他们能独立选择一种颜色。让参与者将他们的选择放入标有"答案"的信封中。③收集答案信封。④询问参与者：当他们衡量自己的影响程度时，他们想的是什么。将答案记录在白板或活动挂纸上。⑤将这些方纸片粘到白板或活动挂纸上，将同样的颜色贴在一起。⑥描述结果，比如"多数人感到自己有非常大的影响力，而少数人感到自己没有影响力"。

讨论：为什么会出现这种情况？这会如何影响团队成果？此方式或讨论是否暗示了团队成员必须在某一方面要有所改变？

第二节 权力的缺失和滥用

案例一：韩总经理的管理方式

韩总经理认为管理部下最有效的方法就是令其感动，因此在这方面下了不少功夫；如果在会议上对哪个干部疾言厉色地呵斥过，那么事后便会私下给予和风细雨的抚慰，对这一点从不疏忽。每位干部的婚丧嫁娶他也从不缺席，大病小灾时更能看到他的身影，享受他的宽慰。因此，对于总经理的粗暴、轻率以及明显的片面、偏激，部下都如同孩子面对专制的家长般生气、无奈却不减亲情。

韩总经理对公司的管理事必躬亲，严加督导。当他坐上飞往国外的飞机，想去看看外国人是怎样管理企业时，公司主持工作的副总经理正坐在会议室翻看着签到簿，苦恼地说，"韩总走后的第一个例会，就有三分之一的干部没到！现在规定，下次例会起，不请假、没出差又不到会的，每人罚10元钱！"副总只能给自己个小小的台阶下。虽然韩总经理可以对公司任何一名干部训诫、斥骂甚至撤免，而身为副总，最重要的任务只是维持良好的干部关系。

对于这种情况，韩总经理十分清楚。他说："有好几个经理好像是我的影子，别人一看他上班，就知道我回来了。我还听说副总布置工作总是被当面顶回。副总执行的是谁的决策？你们就这样支持韩总的工作？今后对于不听招呼的干部，副总也可以当场撤免，我给他这个权力。"

问题：根据此案例，你有什么思考和启示？对于韩总的工作，你如何评价？而对于副总，为什么他不能很好地组织管理工作，你是否有自己的思考？

（资料来源：姜仁良. 管理学习题与案例[M]. 北京：中国时代经济出版社，2006年.）

案例二：那些被推翻的统治者

在索福克勒斯（Sophocles）的希腊戏剧中，观众们形成了这样一个印象：强大而权威的统治者被他们以前的成功所改变，以至于他们充满了对自己的价值和重要性的自豪感——骄傲自大，这令他们极其痛苦，而他们却无法控制。俄狄浦斯（Oedipus）在人们称颂他"简直就是上帝"（并且他也相信了）后不久就被推翻了；克里奥（Creon）国王在他的政治和军事权力处于巅峰时被推翻，因为他不公正并坚信自己的判断是绝对正确的。"没有什么能够替代领导力。管理是不能创造领导者的，它要么能够为千载的领导素质提供养育的土壤，要么就让领导力消亡。"在管理实践中，我们经常可以看到以上两个案例的影子。有的管理者虽然拥有职权，但是很难发挥其作用，而有的管理者却肆意地放大和利用着其所谓的权力直至最终权力被剥夺。缺乏权力和权力滥用都是无力的，是会产生负面效果的。充分的授权则是产生最高效果的表现（图4-1）。

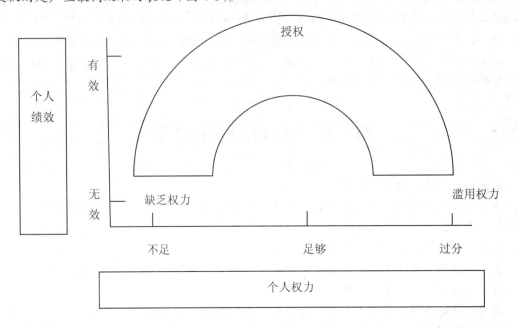

图 4-1 权力的均衡

资料来源：大卫·A. 惠顿和金·S. 卡梅伦. 管理技能开发[M]. 北京：机械工业出版社，张文松等，译，2012.

曾经有学者对 20 位企业最高层管理者和 20 位有着类似相同背景和发展前景但最终却没有实现职业梦想的管理者进行了调查和对比。调查结果发现，那些不能达到自己职业生涯高峰的管理者往往有很难让人接受的人格特点，如不懂得授权、过分玩弄权术或者特别依赖他人。这些促使他们不能很好地行使权力，做出出色的业绩（表4-1）。

表 4-1 导致经理人不能达到一定高度的特征

对他人不敏感，粗暴无礼并威胁他人
冷淡、孤僻、傲慢
背叛他人的信任
有过分的野心；玩弄权术，总想被提升
不能授权给他人或建立团队
过分依赖他人

资料来源：大卫·A. 惠顿和金·S. 卡梅伦. 管理技能开发[M]. 北京：机械工业出版社，张文松等，译，2012.

在学习本部分内容的时候，大家是否有所思考和启发？在开始讨论和思考如何提高我们组织权力和影响力之前，请记住"所有成功的领导者都必须首先知道的五句话"：

第一，人人都是领导者，人人都需要领导力。

第二，领导者的唯一定义就是有追随者。

第三，成功的领导者不一定受人喜欢，但一定能让追随者做正确的事情。

第四，领导者都是受人瞩目的，因此必须严格要求自己，注意自己的修为。

第五，领导地位并不意味着头衔、特权、级别和金钱，而是责任。

第三节　提升个人在组织中的权力

案例：每个人都可能成为成功的领导者

前美国国务卿赖斯小的时候，美国的种族歧视还很严重，特别是在她生活的伯明翰，黑人地位低下，处处受白人欺压。但是短短 20 年，她就从一个备受歧视的黑人女孩儿成长为著名的外交官员。有人问她成功的秘诀，她简明扼要地说道，"因为我付出了超出常人 8 倍的辛苦"。的确，赖斯以超常的努力发奋学习，积累知识，增长才干。她精通除英语外的俄语、法语、西班牙语；15 岁进入丹佛大学学习，并成为斯坦福大学最年轻的教授和教务长；她精于钢琴、网球、花样滑冰、芭蕾舞、礼仪等；甚至成为美国精通俄罗斯武器控制等问题的数一数二的权威。

领导力并不一定都是与生俱来的。国内外有关"领导力"的研究者经过深入的科学探讨，认为影响领导力的主要因素不仅包括遗传因素，还包括很多后天的影响，诸如童年和家庭环境，人生经历，自我意识、信念和意志，与时俱进、时时刻刻学习等（表 4-2）。而先天的遗传因素在影响领导能力的诸多影响因素中仅占 1%，影响程度最小。领导力的形成和培养受后天因素影响相对更多。

表 4-2　影响领导能力的主要因素

影响领导能力的主要因素	权重
遗传因素	1%
童年和家庭	9%
人生经历	20%
自我意识、信念和意志	40%
与时俱进、时时刻刻学习	30%

以上数据对我们有什么启示吗？正如中国的一句老话，"三分天注定，七分靠努力"，想提升自身的领导权力，需要我们后天做出很多的努力。领导权力来自个人和职位两个方面，我们也需要从这两个方面修炼和提高。

一、提升个人权力

提升领导权力，首先应该从自身的个人权力修炼开始做起。我们可以通过提升自己的专业技术、增加人际魅力、保持敬业与努力以及培养让人们欣赏和接受的价值观等方面来进行。

（一）专业技术

在一个团队中，拥有很高的专业技能的人员会得到团队中其他成员的信任和崇拜。人们会因为专家在专业上的专长，愿意听从其建议和指导去做事。特别是在发展较好的组织中，专业技术更为重要。人们更偏重于理性决策。人们倾向于通过对支持每一种选择方案的信息进行客观考虑而做出选择。因此，掌握知识的人更容易获得权力。

这对我们有什么启示呢？"好好学习，天天向上"就是我们的指南。我们应该努力学习，让自己成为未来工作领域里的专家。通过工作中的技术专长，让自己具有话语权，促使别人接受自己的指导和建议，并接受你的领导。

（二）人际魅力

领导者并不都是受人欢迎的。但是在人群中更容易被人接受和欢迎的人，却相对更容易得到权威，更有影响力。工作中有大量证据证明此观点。比如，对于一个比较难办、大家从内心不愿意接受的工作任务或者领导决策，一个在员工中人缘较好且更受欢迎的领导的沟通相对来说更容易被人们所接受。同样，领导们更容易用情感感化下级，而不是强权的高压政策。

所以，这又对我们有什么启示呢？修炼，修炼，还是修炼！通过修炼，不断地提升自己的人际魅力，让自己成为在人群中更容易被接受和欢迎的人。那我们应该从哪些方面努力呢？研究表明，良好的外表和形象，在一定程度上会对人们接受其影响有帮助。除此之外，易受欢迎的人还有一些无形的特征：（1）能够建立一种开放、诚实、忠诚的关系；（2）通过情感的易接近性培养亲密关系；（3）提供无条件的积极关注和认可；（4）在关系需要时，他们能提供一些牺牲；（5）以同情或者移情的方式来提供社会支持；（6）关注为维持关系而必需的社会关系。

所以，我们首先要保持良好的外表形象，时刻保持干净整洁、干练专业的外表形象。同时，要注意自身内在的修为。与人接触时，微笑、真诚、尊重，与人为善，主动、包容、富有同情和让人信赖等，我们需要在一切可能让他人对我们做出评价的方面做出努力。

（三）敬业与努力

敬业与努力，也是团队中个体受到赞赏的特征之一。一个在工作中总是非常认真，总是希望干到极致，做到最好的人，往往会得到团队中各方面的信任和赞赏。上级会认可努力工作的下级，给予其更多工作发展的机会；而同级和下级，则会因为其能高质量完成工作，而愿意与其合作或者接受其领导。

对于我们来说，应该怎么做呢？从现在开始培养自己做事情的专注性和做事的水准。一旦我们选择做一件事，就要努力把它做好，做出自己的标准，让高水平地完成工作成为自己的习惯和外界认定的我们的风格。这可能就是我们未来职业发展的基础和支撑。

（四）价值观

价值观增加了可接受性。管理者决策的价值标准，如果能和团队中其他成员一致，或者被其他成员认为合情合理，则管理者更容易被接受和认可。当然这件事情并不十分容易，有的时候，决策基于的价值观也很难让他人参透和理解，即使是合情合理的价值标准，可能也不容易被接受。

我们该如何做呢？首先应该培养自己良好的价值观，除了普适的价值观，还在工作中特有的职业道德和价值标准。这是我们的决策能够让他人感觉合情合理或者一致的基础。

但同时，我们还要学会积极沟通，让那些不明白、不理解或者不接受的人明白并接受决策的原因和理由，并使之认可。

二、提升职位权力

并不是所有的权力都来自个人特质。工作中的权力来自处理各项工作的表现。我们需要锻炼自己管理工作的各项能力。

（一）中心性

所谓中心性是指领导者能够在工作中建立广阔的人际关系网络，并努力占据网络中心位置。领导者越靠近贯穿网络的信息流的中心位置，对于网络中其他人的绩效的作用越重要，就越能获得更多的权力。组织中罕有活动是独立进行的。绝大部分的活动需要部门内部和跨部门人员的配合和支持。工作中，领导者对整个组织的影响越普遍，他的权力基础就越稳固。

如何才能建立工作中的权力呢？个体在职业生涯发展的初期，显然很难在正式组织中建立中心的位置。个体可以通过个人修炼，建立和参与非正式组织，树立中心位置。当获得了普遍的支持和认可后，特别是获得了上级给予的机会，其职业生涯发展成为管理者后，则可在正式组织网络中，通过各种活动和工作任务，努力发挥影响，占据正式组织网络的中心位置，以发挥更大影响力。这不仅包括部门内部的沟通网络，还包括跨部门和跨组织的沟通网络。可以通过与其他部门的人共进晚餐、阅读所有部门的年度报告、主动要求参加部门间的任务小组、寻找需要与其他部门合作的边缘性职位等办法来实现。

（二）决断力

所谓决断力，是指自主地做工作的程度。如果在工作中，程序和规则性要求较多，个人自主性在一定程度上受到限制，则个人在工作中的职位权力在一定程度上受到制约。面对高度变化和具有新奇性的工作，往往需要领导者运用决策来判断，因此决断力较高的领导者的个人职位权力较大。同时，其职业生涯也会产生影响。如果某个职位，前任很多或者前任在该岗位上时间很长，则该职位上的继任者所受到的限制便会增加，不利于个体决策自由度的增加，职位权力就会降低。如果一个领导者在该职位的时间很长，更容易设定规则和程序，相应的职位权力会增加。此外，在决策过程中，领导者从一开始就参与，有利于掌握主动性，也有助于权力的提高。

这对于我们有什么启示呢？外界的环境、你的职位的以往继任情况等是很难由你来决定的。但是你唯一可以决定的就是，一旦环境给你机会让你去发挥决策，你能把自己的决策做得很好，特别是在没有太多程序、规则的约束和限制的情况下。所以，从现在开始，要锻炼你自己的决断力。决断力的培养，首先要基于自身的独立性。不依赖、独立自主，促使个体在复杂多变的环境下习惯自主性思考。在自主性思考时，多设定各种不同的情景，去思考不同情况的最好抉择，并且多向他人请教和学习，积极利用各种信息搜集渠道，汇总信息，帮助自己分析思考，以使自己得到相对更正确的决策。

（三）可见性

所谓可见性是指，做好自己工作的同时，能够让自己的工作被外界所看到和接受。有了出色的绩效，但不为人所知，同样也得不到别人的认可和晋升的机会。晋升的关键是出色的绩效被别人看到。在组织中，能够与组织中的上级、决策制订者和非正式组织中的领袖频繁地接触是非常重要的。与有影响力的人进行大量交流，可以使你的成就彰显并得到认可，从而增加提升职位权力的机会。

获得可见性的最好的办法就是与有影响力的人面对面地接触，来增加认可的机会。同时，通过工作彰显自己的专业知识也是获得信任和认可的机会。再有就是利用各种机会，让他人知道你的名字也是非常重要的。

我们可以得到如下启示：第一，要具有扎实的专业知识、较强的工作能力，这是获得工作机会、得到认可的基础。第二，要有较强的沟通能力，在工作中尽可能与具有影响力的人加强接触，加强沟通。通过沟通，让自己的想法、自己的能力以及自己的工作绩效更容易被接受。第三，要在广泛的对外交往中，加强名片识别，让更多的人记住你的名字，这有利于职位权力的提升。

（四）重要性

所谓重要性是指职位所涉及领域在组织中的重要性。如与组织目标、绩效直接相关或者与其他人员之间关联性越强，则领导者的职位权力就相对越大。反之则容易受到其他部门的影响和牵制。比如高科技公司的研发部门领导相对来说职权较大；一些公司的营销部门很重要，销售主管的职位权力则相对较大。不同的行业或者不同的组织中，关键性部门或者直接相关部门不一样，相对职位权力较大的部门也不尽相同。但也有一些不同行业或者组织中存在相似之处。譬如，随着时代的发展，人力资源管理的重要性日益凸显，人力资源部门领导者的职位权力普遍提高。或者一些新员工的培训人员、导师或者绩效考核者等也会因为其工作与很多人相关，所以易受到别人的尊重和接受，其职位权力相对较大。

【课后实训】

一个小游戏——测试权力的基础：你对他人是否了解？你对自己的了解与其他人对你的看法是否一致？

游戏内容：将参与人员分成 4 人一组，两组为一个对子组——游戏组和观察组；游戏时间 8 分钟；游戏场地为教室；游戏用具为一致性测试表和白纸。

游戏步骤：①分组，结对子组，包括游戏组和观察组；②游戏中每个人拿出一张纸，在相互保密的情况下，根据到目前为止对同组成员的了解，分别写出对他们的 3 条认知；③先写出组名和被认识者的姓名，然后再言简意赅（用名词或词组表示）地写出对他（她）的 3 条认知；④你对每个人写的 3 条认知，必须包括两类信息，一类是你最喜欢他的哪种行为或者性格（长处），另一类是你最不喜欢他的哪种行为或者性格（短处）；⑤写完后交给观察组，观察组负责把这些信息填入表中的第一到三列；⑥不许相互交谈；⑦在观察组统计的时候，游戏组成员再拿出一张纸，在上面写出自己的姓名，然后再写出自己对自己的 3 条认知，这 3 条自我认知也要包括以上两类；⑧写完之后，再交给观察组，观察组负责把这些信息填入表中第四列，并把对比结果填入第五列；⑨观察者把自我认知原件还给填写本人，再把其他人填写的他人认知原件给老师；⑩自我认知的结果由本人宣布，他人认知结果由观察组宣布，一对一宣布；⑪游戏组的每个人都谈一下自己的感受，观察组选出一个人做代表谈感想。

游戏的思考：你对他人是否了解？你对自己是否了解？你对自己的了解和他人是否一致？

附件：一致性测试表（观察组使用，如表 4-3 所示）。

表 4-3 一致性测试表（观察组）

被认识人姓名	别人认知的长处及数量	别人认知的短处及数量	自我认知	相同数
	长处： 共几条：	短处： 共几条：	长处： 短处：	
	长处： 共几条：	短处： 共几条：	长处： 短处：	
	长处： 共几条：	短处： 共几条：	长处： 短处：	
	长处： 共几条：	短处： 共几条：	长处： 短处：	

第四节　运用职位权力发挥影响

上一节中，我们一起学习了如何提高个人在组织中的权力，本节中我们将继续学习当拥有了职位所带给我们的权力时，可以采取哪些策略提高个人影响力。

当目标个体同意依据权力持有者的意愿来行动时，职位权力就转化为影响力。管理者为了得到下级的顺从，可以采取以下三个策略：惩罚、互惠和说服。惩罚即强迫他人按你说的做，一般采取强迫或者施压胁迫的方式；互惠是满足双方的自我利益，在让对方接受或者妥协的过程中给予对方好处使其达成领导者意愿完成工作；说服，在尊重的基础上，给出大量事实或者数据，清晰和直接地表达领导者的想法，使之自主地感知完成工作的利益共同点，由衷地去工作。

每一种策略都各有利弊。惩罚是最直接迅速的行动，对于有很高职位的领导者，可能是最方便的一种策略。但容易产生负面情绪和潜在的负面影响，容易造成压力、怨恨和长久的分歧，从激励的角度来看并不是最好的方式。互惠能减少抱怨等负面情绪，容易给彼此带来利益，不需要花费太多时间跟对方说明行动的合理性便容易达成一致、发挥影响。但太过频繁的互惠活动，也容易让下级形成算计的习惯，完成每项工作都想要获得相应利益，不利于组织长期的工作。说服可以实现身心合一的服从，是最理想状态的一种策略方式，但是很多时候却往往会花费大量时间，不利于组织效率的提升。

这一节的内容对我们有什么启示吗？当然，我们可能没有在组织工作的经历，没有相应的职位权力。有的同学心中可能会对如何运用这三个策略来将职位权力转变为影响力较为困惑。其实没有关系。虽然我们没有在工作单位中领导的经历，但我们总有在人群中发挥作用去做一件事的经历。是的，我们要尝试在所有活动中实践、体会和思考。假如你是一名班干部、学生会干部或者某个学生组织的负责人，抑或是某一次课堂小组作业的组长，都可以尝试锻炼下自己。在活动中，与其他成员的分歧中，尝试不同策略带来的各种影响，思考怎样能做得更好，才能获得更多潜在的利益，不仅对你自己，还包括他人和团队。

【课后实训】

每 5 人组成一个课外实训小组，选择身边真实的企业，或者通过网络搜集典型公司作为研究对象，分析所选公司的高层领导的领导风格，完成以下内容：（1）该公司领导者是什么样的领导者？如何发挥其领导权力和影响力？（2）该公司领导者的领导风格存在哪些问题？应如何改进？

本章小结

职位不能带来一切，领导力除需要职位权力以外，还需要个人的修为。权力不能缺失，也不能滥用。权力不能过小也不能过大。权力和责任要对等，才能发挥作用，权力之下还要懂得授权，才能让更多的人发挥作用，更好地工作。领导权力是可以通过后天的修炼获得的，我们可以从个人权力和职位权力两个方面努力。职位权力应转化为影响力，可以使用惩罚、互惠和说服等策略；每种策略各有利弊，要趋利避害，合理使用。

本章习题

1. 什么是领导？
2. 联系实际，谈谈领导力如何影响个人与组织的成功？
3. 根据个人情况，评价自身的领导力，并为自己设计一套个人领导力提升方案。
4. 提升组织中的个人影响力，应该从哪几个方面努力？
5. 拥有了职位权力之后，如何将权力转变为影响力？有哪些策略？请举例解释。

第五章　激励能力

引例：

Nucor 钢铁厂已培养了一批最具活力且非常敬业的劳动力。Nucor 钢铁厂的扁平化层级组织结构和强调把权力下放给一线员工的做法，使员工接受了所有者—经营者（owner-operators）的管理观念。此外，Nucor 公司的激励艺术还在于时刻坚持去关注一线业务员工，包括与他们谈话、倾听，对他们提出的观点进行鼓励，并且允许偶尔出现失误。

这个高回报方案：在过去的五年里，标准普尔 500 指数中，Nucor 公司给股东的回报率达到 387%。传奇式的领导人 F. Knneth Iverson 有着深刻的见解：如果给予员工丰厚的奖赏，尊重他们，并给予他们足够的权利，他们会夜以继日地工作，给你非同寻常的回报。

第一节　激励的含义和作用

一、激励的含义

日常工作中我们经常看见如此情形：同一个单位，两个人能力和客观条件差不多，工作业绩却大不一样，有时甚至出现能力差的人反而比能力强的人干得更出色。这是为什么？原因当然是多方面的，但其中一个重要原因可能是后者的积极性没有被调动和激发出来。对激励问题的研究并非近期才有。早在 18 世纪末，由威廉·詹姆斯（William James）主持的研究就说明了激励的重要性。詹姆斯发现，计时工在工作中只发挥了他们能力的 20%～30%。同时，他还发现一个受到高激励的员工能发挥其能力的 80%～90%。图 5-1 显示了激励对绩效的潜在影响。受到高激励的员工能在很大程度上提高工作绩效，同时旷工、人员流动、拖拉、罢工和不满情绪等情况显著减少。

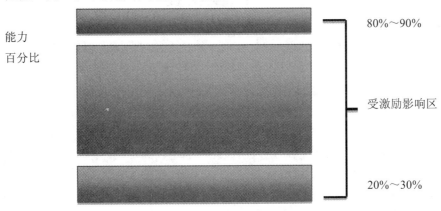

图 5-1　激励对业绩的潜在影响

"激励"一词来源于古代拉丁语"movere",该词的本义是"使移动"。美国管理学家贝雷尔森(Berelson)和斯坦尼尔(Steiner)给激励下了如下的定义:"一切内心要争取的条件、希望、愿望、动力等都构成了对人的激励……它是人类活动的一种内心状态。"

"激励"一词在汉语中有两层含义:一是激发、鼓励的意思。例如,《六韬·王翼》中的"主扬威武,鼓励三军"。二是斥责、批评之意。例如,《后汉书·袁安传》中的"司徒恒虞改义从安,太尉郑弘、司空第五伦皆恨之。弘因大言激励虞曰:'诸言当生还口者,皆为不忠。'"从激励的字面含义中可以看出,激励既包括激发、鼓励,以利益来诱发之意,也包括约束和归化之意。

本书认为,所谓激励,是领导者激发和鼓励组织成员朝着组织所期望的目标采取行动的过程,就是组织通过设计适当的奖酬形式和工作环境,以一定的行为规范和惩罚性措施,来激发、引导、保持和归化组织成员的行为。有效的激励可以成为组织发展的动力保证,有助于实现组织目标。从心理学角度来看,激励实际上是持续激发人们行为动机的心理过程,有助于个体产生行为的驱动力,即动机。因此可以说,需要和动机是激励最基本的心理学基础。要激发人的行为,就要刺激人的需要,在满足个体需要的过程中同时实现组织目标。激励的过程主要包括需求、动机、行为和目标四个要素。

二、激励的过程

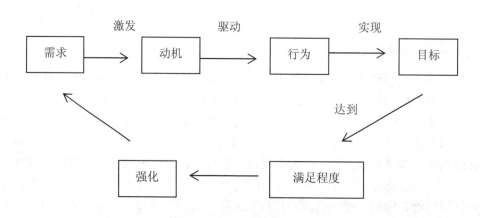

图 5-2　激励的表现过程

在激励过程中,需求产生动机,动机引导目标的实现。人的行为最初起源于人的需要,所谓需要(needs)是指个人内部缺乏某种东西的状态。所谓缺乏某种东西,可能是个人体内维持生理作用的物质因素(如水、食物等),也可能是社会环境中的心理因素(如情感、成就感等)。比如一个人连续48小时没有睡觉会产生生理需求,而一个没有朋友或同伴的人会产生心理需要。当人缺乏这些东西时,就会形成紧张状态,感到不舒服,如果人们意识到了这种紧张感,就会设法加以消除。一般情况下,任何一个人,在同一时刻,都会存在多种不同的需要,往往强度高的是人们优先考虑予以满足的对象。然而需要并不能直接转变为行为,人的行为是由动机所直接驱动的,具体如图5-2所示。

所谓动机(incentive)是指引起个人行为,维持该行为,并将此行为指向某一目标的内部动力。动机不是毫无原因地自发产生的,人总是不断地接受到来自环境的各种因素的刺激，当某种刺激所包含的意义与人体内的某种需要相关时，这种外在的刺激就会和内在的需要相结合，引发动机，最终导致行为的发生。缺少睡眠（需求）带来生理上的变化——疲惫（动机），进而导致睡眠（行动或不行动）。行为（behavior）就是人类日常生活中所表现的一切动作。心理学研究表明，人的行为是个人的内在因素与环境相互作用的结果。这个关系可以用勒温模型函数来表示：

$B=f(P, E)$

B 表示行为；P 表示个人的内在心理因素；E 表示外界环境（自然、社会）的影响。行为是由满足某种需要的动机引起的，又是达到一定目标、需要得到满足的手段和过程。行为既是某种需要和动机的结果，又是这种需要和动机的反映。管理者既要通过员工的行为来把握和了解他们的需要和动机，又要通过有效的激励措施满足员工的需要，激发员工的动机，从而控制其行为。

目标就是人们期望达到的目的或结果。实现目标使需求得到满足，动机削弱。当目标实现时，重新达到平衡。目标在行为过程中具有双重意义：一方面，目标表现为行为结果；另一方面，目标又表现为行为的诱因。在管理实践中利用目标对行为的诱导作用，通过合理选择和设置目标，可以有效地刺激和改善职工的行为。

三、激励的作用

激励是决定人的工作绩效的关键因素。在能力相同的情况下，激励水平越高，人的积极性和主观性越强，工作绩效就越好。激励的作用主要体现在以下几个方面。

（一）强化需要

人的需要不仅复杂，有时还相互矛盾。不仅不同种类的需要之间有矛盾，同类需要之间也存在着矛盾。而激励工作要强化那些有利于组织目标实现的需要。

（二）引导动机

强化了的需要不一定就能得到预期行为，因为可能有多种行为都能提供同一种满足。行为的产生依赖于动机与诱因两个因素，所以激励要通过诱因的运用，引导行为的方向。

（三）开发潜能

管理学认为，员工工作绩效是员工能力和受激励程度的函数，即绩效＝f（能力×激励）。如果把激励制度对员工创造性、革新精神和主动提高自身素质的意愿的影响考虑进去的话，激励对工作绩效的影响就更大了。

（四）增强员工的责任感和创造感

人受到激励而处于积极状态时会具体表现为思维的灵动性以及求知欲的增强。对于履行责任表现良好的员工，要给予相应程度的奖励；对于履行责任不好的员工，也要给予责任追究。员工在这种积极的心理状态的催化下，就会产生强烈的求知欲望与责任心，能克服种种困难，主动地进行创造性的工作，久而久之，就可能产生新方法、新工艺、新方案。

（五）造就良性的竞争环境

科学的激励制度包含一种竞争精神，它的运行能够创造出一种良性的竞争环境，进而形成良性的竞争机制。在具有竞争性的环境中，组织成员就会受到环境的压力，这种压力将转变为员工努力工作的动力。正如麦格雷戈所说，"个人与个人之间的竞争，才是激励的主要来源之一。"在这里，员工工作的动力和积极性成就了激励工作的间接结果。

（六）吸引优秀人才到企业，为企业注入新生力量

人才已经成为知识经济时代中的最有价值的资源，企业拥有并且使用好优秀的人才就会提升企业的核心竞争力，将在市场竞争中立于不败之地。发达国家的许多大型企业，尤其是那些有着强大竞争力、资金实力雄厚的企业，通常通过各种优厚的政策、丰厚的薪资待遇以及快捷的晋升途径来吸引企业所需要的优秀人才。

四、激励的类型

不同的激励类型会对行为过程产生不同程度的影响，所以激励类型的选择是做好激励工作的一项先决条件。

（一）物质激励与精神激励

虽然二者的目标一致，但是它们的作用对象不同。前者作用于人的生理方面，是对物质需要的满足；后者作用于人的心理方面，是对精神需要的满足。随着物质生活水平的不断提高，人们对精神与情感的需求越来越迫切。比如期望得到爱、得到尊重、得到认可、得到赞美、得到理解等。

（二）正激励与负激励

正激励是指当一个人的行为符合组织需要时，通过奖赏的方式来鼓励这种行为，以达到持续和发扬这种行为的目的。负激励是指当一个人的行为不符合组织需要时，通过制裁的方式来抑制这种行为，以达到减少或消除这种行为的目的。

正激励与负激励作为激励的两种不同类型，目的都是要对人的行为进行强化，不同之处在于二者的方向相反。正激励起正强化作用，是对行为的肯定；负激励起负强化的作用，是对行为的否定。

（三）内激励与外激励

内激励是指由内酬引发的、源自于工作人员内心的激励；内酬是指工作任务本身的刺激，即在工作进行过程中所获的满足感，它与工作任务同步。追求成长、锻炼自己、获得认可、自我实现、乐在其中等内酬所引发的内激励，会产生一种持久性的作用。

外激励是指由外酬引发的，与工作任务本身无直接关系的激励。外酬是指工作任务完成之后或在工作场所以外所获的满足感，它与工作任务不同步。如果一项又脏又累、谁都不愿意干的工作有一个人干了，那可能是因为完成这项任务将会得到一定的外酬——奖金及其他额外补贴，一旦外酬消失，他的积极性可能就不存在了。所以，由外酬引发的外激励是是难以持久的。

【课后实训】

1. 管理技能应用：再撑一百步

美国华盛顿山的一块岩石上，立着一个标牌，告诉后来的登山者，那里曾经是一个女登山者死去的地方。她当时正在寻觅的庇护所"登山小屋"只距离她一百步而已，如果她能够多撑一百步，她就能活下去。

目的：理解激励的重要性。

时间：10 分钟。

地点：不限，最好在户外。

形式：集体参与。

道具：无。

步骤：

（1）成员分组，每组 6 人左右。

（2）请大家坐好，尽量采用让他们舒服和放松的姿势。听以下案例中的故事。

（3）听完故事，成员就此故事展开讨论，每组成员在个人分析的基础上确定团队意见，并相互交流，说明理由。

分析：

（1）从这个故事中，你得到什么启发？

（2）你对"激励"有什么认识？现实中有哪些方法可以激励人们的行为？

2. 案例：软件公司的激励计划

一家软件公司经理想要更快地发现和杀灭软件病毒。他设计了一项激励计划，对于质量检验人员，每发现一种病毒就奖励 20 美元；而对于程序人员，每杀灭一种病毒也奖励 20 美元。由于制造病毒的程序员同样也是杀灭病毒的人，他们对这一计划做出的反应就是在软件中制造更多的病毒。这种反应使得这项计划的成本迅速上升，因为有了更多的病毒需要发现和杀灭，这一计划只推出了一个星期就被迫取消了，而在这一个星期中，有的职员已经净赚 1700 美元的奖金了。

问题：

（1）这家软件公司设计的激励计划存在什么问题？

（2）请分析这家软件公司员工的需求、动机、行为，你认为可以采用什么激励方法？

第二节　内容激励

本节的主要内容是介绍内容型激励理论（content-based incentive theory）。内容型激励理论着重探讨什么东西能够使一个人采取某种行为，即着重于研究激励的起点和基础，研究如何从需求入手，通过满足需求来激励、调动人的积极性，主要包括马斯洛的需要层次理论、奥尔德弗的 ERG 理论、麦克利兰的成就激励理论和赫茨伯格的双因素理论等。

一、马斯洛的需要层次理论

美国心理学家马斯洛（A. Maslow）在 1943 年所著的《人的动机理论》一书中，提出了需求层次理论。

马斯洛认为，激励可以看成是对具体的社会系统中未满足的需要进行刺激的行为过程，如果能够找出未被满足的人的需要，并对这些需要进行分类、排序，就可以找出对人进行激励的途径。基于以上理论，马斯洛将人的需求归结为五个层次，由低到高依次为生理需要、安全需要、社交需要、尊重需要和自我实现需要。

（1）生理需要。是指一个人对生存所需的衣、食、住、行等最基本生活条件的追求。在一切需求中，生理需要是应优先被满足的。

（2）安全需要。是指对人身安全、就业保障、工作和生活环境的安全、经济上的保障等的追求。当一个人在惊恐和不安之中生活或工作时，其积极性是很难被调动起来的。

（3）社交需要。是指人希望获得友情和爱情，得到关心与爱护。人是社会人，他需要与社会交往，希望成为"社会的一员"，否则就会郁郁寡欢。

（4）尊重需要。是指人希望自己有稳固的地位、得到别人高度的评价或是受到他人的尊重。每个人都有一定的自尊心，若得不到满足，就会产生自卑感，从而失去自信心。

（5）自我实现需要。是促使其潜在能力得以实现的愿望，即希望成为自己所期望的人，完成与自己的能力相称的一切事情。当人的其他需要得到基本满足之后，就会产生自我实现的需要，以促使其努力去实现远大目标。

马斯洛需要层次理论提示：

（1）五种需要是按次序、按阶梯逐渐上升的，只有当低层次的需要得到满足以后，高层次的需要才有可能出现。

（2）马斯洛的五个需要层次还可以归纳为两个级别：生理的需要和安全需要属于低级需要，这些需要通过外部条件就可以满足；而社交需要、尊重需要和自我实现需要是高级需要，需要通过内部因素才能得以满足。

（3）需要层次机构通常与一个人所处的经济、文化、环境直接相关。在较好的经济、文化环境中，高级需要占主导的比例较多；而相对较差的经济、文化环境中，生理需要和安全需要所占的比例较大。

二、奥尔德弗的"ERG"理论

在需要层次理论的基础上，奥尔德弗进行了更接近实际经验的研究，提出了"ERG"理论。奥尔德弗根据其对工人进行了大量调研，认为人的需要可归结为三种，即生存需要（Existence）、相互关系需要（Relatedness）和成长发展需要（Growth），如图 5-3 所示。

1. 生存需要
2. 相互关系需要
3. 成长发展需要

图 5-3 "ERG"理论示意图

（一）"ERG"理论和马斯洛需要层次理论的联系

生存需要大体上类似于马斯洛的生理和安全需要，它是人最基本的需要；相互关系需要相当于马斯洛理论中的社交和尊重需要，当一个人的收入已满足其基本的生存需要后，就希望能与人相处得更好；成长发展需要是指个人在事业、前途方面发展的需要，相当于马斯洛提出的自我实现需要。

（二）"ERG"理论重要提示

"ERG"理论认为三种需要并不是与生俱来的，有的是通过后天培养产生的。一个人想当科学家、政治家的念头不可能是生来就有的，管理者可以在一定程度上通过教育影响员工价值观的形成，从而主动地引导员工需要的产生。

奥尔德弗认为，人在同一时间可能有不止一种需要起作用。ERG 理论并不认为各类需要层次是刚性结构（即较低层次的需要必须在较高层次需要满足之前得到充分满足，二者具有有不可逆性），奥尔德弗表示即使一个人的生存需要和相互关系需要尚未得到完全满足，他仍然可以为成长发展需要工作，而且这三种需要可以同时起作用。

一般而言，低层次的需要得到的满足越多，对高层次的需要就越渴望。例如，当一个人各方面的生活条件都比较好时，对于社会的承认、事业的发展就非常在意。这三种需要一般来说是由低到高逐步发展的，但也可以越级，当低层次的需要得不到满足时，人们会转而寻求更高层次需要的满足。此外，ERG 还提出"受挫—回归"的思想，即当上一层次的需要难以得到满足、追求遇到挫折时，人们也会对下一层次的需要提出更高更多的要求，以此作为追求高层次需要受到挫折的补偿。

三、麦克利兰的"成就激励论"

美国心理学家戴维·麦克利兰经过对成就动机的几十年研究，于 20 世纪 50 年代初期提出了成就激励理论。成就激励理论更侧重于对高层次管理中被管理者的研究，麦克利兰认为，在生存需要基本得到满足的前提下，成就需要、权力需要和社交需要是人的三种最主要的需要。

（1）成就需要是指争取成功并希望做到最好的需要。具有强烈的成就需要的人往往喜欢能够发挥独立解决问题能力的工作环境，倾向于谨慎地确定有限的成就目标，并希望得到对他们工作业绩的不断反馈。

（2）权力需要是指促使别人顺从自己意志的欲望。高权力需要者喜欢支配、影响别人，喜欢对别人"发号施令"。

（3）社交需要是指建立友好亲密的人际关系的需要。社交需要强的人往往重视被别人接受、喜欢，追求友谊、合作，通常在组织中充当被管理的角色。

不同类型的人对这三种基本需要的先后次序和重视程度是不同的。追求事业的人，一般更重视追求成就需要和权利需要，而对社交需要的追求则相对较弱。管理者对员工实施激励时需要考虑这三种需要的强烈程度，以便提供能够满足这些需要的激励措施。

四、赫茨伯格的"双因素理论"

20 世纪 50 年代末，美国心理学家赫茨伯格对 9 个企业中的 203 名工程师和会计进行了 1844 人次调查，发现使受访者不满意的因素多与他们的工作环境有关，而使他们感到满意的因素通常是由工作本身所产生的。根据调查结果，赫茨伯格提出了"双因素理论"，又称为激励保健理论。赫茨伯格认为满意的对立面是没有满意，而不是传统意义上的不满意；不满意的对立面则是没有不满意。他认为满意和不满意之间应该有质的差别。基于这一理论，赫茨伯格将影响人的工作动机的种种因素分为两类：一是激励因素，二是保健因素，具体如表 5-1 所示。

表 5-1　激励保健因素表

激励因素	保健因素
成就	监督
认可	公司政策
工作本身	与主管的关系

续表

激励因素	保健因素
责任	工作条件
进步	薪水
成长	与同伴的关系
	个人生活
	与下属的关系
	地位
	稳定与保障
极满意	极不满意

激励因素是指能促使员工感到满意的因素。激励因素的改善而使员工感到满意的结果，能够极大地激发员工工作的热情，提高劳动生产效率；但即使管理层不给予其员工满意、满足，员工往往也不会因此而感到不满意，所以就激励因素来说，"满意"的对立面应该是"没有满意"。

保健因素是指造成员工不满的因素。保健因素不能得到满足则易使员工产生不满情绪、消极怠工，甚至引起罢工等对抗行为；但在保健因素得到一定程度改善以后，无论再如何进行改善的努力往往也很难使员工感到满意，因此也就难以再由此激发员工的工作积极性，所以就保健因素来说，"不满意"的对立面应该是"没有不满意"。

不是所有的需要得到满足都能激励起人们积极性，只有那些被称为激励因素的需要得到满足才能调动人们的积极性。不具备保健因素时将引起强烈的不满，但具备时并不一定会调动强烈的积极性。激励因素是以工作为核心的，主要是在员工进行工作时发生的。

【课后实训】

1. 自我测试

心理学研究表明，一般来说，一个人越准确地认识自己，就越能客观地把握他人，激励技能的提高首先从认识自己开始。请你根据自己的实际情况，对下面 15 个问题如实回答，判断一下你的主导需要是什么（以 1～5 分评价由非常不同意至非常同意）。

（1）我非常努力改善我以前的工作以提高工作绩效。

（2）我喜欢竞争和获胜。

（3）我常常发现自己和周围的人谈论与工作无关的事情。

（4）我喜欢有难度的挑战。

（5）我喜欢承担责任。

（6）我想让其他人喜欢我。

（7）我想知道在我完成任务时是如何进步的。

（8）我能够面对与我意见不一致的人。

（9）我愿意和同事建立亲密的关系。

（10）我喜欢设置并实现比较现实的目标。

（11）我喜欢影响其他人以形成我自己的方式。

（12）我喜欢隶属于一个群体或组织。

（13）我喜欢完成一项困难任务之后的满足感。

（14）我经常为了获得更多的对周围事情的控制权而工作。

（15）我更喜欢和其他人一起工作而不是一个人单干。

评分标准：

＊成就	＊权利	＊社交
1（　　）	2（　　）	3（　　）
4（　　）	5（　　）	6（　　）
7（　　）	8（　　）	9（　　）
10（　　）	11（　　）	12（　　）
13（　　）	14（　　）	15（　　）
总分（　　）	总分（　　）	总分（　　）

说明：

（1）把每一栏的得分汇总，每一项最终得分为 5～25 分，得分最高的那项便是你的主导需要。

（2）这份问卷是根据麦克利兰的成就需要理论设计的，他把人类的需要分为三类：权力需要、社交需要和成就需要。

（3）高成就需要的人工作绩效较高，但却不一定是一个成功的管理者，成功的管理者要有较高的权力需要和较低的关系需要。

2. 管理技能应用

赵女士是东南大学会计学学士，在接受了许多公司的面试后，她选择就职于一家著名的会计公司，并被派到南京办事处。赵女士对一切很满意：名声显赫的大公司中的一份有挑战性的工作，获得经验的良好机会，1800 元月薪。但她认为自己是班上最出色的学生，获得良好的报酬是意料之中的事。一年之后，工作仍然像她希望的那样具有挑战性，让人满意，上级对她的工作很满意，她刚刚得到了 400 元的加薪。但是赵女士最近几周的工作积极性急速下降，原因是办事处刚刚雇用了一个南京审计学院的毕业生，和赵女士相比，此人缺少实践经验，但工资却是每月 2300 元，比赵女士现在还多 100 元。除了愤怒，其他任何语言都无法描述她现在的心情，她甚至不想干了，威胁要另找一份工作。

请问：赵女士为什么会不满意？如何进行挽留？请设计出一套激励方案。

第三节　过程激励

上述激励理论主要研究了行为产生的原因，但并未能解释人们的行为形成、发展的过程，以及行为与员工的满意度、工作业绩之间的关系。管理者不但要判断一个人的动机，还需要知道动机是如何转化成为组织所希望的行为的，以便通过为这种转化提供相应的条件来引导员工的行为。在本节中，我们将主要研究人从动机产生到采取行动的心理的过程，找出对行为起决定作用的某些关键因素，以便预测和控制人的行为。下面我们着重介绍过程激励理论中的弗鲁姆的期望理论和约翰·亚当斯的公平理论。

一、期望理论

期望理论，又称为"效价—手段—期望理论"，是美国心理学家弗鲁姆在其 1964 年出版的《工作与激励》一书中提出的。

期望理论认为：人是理性的人，对于生活与事业的发展，他们有既定的信仰和基本的预测，当人们预期某种行为能带给个体某种特定的结果，而且这种结果对个体具有吸引力时，个体就会采取这种行为。也就是动机的激励力量是根据某行为所产生结果的可能性和相应奖酬的重要性所决定的。用公式表示为：

$$激励力量（M）= 效价（v）\times 期望值（E）$$

激励力量，即动机的强度，它表明一个人愿意为达到目标而努力的程度。

效价是指人对目标价值的估计。对于同一个目标，由于各人的需要不同，所处的环境不同，他对该目标的价值估计也往往不同。效价反映了一个人对某一结果的偏爱程度，某人对某种结果越向往，那么对其而言此结果的效价就是越接近于 +1；如果这一结果对其无关紧要，那么效价则接近于 0；如果害怕出现某结果，那么效价就是负值。

期望值，即人们根据过去经验判断自己达到某种目标的可能性是大是小，即能够达到目标的概率。期望值一般为 0~1，目标越有可能实现，则期望值越接近于 1。

激励是一个动态的过程，当一个人对期望值、效价的估计发生变化时，其积极性也将随之变化。这种需要与目标之间的关系用过程模式表示，如图 5-4 所示。

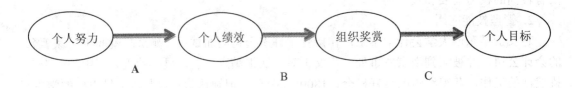

图 5-4 激励过程示意图

A：期望，是指员工判断是否可以通过努力完成任务，即努力与绩效之间的关系。

B：手段，是指达到一定工作绩效后可获得理想奖励的可信程度，即绩效与奖励之间的关系。人总是希望取得成绩后能够得到奖励，当然这个奖励也是综合的，既包括物质上的，也包括精神上的。如果他认为取得绩效后能得到合理的奖励，就可能产生工作热情，否则就可能没有积极性。

C：效价，是指任何结果对个体的激励影响的程度，取决于个体对目标结果的评价，即奖励与满足个人需要的关系。

若想科学合理地应用期望理论，则需要把握以下三方面的关系：（1）努力与绩效之间的关系；（2）绩效与奖励之间的关系；（3）奖励与满足个人需要之间的关系。

二、公平理论

公平理论又称为社会比较理论，是美国心理学家亚当斯在《社会交换中的不公平》一书中提出的。该理论侧重于研究利益分配的合理性、公平性对员工的工作积极性和工作态度的影响。

亚当斯认为，人是社会人，一个人的工作动机不仅受其所得的报酬绝对值的影响，而且受到相对报酬多少的影响。当一个人做出了成绩并取得报酬以后，他不仅关心自己所取得报酬的绝对值，还会关心自己所得报酬的相对量。因此，他会进行横向和纵向两种比较来确定自己所获得报酬是否合理，比较结果直接影响他今后工作的积极性。

（一）公平关系式

公平理论用公平关系式来表示为：

（1）横向比较：

公平：$O_P/I_P=O_c/I_c$

不公平：$O_P/I_P>O_c/I_c$

$O_P/I_P<O_c/I_c$

O_P，对自己所获报酬的主观感觉；

O_c，对他人所获报酬的主观感觉；

I_P，对自己所做投入的主观感觉；

I_c，对他人所做投入的主观感觉。

（2）纵向比较：

公平：$O_P/I_P=O_h/I_h$

不公平：$O_P/I_P>O_h/I_h$

$O_P/I_P<O_h/I_h$

O_P，对自己所获报酬的主观感觉；

O_h，对自己过去所获报酬的主观感觉；

I_P，对自己所做投入的主观感觉；

I_h，对自己过去所做投入的主观感觉。

（二）公平理论提示

（1）不完全信息往往使"比较"脱离客观实际。

公平理论的核心是与他人比较，所以比较的结果是否符合客观实际，取决于人们对比较对象的投入和产出情况是否具有完全信息。人们往往有"看人挑担轻松"的知觉心理，过高地评价自己的成绩，低估他人的成绩，甚至只比拿钱多少，不比贡献大小。

（2）"主观评价"易使"比较"失去客观标准。

既然公平感是一种主观感受，那么，主观认识就会极大地受认知主体的价值观念、知识经验、意识形态、世界观等的影响。所以，不同个体对同种报酬的效用、同种投入的价值的评价都有可能不同。

（3）"投入"和"产出"形式的多样性使得"比较"难以进行。

按照公平理论，投入和产出均具有很多具体表现形式。在现实生活中，每人投入的具体形式不尽相同，即不同个体在年龄、性别、所受教育、经验、技能、资历、职务、努力程度、对组织的忠诚度等方面不可能完全相同。如我有的是高学历，而你有的是资历。那么是高学历重要还是资历重要呢？

【课后实训】

1. 父亲为了鼓励孩子努力学习，向孩子提出：如果在下学期每门功课都考 90 分以上，就给予其一定的奖励。此时，孩子是否会因此而努力学习呢？请你就期望理论进行一下分析。

2. 张经理是公司的人力资源部负责人，最近一段时间他却烦恼不断，两位他所看重的公司业务骨干要离职，主要原因是员工认为他们现在所做的贡献远大于回报，而且事实的确如此。而公司则认为他们所取得的成绩是因为有公司做后盾，离了公司他们什么也不是，又怎么会有作为？相持之下两人一气走之。请你用激励中的公平理论进行一下分析。

第四节　行为改造激励

行为改造激励理论是指人的行为是作用于一定环境，企业外部环境对人的行为有着重要的影响，激励的目的是为了改造和修正人的行为方式。充分认识环境对塑造人的行为的关键作用，正确理解、掌握行为改造理论的基本原理，将有助于提高企业管理的水平。行为改造理论不仅考虑积极行为的引发和保持，更着眼于消极行为的改造转化。本节主要介绍行为改造激励理论中的斯金纳的强化理论、亚当斯的挫折理论以及海德、凯特和韦纳的归因理论。

一、强化理论

斯金纳箱

实验1：将一只很饿的小白鼠放入一个有按钮的箱中，每次按下按钮，则掉落食物（行为与奖励）。

实验2：将一只小白鼠放入一个有按钮的箱中。每次小白鼠不按下按钮，则箱子通电（行为与惩罚）。

实验3：将一只很饿的小白鼠放入斯金纳箱中，由一开始的一直掉落食物，逐渐降低到每1分钟后按下按钮可概率性地掉落食物（固定时间奖励）。

实验4：将一只很饿的小白鼠放入斯金纳箱中，多次按下按钮，概率性地掉落食物（概率型奖励）。

实验结果：

实验1：小白鼠自发地学会了按按钮。

实验2：小白鼠学会了按按钮。

实验3：小白鼠一开始不停按钮。过一段时间之后，小白鼠学会了间隔1分钟按一次按钮。

实验4：小白鼠学会了不停按按钮。

斯金纳通过实验发现，动物的学习行为是随着一个起强化作用的刺激而发生的。斯金纳把动物的学习行为类推到人类的学习行为上，他认为虽然人类学习行为的性质比动物复杂得多，但也要通过操作性条件反射。

心理学家认为，人具有学习能力，通过改变其所处环境，可保持和加强积极行为，减少或消除消极行为，把消极行为转化为积极行为。斯金纳据此提出了强化理论。斯金纳认为，人或动物为了达到某种目的，会采取一定的行为作用于环境。当这种行为的后果对其有利时，这种行为就会在以后重复出现；不利时，这种行为就减弱或消失。人们可以用这种正强化或负强化的办法来影响行为的后果，从而修正其行为。

强化的具体方式有如下四种。

（一）正强化

正强化是指对正确的行为及时加以肯定或奖励。正强化可以导致行为的继续，条件是所给予的奖励必须是员工所喜欢的。例如，企业用某种具有吸引力的结果（如提成、奖金、休假、晋级、表扬等），以表示对销售人员销售业绩的奖励，这种奖励由于能使销售人员感到其行为得到肯定或获得收益，从而增强销售员进一步努力扩大销售业绩的行为。

（二）负强化

负强化是指通过人们不希望的结果的结束，而使行为得以强化。例如，下级努力按时完成任务，就可以避免上级的批评，于是人们就一直努力按时完成任务。负强化可以增加某种预期行为的发生概率，从而使一些不良的行为结束或消退。

（三）不强化

不强化是指对某种行为不采取任何措施，既不奖励也不惩罚。这是一种消除不合理行为的策略，因为倘若一行为得不到强化，那么这种行为的重复率就会下降。例如，一个人老是抱怨分配给他的工作，但却没人理睬他，也不给他调换工作，也许过一段时间他就不再抱怨了。

（四）惩罚

惩罚就是对不良行为给予批评或处分。惩罚可以减少这种不良行为的重复出现，弱化行为。但惩罚一方面可能会引起怨恨和敌意，另一方面随着时间的推移，惩罚的效果会减弱。因此在采用惩罚策略时，要因人而异，注意方法。

二、挫折理论

挫折是指人们在争取成功或实现理想过程中的失利、失败。挫折理论是由美国心理学家亚当斯提出的，挫折理论主要揭示人的动机行为受阻而未能满足需要时的心理状态，以及由此而导致的行为表现，力求采取措施将消极性行为转化为积极性、建设性行为。管理者应该重视管理中职工的挫折问题，采取措施防止挫折心理给员工本人和企业安全生产带来的不利影响。

挫折是人未能达到目标的结果，从人的目标的确定到行为的实施，受多种因素的影响。因此，挫折的成因也是多方面的，包括主观因素和客观因素。主观因素分为生理因素和心理因素，如身体素质不佳、认识事物有偏差、性格缺陷等。客观因素主要是社会因素，如组织管理方式引起的冲突、人际关系不协调、工作条件不良等。

挫折的作用过程，如图5-5所示。

如果目标无法实现，动机和需要不能满足，就会导致产生受挫心理。使人产生挫折心理有三个必要条件：（1）个人所得期望的目标是重要的、强烈的。（2）个人认为这种目标有可能达成。（3）在目标和现实中存在难以克服的障碍。

挫折对人的影响具有两面性，挫折既可以增强个体的心理承受能力，使人汲取教训，改变目标或策略，从逆境中重新奋起；也可使人们处于不良的心理状态中，出现负向情绪反应，并采取消极的防卫方式来对付挫折情境，从而导致不安全的行为反应，如不安、焦虑、愤怒、攻击、幻想、偏执等。

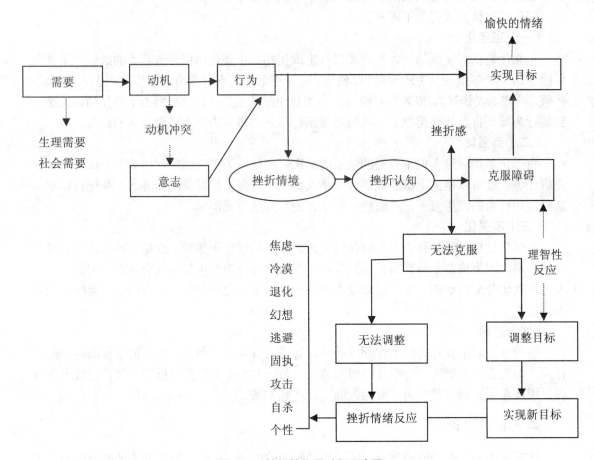

图 5-5 挫折的作用过程示意图

三、归因理论

归因指个体对自己或他人行为的原因加以解释和推测的过程。归因是一种非常普遍的现象，例如，上课时有一位学生迟到了，这时，大家内心都会对这个事件做出解释，有的人会想，他可能是睡过头了；有的人猜测，可能是遇上堵车了，无论最终将原因归结为什么因素，这种探索原因、寻求解释的过程就是归因。归因理论（attribution theory）是人力资源管理和社会心理学的激励理论之一，是探究人们行为的原因与分析因果关系的各种理论和方法的总称。

（一）海德的朴素归因理论

朴素归因理论是由德国社会心理学家弗里茨·海德在《人际关系心理》一书中提出的，海德是归因理论的创始人。

海德认为，在日常生活中，人们会像科学家一样对周围的事件进行分析、理解和推断。他还认为，人有一种基本的需要，那就是预测和控制环境，而达到这个目的的最好方式之一就是寻找事件发生的原因。如果掌握了其中的原因，就能更好地控制环境。

海德认为人的行为原因可分为内部原因和外部原因。内部原因包括动机（想做这件事）

和能力（能做这件事）。而外部原因是指行为者周围的环境，如他人的期望、奖惩或是天气的好坏、工作的难易程度等。

（二）凯特的三维归因理论

美国社会心理学家哈罗德·凯特认为，解释说明行为的原因有以下三点：

（1）归因于从事该行为的行动者。

（2）归因于客观的刺激物。

（3）归因于行为产生的环境。

这三个原因都是有可能的，要找出真正的原因主要使用三种信息：一致性、一贯性和特异性。凯特强调了三种信息的重要性，所以他的理论又称为三度理论。下面我们举例来解释一下这三种信息。

一致性是指其他人在面对相同的刺激的时候是否和被观察人一样也做出相同的反应。例如，小裕在遇到菲菲时没和菲菲打招呼。是否今天所有遇见菲菲的人都不跟她打招呼？如果是，则为高一致性，如果不是，则为低一致性。

一贯性是指被观察者是否在任何情境和任何时候对同一刺激物做相同的反应，即被观察者的行为是否稳定、持久。例如，小裕在遇到菲菲时没和菲菲打招呼。小裕在遇到菲菲时是否总是不招呼？如果是，则为高一贯性，否则为低一贯性。

特异性是指是被观察者是否对同类其他刺激做出相同的反应，他是在众多场合下都表现出这种行为还是仅在某一特定情景下表现这一行为。例如，小裕在遇到菲菲时没和菲菲打招呼。小裕是否今天跟所有人都不打招呼？如果是，则为低特异性，如果不是，则为高特异性。

凯特认为，特异性、一贯性、一致性是人们进行归因的基础，三种因素的不同组合能为归因提供特定的信息。

除此之外，凯特还研究了归因中的错误或偏见。例如，尽管我们在评价他人的行为时有充分的证据支持，我们总是倾向于低估外部因素的影响，而高估内部或个人因素的影响，这是基本归因错误。它可以解释下面情况：当销售代表的业绩不佳时，销售经理倾向于将其归因于下属的懒惰，而不是客观外界条件的影响。个体还有一种倾向是把自己的成功归因于内部因素，如能力或努力，而把失败归因于外部因素，如运气，这称为自我服务偏见。由此表明，对员工的绩效评估可能会受到归因偏见的影响。

（三）成就归因理论

在学校情境中，学生常提出诸如此类的归因问题，如"我为什么成功（或失败）""为什么我生物测试总是考不过人家"等。美国心理学家伯纳德·韦纳（B. Weiner，1974）认为，人们对行为成败原因的分析可归纳为以下四个原因（表5-2）：

（1）能力，根据自己评估个人对该项工作是否胜任。

（2）努力，个人反省检讨在工作过程中是否尽力而为。

（3）工作难度，凭个人经验判定该项工作的困难程度。

（4）运气，个人自认为此次各种成败是否与运气有关。

韦纳按各因素的性质，分别纳入以下三个向度之内：

（1）因素来源：指当事人认为影响其成败的因素是来源于个人条件（内控）或来自外在环境（外控）。在此向度上，能力、努力两项属于内控，其他各项则属于外控。

（2）稳定性：指当事人认为影响其成败的因素在性质上是否稳定，是否在类似情境下具有一致性。在此向度上，能力与工作难度两项是不随情境改变的，是比较稳定的。其他各项则均为不稳定。

（3）能控制性：指当事人认为影响其成败的因素在性质上是否由个人意愿所决定。在此向度上，只有努力一项是可以凭个人意愿控制的，其他各项均非个人所能为力。

表 5-2　成就归因理论表

四因素		能力	努力	工作难度	运气
三维度	来源	内部的		外部的	
	稳定性	稳定的	不稳定的	稳定的	不稳定的
	可控性	不可控的	可控的	不可控的	可控的

韦纳认为，人们对成功和失败的解释会对以后的行为产生重大的影响。如果把考试失败归因为缺乏能力，那么以后的考试还会期望失败；如果把考试失败归因为运气不佳，那么以后的考试就不大可能期望失败。这两种不同的归因会对生活产生重大的影响。

【课后实训】

1. 买糖果与发脾气。

妈妈带着孩子在商场购物，当看见巧克力时，孩子要妈妈给他买。但是妈妈没有答应。这时候小家伙开始哭闹，甚至大发脾气。妈妈没有办法只好给他买了。以后的几周经常可以看见这样的一幕。再后来，这位妈妈只要一走进食品区，就先给孩子买巧克力。

问题：妈妈这样的做法对吗？为什么？请你根据我们学习的强化理论为妈妈献上一计。

2. 请结合生活中的实例，描述一下韦纳的成就归因理论。

本章小结

在管理实践中，成功的管理者需要给予员工最大限度的激励，满足员工的需要，以激发其工作的积极性、主动性和创造性，为实现组织的目标更加勤奋地工作。成功的管理者需要充分掌握激励理论的原理，针对每一个个体的不同需要采取灵活的激励措施，只有这样，才能达到预期的激励效果。

本章习题

1. 什么是激励？

2. 激励的作用有哪些？

3. 你是如何理解公平理论在薪酬管理中的应用的？

4. 结合弗鲁姆的期望理论谈谈如何调动员工的积极性。

5. 运用韦纳的归因理论对某位学生的考试通过情况进行归因。

第六章　冲突管理

引例：

在通用电气，韦尔奇经常参与员工面对面的沟通，与员工进行辩论，通过真诚的沟通直接诱发同员工的良性冲突，从而不断发现问题，改进管理，使通用电气成为市场价值最高的企业，也使他成为最有号召力的企业家。美国著名组织行为学家罗宾斯认为，"冲突是一个过程，这种过程始于一方感觉到另一方对自己关心的事情产生消极影响或将要产生消极影响。"管理决策学派的代表人物西蒙把冲突定义为："组织的标准决策机制遭到破坏，导致个人和团体陷入难以选择的困难。"曾任国际冲突管理课程协会主席的乔斯沃德教授认为，"冲突是指个体或组织由于互不相容的目标认知或情感而引起的相互作用的一种紧张状态"，他认为一个人的行为给他人造成了阻碍和干扰就会产生冲突，冲突和暴力、争吵是两码事。

亚通网络公司是一家专门从事通信产品生产和电脑网络服务的中日合资企业。公司自1991 年 7 月成立以来发展迅速，销售额每年增长 50%以上。与此同时，公司内部存在着不少冲突，影响着公司绩效的继续提高。因为是合资企业，尽管日方管理人员带来了许多先进的管理方法。但是日本式的管理模式未必完全适合中国员工。例如，在日本，加班加点不仅司空见惯，而且没有报酬。亚通公司经常让中国员工长时间加班，引起了大家的不满，一些优秀员工还因此离开了亚通公司。由于亚通公司的组织结构是职能制，部门之间的协调非常困难。例如，销售部经常抱怨研发部开发的产品偏离顾客的需求，生产部的效率太低，使自己错过了销售时机；生产部则抱怨研发部开发的产品不符合生产标准，销售部门的订单无法达到成本要求。研发部胡经理虽然技术水平首屈一指，但是心胸狭窄，总怕他人超越自己，因此常常压制其他工程师。这使得工程部人心涣散，士气低落。

思考题：亚通公司的冲突有哪些？原因是什么？如何解决亚通公司存在的冲突？

第一节　冲突概述

一、冲突的含义

"冲突"一词意为"冲撞或对立"。可以说，世界上每天都存在着形式各异的冲突。冲突是指两个或两个以上相关联的人、群体或组织之间在目标、认知、情感等方面存在的不和谐状态。组织中的冲突经常被看作是不正常的和不希望发生的，是无论如何都要避免的。冲突会导致系统僵化，事实被歪曲，削弱冲突当事人的精力。然而，冲突是非常正常的，应当预期到其会发生。管理者必须知道如何避免冲突，何时产生冲突。今天的管理者必须接受冲突的存在，意识到阻止所有的冲突是一种错误。

二、冲突的特征

冲突具有客观性、二重性和程度性特征。

冲突的客观性，是指冲突是客观存在的、不可避免的社会现象，并且是组织的本质之一。任何组织只有冲突程度和性质的区别，而不可能不存在冲突。

冲突的二重性，指冲突对于组织具有破坏性、阻滞性这类消极影响，但是也存在建设性、推动性等正面属性的积极影响。其中建设性冲突主要关心目标、对事不对人和促进沟通；而破坏性冲突关心冲突双方的胜负、针对人（人身攻击）并阻碍沟通。

冲突程度有高低的差异，与达成组织目标的功效和能力存在对应的相关关系。冲突程度过高过低都意味着关系失调，导致组织效能低下；而适度的冲突水平对应的组织绩效较高。

三、冲突的类型

按照不同的划分标准可以将冲突划分为不同的类型（表6-1）。

表6-1　冲突类型一览表

分类标准	冲突类型
按冲突对组织的作用	建设性冲突、破坏性冲突
按冲突呈现的基本形式	认知冲突、情感冲突、目标冲突、程序冲突
按冲突表现的激励程度	战斗性冲突、辩论式冲突、竞争型冲突
按冲突的层次	员工内心冲突，员工间的冲突，群体间的冲突，个人、群体与组织间的冲突

四、冲突产生的原因

著名的管理学家法约尔从心理学的角度认识冲突的原因，提出了"四基因冲突说"，如图6-1所示。

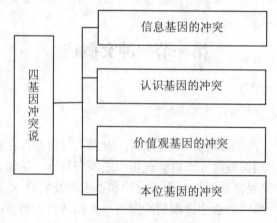

图6-1　四基因冲突说

（1）信息基因的冲突是指由于信息沟通渠道不同，掌握信息的内容不同，信息不对称的个体、群体、组织之间就不可避免地产生冲突。

（2）认识基因的冲突是指由于认识分歧的存在，不可避免地会产生冲突。

（3）价值观基因冲突是指由于个人的价值观不同，对同一事物的看法及评价也就不同，因而容易产生分歧，进而引起冲突。

（4）本位基因的冲突是指由于人们的本位思想（本人、本部门、本组织利益至上）的存在，不可避免地会产生冲突。

著名的行为学家杜布林运用系统的观点来观察和分析冲突问题，构建了由输入、干涉变量和输出三类要素组成的冲突的系统分析模式。该模式分为三个要素，即输入、干涉变量和输出。输入指的是冲突的根源，杜布林列举了八种冲突产生的原因。输出部分是指冲突的结果，有益的冲突能够增加激励，提高能力，而有害的冲突可能导致组织绩效不佳，组织目标被歪曲。干涉变量是指处理冲突的手段，恰当的处理手段将导致有益的结果，不恰当的处理将产生有害的结果。冲突的结果又可能产生进一步的冲突，在图6-2中用反馈的箭头表示。

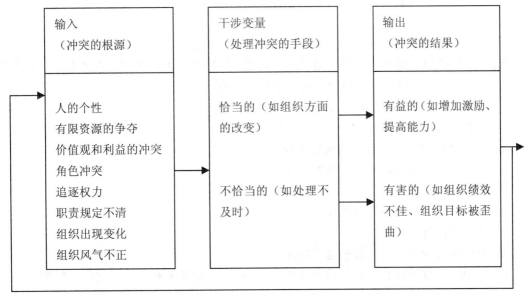

图 6-2　杜布林的冲突的系统分析模式

现代学派认为冲突产生的最基本根源是文化、权利和利益（图6-3）。

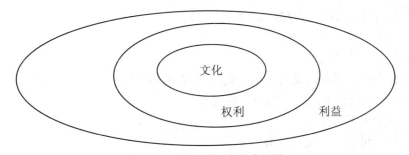

图 6-3　现代学派冲突成因图

（1）冲突产生的最本质、最根本的原因是文化，具体地说主要是价值观的冲突。无论是国际冲突、民族冲突、地区间的冲突、组织之间的冲突、人与人之间的冲突，最难以调和的就是价值观的不同所产生的冲突。

（2）权利通常是由职位权利和个人权利构成的。职位权利包括合法权、强制权和奖赏权，个人权利包括专长权、参照性权利。争夺权利最基本的途径就是争夺职位，因为职位赋予其合法权、强制权和奖赏权。因此，在许多组织的高、中、低三个层级的领导和管理职位人员遴选过程中，几乎或多或少地存在冲突。专家的权威性固然毋庸置疑，但如果过度使用或不合理使用专长权，也必然会产生冲突。参照性权利又称为典范权，即人格魅力等影响力。这种影响力在理论上不应该产生冲突，但由于人的性格、心理等因素的影响，会产生嫉妒、怀疑等，因此也会产生冲突。

（3）利益是冲突产生的根源。基于不同的利益需求，如政治利益、经济利益、个人利益、部门利益等都有可能产生冲突。因此，基于利益产生的冲突是最广泛的。但是这种基于利益所产生的冲突常常是由于权利、文化因素所致。

【课后实训】

1. 思考：你亲眼看见朋友、同学或是同事之间糟糕的争吵吗？列出一系列能够有助于解决这种争吵的建议。

2. 课后小测：你是否善于冲突管理。

请根据自己的实际情况，对下面 10 个问题如实回答，然后对照后面的分数统计表计算分数，再看分数评语，判断自己是否善于冲突管理。

（1）你认为对企业内部的冲突（　　　　）

a. 都有必要进行管理

b. 无法全部管理，只要看到就会处理

c. 大多数可以忽视，只管理重要的冲突

（2）你对冲突的态度是（　　　）

a. 冲突是负面的，因此要严加控制

b. 该处理的处理，多一事不如少一事

c. 合理保持冲突水平，鼓励建设性冲突

（3）在冲突预防中，你对员工的个人处事风格、员工间搭配和员工与岗位的搭配（　　　）

a. 没有注意

b. 有所注意

c. 十分注意

（4）在处理与别人的冲突时，你会（　　　）

a. 直接而紧急地处理

b. 先弄清楚对方的想法

c. 先反省自己，再弄清楚对方的思路，发现解决的方法

（5）对于内部价值观的统一问题，你会（　　　）

a. 觉得束手无策

b. 尽量统一价值观来减少冲突

c. 用文化来统一价值观，也鼓励不同意见的创新

（6）对于一些无法解决或者问题严重的冲突，你会（　　　）

a. 暂且搁置，等待时间的缓冲

b. 采取相应的隔离措施

c. 如果冲突无法解决，只能严肃处理冲突主体

（7）当同一部门的两个成员发生激烈冲突时，你的处理方式为（　　　）

a. 回避

b. 找这两个人谈话

c. 将这两个人调开，其中的一人安排到另外部门

（8）面对一触即发的紧张局面，你的协调方式为（　　　）

a. 马上着手解决矛盾

b. 分别进行单个沟通

c. 着眼于冲突的感情层面，先不急于解决问题

（9）当冲突发生时，如果自己有错，你会（　　　）

a. 保全自己的颜面

b. 淡化自己的错误

c. 有原则地迁就对方，化解冲突

（10）在制订激励政策、福利政策与绩效考评时，你是否关注公平、平等（　　　）

a. 没有刻意关注

b. 有所关注

c. 十分关注，因为员工的不公平待遇往往是冲突的根源

测评结果：

选 a 得 1 分，选 b 得 2 分，选 c 得 3 分，最后将分数加总。

24～30 分，你善于冲突管理，善于做思想工作，针对不同的冲突状况能灵活处理，同时也注意保持冲突的良性水平，这一点正是现代冲突管理方式有别于传统冲突管理的地方。

18～23 分，你有一定的冲突管理能力。作为管理者，你既要洞察冲突发生的可能性，又要正确对待已经发生的冲突，尽量缓和与避免破坏性冲突的发生，积极引导和发展建设性冲突，合理地解决问题，使冲突结果向好的方向转化。

10～17 分，你还需增加冲突管理意识，加强在实际工作中处理冲突的能力。研究企业冲突的产生原因及其控制方法，是企业管理中一个十分重要的课题，作为领导者，应对这个课题给予充分重视。

第二节　冲突管理的内涵和原则

一、冲突管理的内涵

冲突管理是一门研究冲突形成机制和内在规律、应对策略和方法技巧的科学。冲突管理理论和实践受到许多专家学者的关注。传统的冲突管理观是基于有了"冲突"就要"化解或消除"冲突，因此其隐含的前提假设是"冲突是具有破坏性的""冲突管理是冲突事件

发生以后的工作"，这显然是片面的。现代的冲突管理观认为冲突具有双重性，即有效冲突的建设性和有害冲突的破坏性。冲突管理的任务自然也有两个方面，即要管理好冲突，就必须两手抓，一方面要防止冲突的产生，一旦产生就要利用各种有效的方法化解或消除冲突；另一方面要善于抓住有利时机，通过激励或制度等引发和促进建设性冲突，刺激能够产生积极功能的冲突，充分利用和发挥冲突的积极影响并控制其消极作用。

现代冲突管理包括激发冲突、预防冲突、转化冲突、解决冲突等功能。具体而言，冲突管理的基本内容如下：避免不必要的冲突（如过于激烈的情绪、沟通不畅、以偏概全等）；减少破坏性冲突的影响；利用一定的策略方式达成冲突各方可以接受的协议；采用适当的方法技巧控制或转化冲突的方向、水平和属性等。

二、冲突管理的原则

（一）"无为而治"原则

老子曰："无为而无不为。"在处理有益冲突或激烈程度较低的冲突时，可以"无为而治"，任其发展。主要方法如下：

1. 不干涉法

组织都有一定的自我调节力。组织内部调节机制可以在一定程度发展水平上自行启动去解决问题，从而避免冲突。

2. 避开法

组织中将出现矛盾但不严重时，可以暂时避开矛盾，使冲突在短期内不至于发生。

3. 预防法

在组织中将要出现矛盾时，及时采取措施，将冲突扼杀在摇篮中。

（二）"贵和持中"原则

所谓"贵和持中"就是指在冲突管理中要注重和谐局面的保持，处理冲突时，不可以极端而为，应当采取适当的措施，求大同存小异，追求"共赢"，维护整体利益，从而减少冲突的恶性发展风险和冲突管理的成本。主要方法如下：

1. 协议法

这是解决冲突比较好的方法。当冲突双方势均力敌、双方的理由都比较合理时，适合采用这种方法。

2. 缓冲法

当组织中的冲突不好调节时，设立中介人或中介部门，将双方冲突进行调节、缓冲。

3. 仲裁法

当双方冲突激化，而且冲突的一方明显不合情理，这时如果由第三者出面调解比较合适。

（三）竞争原则

竞争原则就是迎着问题，根据实际情况，运用智谋解决冲突。主要方法如下：

1. 比较法

"知己知彼，百战不殆；不知彼而知己，一胜一负；不知彼不知己，每战必殆。"

2. 同心法

"上下同欲者胜。"统一价值观，统一思想，增强凝聚力和向心力上下同心，矛盾和冲突自然就能解决。

3. 出奇制胜法

讲究战略战术，运用谋智解决和处理冲突与矛盾。

【课后实训】

1. 什么是冲突管理？
2. 现代冲突管理包括哪几个方面？
3. 冲突管理所坚持的原则有哪些？
4. "无为而治"原则所采取的方法是什么？

第三节　冲突管理的策略

根据美国管理协会的一项调研，一位职业经理人至少会有 24% 的工作时间是花在冲突管理上的。孔子曰："君子和而不同，小人同而不和。"孟子云："无敌国者，国恒亡也。"冲突只是发展、变化或创新带来的副产物。没有人喜欢冲突，但有人的地方就有冲突。冲突不全是坏事，它能暴露组织中存在的问题，促进问题的公开讨论，增强企业活力，刺激良性竞争。

冲突管理是一门学问，无论是企业管理者，还是家庭成员都必须掌握，否则组织在内耗，家庭在折腾。出现冲突并不可怕，关键是如何有效化解。办法总比问题多，任何冲突都有完美解决的方案。当冲突出现时，如何化冲突为共赢，化干戈为玉帛？

一、托马斯冲突管理模式

美国行为学家托马斯的冲突管理模式是一种着力解决人际冲突的模式。托马斯认为，处理冲突的模式是二维的，以沟通者潜在意向为基础，冲突发生后，参与者有两种可能的策略可供选择：关心自己和关心他人。其中，"关心自己"表示在追求个人利益过程中的武断程度，为纵坐标；"关心他人"表示在追求个人利益过程中与他人合作的程度，为横坐标，从而定义冲突行为的二维空间。于是，产生了五种不同的冲突处理的策略：竞争、合作、妥协、迁就和回避（图 6-4）。

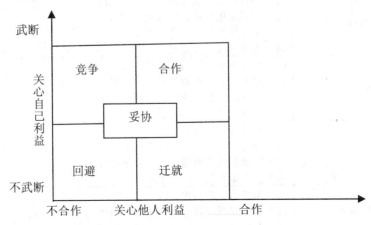

图 6-4　托马斯人际冲突处理模式

（1）竞争式策略又称为强制式策略，是一种"我赢你输"、武断而不合作的冲突管理策略。奉行这种策略者，往往只图自身目标和利益而无视他人的目标和利益，强调维护自己的权益而不愿合作，以别人的利益换取自己的利益；以权力（职位、说服力、威迫利诱等）为中心，为实现自己的主张，认为可以动用一切权力。

（2）合作式策略是一种高度合作和武断性的行为，是一种双赢的冲突管理策略。运用合作式策略的个体想使共同的结果最大化，这种个体倾向于：①把冲突看作是自然的、有益的，如果处理得当会带来一个更有创意的方案；②对他人信任和真诚；③认识到当冲突的解决使所有人满意，则所有人也将对这个解决方案给予承诺。运用合作式策略的个体通常被视为有能力的，并会得到他人的积极评价。

（3）回避式策略是指既不合作又不武断，既不满足自身利益又不满足对方利益的冲突管理策略。奉行这一策略者无视双方之间的差异和矛盾对立，或保持中立姿态，试图将自己置身事外，任凭冲突事态自然发展，回避冲突的紧张局面，以"退避三舍""难得糊涂"的方式来处理冲突问题。

（4）迁就式策略又称为通融式策略，是一种高度合作且不武断的行为，是一种当事人主要考虑对方的利益、要求，或屈从对方意愿、压抑或牺牲自己的利益及意愿的冲突管理策略。通常的迁就式策略奉行者要么旨在从长远角度出发换取对方的合作，要么不得不屈从于对方的势力和意愿。

（5）妥协式策略实质上是一种交易，也有人称之为谈判策略。妥协式策略指的是一种合作性和武断性均处于中间状态，通过一系列的谈判、让步，适度地满足双方要求和利益的冲突管理策略。

这五种策略分别适用于不同的情况，如表 6-2 所示。

表 6-2　冲突解决策略一览表

冲突解决策略	适用冲突情境
竞争	（1）当情况紧急，需要做出快速、决定性的行动时 （2）在需要采取非同寻常行动的问题上 （3）在公司利益至关重要的问题上，并且你知道是正确的 （4）对方拥有非竞争性优势时
合作	（1）为共同的利益谋求一致的方案时 （2）需要集思广益、依赖他人时 （3）出于感情关系的考虑时 （4）需要向对方学习时
回避	（1）有更重要的问题需要解决时 （2）别人能够更有效地解决问题时 （3）当问题不相干或总是出现时 （4）当冲突的解决弊大于利时
迁就	（1）发现自己错误时 （2）为建立社会声誉、减少损失时 （3）所要解决的问题对别人更重要时 （4）当和谐和稳定特别重要时
妥协	（1）双方力量旗鼓相当时 （2）暂时化解冲突，防止问题复杂化 （3）时间紧迫，采取权宜之计

二、冲突管理中的沟通策略

沟通专家总结出处理冲突的九种策略，如表 6-3 所示。

所谓"论点的弹性"，实际上就是你应不应该表现出你的立场；而所谓"互动的强度"，则要看个人希望建立一种什么样的人际关系。这些考虑的不同组合，就形成了九种处理冲突的策略。

表 6-3 九种冲突处理策略表

高	互动的强度	形式三 铁令如山 运用权势，强迫别人听从命令	形式六 讨价还价 以协议、交易的方式消除彼此的冲突	形式九 携手合作 将大家的意见整合在一起
中		形式二 粉饰太平 强调想法的共通之处，而忽略相异的部分	形式五 和平共存 在彼此协议下，维持各存己见的状态	形式八 全力支持 在可容忍的范围内，给予对方最大的支持
低		形式一 按兵不动 避免面对不同的意见或是延续调整的时间	形式四 制定规则 以客观的规则作为歧见的基础	形式七 弃子投降 放弃自己的想法，完全以对方的意见为意见
		论点的弹性		
		低	中	高

【课后实训】

1. 测试：你的冲突风格是哪一种？

对于下面的 14 个题目，请根据自己的实际情况（如果你是学生，请换成学习情境），在每一题之后，选择一个数字来表示你对这项策略的依赖程度。1 表示几乎不，5 表示总是。

（1）我与同事讨论我的工作，以表明我的立场的价值。

（2）我与同事通过谈判来达成妥协。

（3）我努力满足同事的期望。

（4）我与同事一起调查某个问题，寻找一个我们都能接受的解决方案。

（5）在坚持我的观点方面，我非常坚定。

（6）我会尽量避免处于被关注的焦点，不把与同事的冲突公开。

（7）我坚持自己提出的解决问题的方法。

（8）我坚持等价交换原则，做出妥协。

（9）为了共同解决某一个问题，我与同事交换准确的信息。

（10）我会调和同事的希望。

（11）为了以最佳的方式解决问题，我会公开我们关心的所有事情。

（12）为了打破僵局，我会提出一个折中方案。

（13）我附和同事的建议。

（14）为避免感情上的痛苦，我会保留不同的意见。

2. 项目训练

小明和小强住在同一个宿舍，小明是一个勤奋好学的学生，性格内向，平时不常与同学交流沟通，他喜欢早睡早起，作息时间比较有规律。小强却不怎么爱读书，在校大部分时间以玩电脑为主，而且经常玩到深夜才睡，第二天早上常睡到很晚才起床。小强的性格也比较内向，平时话不多。由于小强和小明的作息时间存在很大的差异，所以他们心里其实都觉得对方影响了自己休息。因为这事，他们之间一直存在着矛盾，但由于性格的原因，在矛盾初现的时候，他们也没有把对对方的不满直接告诉对方。但是时间久了，他们的情绪开始变得有点暴躁，最后冲突爆发了。之后，他们经常互相指责对方。小明指责小强玩游戏到太晚，而且在玩游戏的同时，小强还特别兴奋，时常发出声音，影响到他休息。小强却反驳说，小明每天早上起床太早以至于早上经常被他吵醒。由于他们一直因此争吵，迟迟不能找出一个让双方满意的解决方法，矛盾升级，他们发生了肢体冲突。最终，通过辅导员的协助，把他们调换了宿舍才解决了上述问题。

目的：熟悉冲突产生的原因以及冲突管理的流程，掌握不同情境中的冲突管理技巧。

时间：30分钟。

地点：室内。

形式：集体参加。

程序和要求：

（1）成员分组，每组6个人左右。

（2）各小组完成以下案例问题。

（3）每组成员在个人分析的基础上确定团体意见，并相互交流，说明理由。

分析：

（1）双方产生冲突的根源以及产生冲突的过程是什么？

（2）案例中冲突双方采用了何种冲突管理策略？效果如何？

（3）作为第三方的你认为该如何解决这个问题？提出解决的建议。

第四节　以协作方式来解决人际冲突

协作是指冲突双方愿意共同了解冲突的内在原因，分享双方的信息，共同寻求对双方都有利的方案，采用这一管理方式可以使相关人员公开地面对冲突并认识冲突，讨论冲突的原因并寻求各种有效的解决途径。下述情况适于采取协作的方式来解决人际冲突：一是相关人员具有共同的目标并愿意达成协议。二是一致的协议对各方有利。三是高质量的决策必须以专业知识和充分的信息为基础。

在冲突管理中，尽管协作性策略可以达到双赢的结果，但由于协作性策略难以有效实施，因此有必要了解协作性问题解决的行为准则。

一、协作应遵循的六原则

（1）为双方建立长远目标。
（2）将人和问题分开（解决问题是核心）。
（3）集中于利益而不是观点。
（4）为相互的利益创造机会。
（5）应用客观标准来评估备选方案。
（6）用真正的所得而不是假设的损失来定义成功。

二、协作需经历的四个阶段

（1）定义问题（冲突处理前）。
（2）产生解决方案（冲突处理中）。
（3）制订和通过行动方案（冲突处理中）。
（4）实施和追踪（冲突处理后）。

人际冲突中涉及至少两个角色，即发起人和回应人，还有可能有调停人，这三个角色都必须完成协作性问题以解决四阶段中的各项任务（表6-4）。

表 6-4　人际冲突三种角色表

发起人	回应人	调停人
（1）要保持问题的个人属性，描述给你带来问题的具体行为，列出这些行为的详细的可见后果，描述你对问题的感受	（1）在确认问题时，建立共同解决方案的气氛，适当地照顾发起人的情绪	（1）确认冲突的存在，以协作的方式作为解决问题的方法
（2）描述的时候坚持事实，避免给回应人评价和赋予动机，以避免引发防御而不利于解决问题	（2）查找其余相关信息。通过提问使发起人的评论从泛化到具体，从评价性到描述性	（2）保持中立者的姿态，做一名协助者，而非一名裁判。公平对待争论者和问题，如果必须纠正，私下里进行
（3）鼓励双向讨论，直到被了解	（3）对抱怨的某些方面表示赞同。通过对事实、观点、感受的同意来显示你改正的诚意	（3）保证讨论公平，保持讨论的问题导向，而不是个人导向，使问题集中于冲突对工作表现的影响和持续冲突的有害结果，不允许某一方支配讨论
（4）问题确认过程中既要注意问题的难易度也要注意不要执着于单一的内容。如面临僵局，扩大讨论范围，以增加综合性结果出现的可能性	提示：可以用头脑风暴的方式采用多个备选方案来解决问题	提示：帮助争论者看清他们的目标、价值观和原则中的共同点，利用共同点生成备选方案

【课后实训】

1. 技能培训：学会用 XYZ 或 CPR 模式陈述生活中的冲突事件。
（1）XYZ 模式：当你做 X 时（行为），导致了 Y 结果（结果），而使我感到 Z（感觉）。
（2）CPR 模式：

①C（Content）：问题首次出现时，你要和对方谈论的是内容（何时何地发生了什么）。

②P（Pattern）：问题再次发生的时候，你要和对方讨论的是模式、形态（不要陷入对问题内容的争吵）。

③R（Relationship）：问题继续发生时需要和对方讨论的是关系（即这种情况对我们的关系的影响）。

举例说明：

（1）XYZ 模式陈述冲突行为。

例如：我必须告诉你，当你在别人面前拿我的坏记性开玩笑时（行为），我是多么难堪（感觉）。事实上，我气愤极了，甚至想要把你的缺点也摆出来作为报复（结果）。

（2）CPR 也是帮助定义冲突问题的三项工具。

例如：午餐时，你喝了太多酒，醉了，开始大声说话，取笑我们的客户，使公司尴尬难堪（内容，首次发生时）。这是第二次发生这种情形了，你答应不会再发生的，现在，你使我不能信任你会信守承诺（形态，一再发生的事）。这种情况已经开始对我们之间的工作关系造成影响，我觉得我必须不断地担心及唠叨你，才能确保你不出问题，我不喜欢这样，我想，我担心的是我无法信任你遵守你的承诺（关系，问题持续发生时）。

练习：

学生选择一个自己所熟悉的冲突，用以上方法陈述定义。

思考：你对这样定义冲突有何感想？小组成员互相交流看法，听完对方的陈述，有何感想？

2. 项目训练

目的：学会使用回应人的合作性问题解决方式。

时间：30 分钟。

地点：室内。

形式：个人与团体结合。

程序和要求：

（1）确定一个情形，有一个人犯了错误需要纠正，使用回应人的合作性问题解决方式，为你与这个人的讨论构想一个计划（方法见"协作性解决冲突方法"）。

（2）计划包括如何在不引发对方防御的前提下表明自己的观点以及如何遣词造句。

（3）和朋友用角色扮演的方式演绎这次谈话，并接受建议，进行改进。

（4）与当事人进行实际交谈，并报告结果。

问题：

（1）他有什么样的反应？

（2）在此次讨论中，你有哪些地方需要改进？

本章小结

识别冲突，调解争执，是管理者最需要的能力之一。在人们的共同生活中，冲突是一种司空见惯的正常现象，长期没有冲突的关系根本不存在。凡是人们共同活动的领域，总会产生不同意见、不同需求和不同利益的碰撞，或在个人之间，或在小团体之间，或在大组织之间。冲突管理成功的关键是不出现输方，长远的解决办法是建立共同遵守的游戏规则。通过本章的学习可以使同学们更好地了解冲突管理的内容，同时学会利用一些技巧和策略，以协作的方式解决冲突。

本章习题

1. 冲突产生的原因是什么？
2. 冲突管理的内涵是什么？
3. 冲突管理的原则有哪些？
4. 请解释一下托马斯的冲突管理模式。
5. 请分析为什么采取协作方式解决冲突明显有效，但却不被广泛采用。

第三篇　团队技能篇

第七章　群体和团队管理

引例：

西游记是我们耳熟能详的小说，唐僧师徒四人历经九九八十一难去西天取经的故事妇孺皆知。从现代管理学角度来看，它为我们提供了一个绝佳的团队管理案例。按照现代组织理论，唐僧就是部门总监，孙悟空是项目经理，猪八戒是项目成员，沙和尚是项目后勤人员。这师徒四人能力参差不齐，性格迥异，可谓是多元化的团队。那么，如何利用不同员工的不同性格特质和本领，建立一支高效的团队呢？

唐僧，团队的灵魂和精神支柱。他具有强烈的愿景与使命感，性格坚韧、百折不挠、历经万难仍不改初衷。他把离心离德的师徒四人，整治成一个有凝聚力的团队，历经各种艰难险阻，终于成功实现团队目标。唐僧的优点在于信仰坚定、坚忍不拔、心地善良、仁慈宽厚；另外，他的"人脉"很广。这样的人做部门总监，项目开展起来，想不成功都难。虽然唐僧的能力在师徒四人中是最弱的，但是这并不影响他的领导地位。领导者在团队中的角色是搭舞台，而非抢镜头。唐僧要做的事就是把握前进的方向，并激励每个员工充分发挥出自己的优势，为整个团队顺利完成目标奉献自己的力量。

孙悟空，西天取经中举足轻重的人物。他承担了保护唐僧、斩妖除魔的主要任务。武功高强、有勇有谋的孙悟空，每每在紧急关头施展本领，拯救团队于水火之中，使团队能够继续前进，显示其高度的执行力、独立性和不可替代性。悟空的优点在于能力出众、神通广大，有斩妖除魔的好本领，能独立作战、独当一面，乐于和敢于承担重大责任，执行力强。在三个徒弟中，孙悟空是最难管的，也是最让唐僧头疼的。孙悟空这样的明星员工，少了他绝对不行，但如果不好好管束，他对团队的伤害甚至可能会大于贡献。首先，悟空是一个工作狂，用工作激励法很奏效。其次，应用感情来软化。孙悟空性格刚烈，吃软不吃硬。

猪八戒，团队的开心果。少了八戒，整个西游旅途会变得枯燥乏味。一个团队中总需要有开心果，让一群严肃的人在工作中多些乐趣。猪八戒的优点是性格亲和，他是典型的社交导向型人格，活泼开朗，善于交际，喜欢沟通，易兴奋，惯于随声附和和过度承诺，不喜欢无聊和严格。八戒善于察言观色、奉承领导，对于明星员工孙悟空的错误和毛躁，他敢于指出，避免团队陷入集体思维，从某种程度上也巩固了唐僧的协调和管理核心地位。对于八戒这样的员工，应鼓励其坚定立场，尤其在团队遇到困难时，应极力避免他们的动摇对团队士气造成的毁灭性打击。

沙和尚，团队的黏合剂。沙和尚担任的是难度不高，但一定要有人执行的行政后勤工作。没有了沙和尚，取经日常的行路都会成为困难。由于沙和尚性格沉稳，不与人争锋，也成为团队的稳定剂和黏合剂。他的优点是做事细心认真，脚踏实地、任劳任怨、不爱出风头、甘于默默付出；缺点是不善表达，过于低调，在实际工作中，容易被人忽视。对于沙和尚这样默默奉献的员工，老板应主动给予更多的关注和鼓励。

　　唐僧师徒之所以能成功取得真经，关键在于这是一个优势互补、凝聚力强的多元化团队。在唐僧的领导下，每位团队成员都能发挥自己的优势，扮演好各自的角色，发挥自己的效用。

　　在现代工作中，社会分工越来越细，最专业的事就要交给最专业的人去做。即使是一个再小的公司也需要管理、技术、财务、销售、法律多方面的人才。一个部门要想和谐稳定，需要挑选到性格互补的团队成员，这样才能减少内耗发生的可能性。

　　（资料来源：文玲娜. 人力资源管理[J]. 2010（6）：329.）

　　问题：面对竞争日趋激烈的市场，产品质量和生产效率的要求不断提高，面对复杂多变的竞争环境，个人的力量非常有限。只有运用团队的力量，互相协作，共同面对挑战，才能促进企业的发展。那么，如何管理团队，团队与群体有什么区别，如何构建和开发高效团队是我们亟须解决的问题。

　　在当代动态的全球化环境中，对团队的管理已经成为一种现实，但同时也意味着一种挑战。成千上万的组织进行结构重组，使工作在团队基础上而不是在个体基础上进行。这些工作团队表现出哪些特点？管理者如何做才能建立高效的工作团队？本章中我们要回答这些问题。

第一节　群体和团队的含义和影响

一、群体概述

　　人的生活无法逃避所隶属的群体。无论在家里、工作场所还是游戏中，人本质上都是群体存在物。"物以类聚，人以群分。"群体与个体相对，是个体的共同体。不同个体按某种特征结合在一起，进行共同活动、相互交往，就形成了群体。

（一）群体的定义

　　"群体"在英文中称为"group"，日文中叫"集团"，虽然名称不一，但从实质上来看，其所包含的内容大致是相同的。一般来说，群体是指由两个或两个以上的人组成的相对稳定的集合体，他们分享共同的目标和利益，相互作用，彼此影响，并且互相视为一个共同体。

　　群体的特征主要表现在四个方面：（1）有共同的目标或兴趣；（2）有一定（或稳定）的结构；（3）有一定的组织规范；（4）有群体意识和归属感。

　　通过群体特征的描述，我们也能清晰地了解人们加入群体是要完成某项任务或是要满足自己的社会需要，如安全需要、地位需要、情感归属需要、尊重和认同需要、权力需要、完成任务和实现目标的需要。

（二）群体的发展阶段

　　群体的发展是一个动态过程，大多数群体都处于不断变化的状态下。虽然群体可能永远也达不到彻底稳定的状态，但我们依然可以用一个一般模式来描述大多数群体的发展历程。研究表明，群体发展经历五个标准的阶段（图7-1）：形成阶段、震荡阶段、规范阶段、执行阶段及解体阶段。

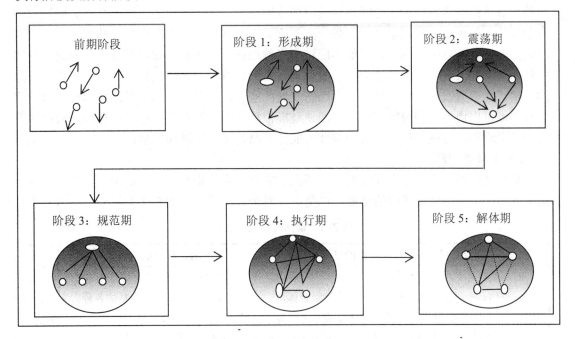

图 7-1　群体发展的阶段（Bruce W. Tuckman，1977）

阶段 1：形成期。成员彼此陌生，开始相互试探，相互熟悉，并试图建立群体规则。

阶段 2：震荡期。成员之间开始相互争执，群体成员抵制领导者的控制，领导者地位受到挑战。

阶段 3：规范期。群体变得更有凝聚力，群体之间建立情感，培养出合作的默契。

阶段 4：执行期。群体间相互信赖，群体的精力集中在完成具体的任务和工作上，完成共同目标。

阶段 5：解体期。群体目标已达到，群体不再有存在价值，此时群体可能解散。

大多数学生都有在课堂上参加小组活动的经验，也都经历过群体发展的每一个阶段。

首先，小组成员被选定之后，他们就有了第一次碰面。这个时期人们都在"揣摩和试探"小组要做什么以及如何去做。接下来通常是一场控制权的争夺战：谁将统率群体？一旦这个问题得到解决，小组内部的权力等级达成了共识，小组成员就开始确定工作任务的具体内容是什么，谁来完成它们，什么时间完成。此时在小组里形成了总体的期望水平，并得到每个成员的认可。这些决策构成了你所希望的一个合作的群体努力的基础，并最终导致项目的成功完成。一旦小组的工作项目完成并上交给老师，小组也就宣告解散了。当然，也有一些小组一直未能走出阶段 1 或阶段 2，通常这些小组的工作水平令人失望，成绩不会太好。

那么，根据前文的讨论能否这样推断：当群体一路经历了四个阶段后，它是否会更为有效？是否可以认为工作群体所在的阶段越高，它们的效率也会越高呢？

尽管这种假设从总体上说可能是对的，但是，群体的效率由哪些因素决定这一问题十分复杂。在某些条件下，高冲突的特点反而有助于群体业绩达到更高水平。我们都可能看到过这样的情境,处在阶段2的群体的工作成绩却超过了处于阶段3或阶段4的工作群体。另外,群体的各个发展阶段之间也并非泾渭分明,有时几个阶段还会同时并存。例如,一方面群体正处于震荡和调整之中,另一方面它又在执行任务,甚至偶尔一些群体还会倒退回先前的发展阶段中。因此,我们不应该想当然地认为,所有群体都精确地沿着这一发展历程向前发展,或者认为群体的阶段5总是效益最好的,而是应该把这一模式视为一个总体框架,它提醒我们记住群体是一个动态发展的实体,它帮助我们更好地理解在群体发展过程中经常出现的一些现象和问题。即使是虚拟群体,它们在完成任务时也经历着群体发展的各个阶段。也就是说,真实的群体可能并不总是这样按顺序发展的。

(三)群体的影响

群体之所以形成、存在和发展,主要在于它有一定的影响。概括地说,群体的影响有两大方面:一是群体对组织的功能;二是群体对个人的功能,如表7-1所示。

表7-1　群体的影响一览表

完成组织任务,实现组织的目标	满足群体成员的多种需要
这是群体对组织而言的。 　　群体是一个由若干人组织起来的有机组合体,它具有一个人进行活动时所没有的优越性,成员之间为了共同的奋斗目标,互相协作,互发所长,互补不足,使群体产生巨大的动力,促使活动顺利进行,圆满地完成任务,俗话说,“众人拾柴火焰高”,群体的力量是巨大的。	群体的这一功能,是指群体对个体而言的。群体形成后,其成员的各种需要,就以其为依托而得以满足。 ① 使成员获得安全感 ② 满足成员信任和认同的需求 ③ 满足成就感和自尊的需求 ④ 在满足需求的基础上产生自信心和力量感

二、什么是团队

(一)团队的定义和特征

团队(Team)是由员工和管理层组成的一个共同体,该共同体合理利用每一个成员的知识和技能协同工作,解决问题,达到共同的目标。

团队有几个重要的构成要素,总结为5P。

1. 共同的目标(Purpose)

团队的建立是以完成团队的共同目标为主要任务。团队应该有一个既定的目标,为团队成员导航,让他们知道要去向何处。没有目标,团队就没有存在的价值。团队的目标必须与组织的目标一致,此外,还可以把大目标分成小目标,然后具体分到各个团队成员身上,通过大家合力实现这个共同的目标。

2. 互补的成员(People)

人是构成团队最核心的力量。在一个团队中,要求成员具有不同的技能、知识或经验,每个成员都能对这个团队做出不同的贡献。他们在团队中分工合作,缺一不可。此外,团队的规模有限制,一般来说,人员规模应当为2~25人。限制人员规模的目的就是为了确保所有成员之间都能够充分了解并互相影响。

3. 团队的定位（Place）

团队的定位包含两层意思：

（1）团队的定位，团队在企业中处于什么位置，由谁选择和决定团队的成员，团队最终应对谁负责，团队采取什么方式激励成员。

（2）个体的定位，成员在团队中扮演什么角色，是制订计划，还是具体实施或评估。

4. 权限（Power）

团队中领导人的权力大小与团队的发展阶段有关，一般来说，团队越成熟，领导者所拥有的权力相应越小，在团队发展的初期阶段，领导权相对比较集中。

团队权限关系体现在两个方面：

（1）整个团队在组织中拥有什么样的决定权，例如，财务决定权、人事决定权、信息决定权。

（2）组织的基本特征，例如，组织的规模多大，团队的数量是否足够多，组织对于团队的授权有多大，它的业务是什么类型。

5. 计划（Plan）

目标最终的实现，需要一系列具体的行动方案，可以把计划理解为目标的具体工作的程序。此外，提前按计划进行可以保证团队的进度。只有有计划地操作，团队才会一步一步地贴近目标，从而最终实现目标。

（二）团队的类型

当我们建立团队时，首先要考虑建立什么类型的团队。根据团队存在的目的、持续的时间，以及团队成员的来源、拥有自主权的大小，可以将团队分为以下四种类型，如表 7-2 所示。

表 7-2　团队的类型

团队类型	成员特点	团队特点
职能型	同一部门，一般 5～12 人	定期开会提出解决问题的建议，但无决策权
自我管理型	同一部门，一般 10～15 人	拥有获得所需资源和决策的权利，对工作结构承担全部责任
跨职能型	同一等级，跨部门和技能，人数灵活	成员相互交流，合作解决面临的问题，完成比较复杂的项目
虚拟团队	不同等级，跨部门和技能，人数灵活	充分使用网络、电话或视讯工具进行沟通、协调，突破时间和空间的限制

1. 职能型团队（Functional Team）

职能型团队由一名管理者及来自特定职能领域的若干下属组成。这类团队常常是为了解决组织中的某些专门问题而设立的。由于在同一职能领域中，职权、决策、领导以及交互作用这些问题相对简单明了。职能型团队经常在他们的特定职能领域中进行改进工作活动或解决具体问题的努力。例如，客户服务团队的工作就是解决客户的抱怨，如图 7-2 所示。

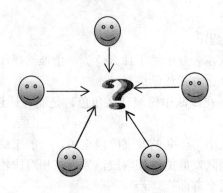

图 7-2　职能型团队

2. 自我管理型团队（Self-managed Team）

自我管理型团队是与传统的工作群体相对的一种团队形式。传统的工作群体通常是由领导者来决策，群体成员遵循领导的指令进行工作。而在自我管理型团队中，没有管理者负责整体的或局部的工作流程。自我管理团队负责完成工作，并进行自我管理，如进行工作计划与日程安排，给各成员分派任务，共同监控工作进度，做出操作性决策，针对问题采取行动。例如，通用电气公司、百事可乐公司、惠普公司、联邦快递公司等，都采用自我管理团队方式，它们自己确定如何最佳地完成工作。自我管理型团队能够很好地提高员工的满意度，如图 7-3 所示。

真正独立自主

10～15 人组成

责任范围广泛（决定工作分配、节奏、休息）

挑选队员

由 5～12 名员工组成

每周花几个小时碰头

着重改善质量、效率、环境

改进程序和工作方法

几乎无权采取行动

图 7-3　自我管理型团队

3. 跨职能型团队（Cross-functional Team）

跨职能型团队，又称为多功能团队。它是由来自于组织内部同一层次、不同部门或工作领域的员工组成的一个混合体，目的是并肩作战完成各种各样的任务。多功能团队打破了部门之间的界限，使得来自不同领域的员工能够交流，有利于激发出新观点，协调解决复杂的问题，如图 7-4 所示。

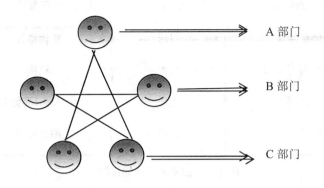

图 7-4　跨职能型团队

麦当劳有一个危机管理队伍，责任就是应对重大的危机，由来自麦当劳营运部、训练部、采购部、政府关系部等部门的一些资深人员组成，他们平时共同接受关于危机管理的训练，甚至模拟当危机到来时怎样快速应对，比如广告牌被风吹倒，砸伤了行人，这时该怎么处理。一些人员考虑是否把被砸伤的人送到医院，如何回答新闻媒体的采访，当家属询问或提出质疑时如何对待；另外一些人要考虑的是如何对这个受伤者负责，保险谁来出，怎样确定保险。所有这些都要求团队成员能够在复杂问题面前做出快速行动，并且进行一些专业化的处理。

4. 虚拟团队（Virtual Team）

虚拟团队指的是利用计算机技术把实际上分散的成员联系起来以实现共同目标的工作团队。在虚拟团队中，成员通过宽带网、可视电话会议系统、传真、电子邮件，甚至互联网上的在线会议进行沟通与联系。虚拟工作团队可以完成其他团队能够完成的所有工作——分享信息、做出决策、完成任务，但是，他们缺少了通常面对面进行的"说与听的互换式"讨论。正因为这种缺失，虚拟团队更倾向于任务取向，尤其是当团队成员素未谋面时。

三、群体和团队的关系

在现实生活中，人们往往把团队与群体混淆在一起，其实团队与群体不尽相同。所有的工作团队都是群体，但只有正式群体才有可能成为工作团队。

（一）群体和团队的区别

罗宾斯对团队与普通群体的区别做了深入研究，得出四个结论：

一是群体强调信息共享，团队则强调集体绩效。

二是群体的作用是中性的（有时是消极的），而团队的作用往往是积极的。

三是群体责任个体化，而团队的责任既可能是个体的，也可能是共同的。

四是群体的技能是随机的或不同的，而团队的技能是相互补充的（图 7-5）。

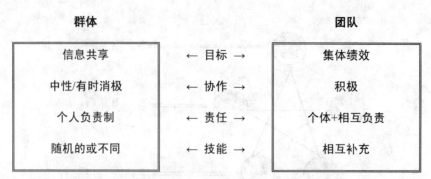

图 7-5　团队和群体的比较

（二）群体向团队的过渡

　　NBA 在每赛季结束后都要组成一个明星队，由来自各个队伍中不同的球员组成一支篮球队，与冠军队比赛，这个明星队是团队，还是群体？

　　对于明星队是团队还是群体，存在一些争议。但可以肯定的是，明星队至少不是真正意义上的团队，只能说是一个潜在的团队，因为最关键的是成员之间的协作性还没有那么熟练，还没有形成一个整体的合力，当然从个人技能上来说，也许明星队的个人技能要高一些，所以认为它是一个潜在的团队，在国外也有人叫它伪团队。

　　从群体发展到真正的团队需要一个过程，需要一定时间磨炼。这个过程分为以下几个阶段，如图 7-6 所示。

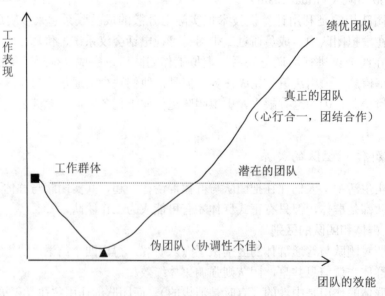

图 7-6　群体向团队的过渡

　　第一阶段，由群体发展到所谓的伪团队，也就是我们所说的假团队。伪团队，即一群人被别人或自己称为团队，也具有团队潜力，但实际工作中根本不协作或根本无集体责任感。

　　第二阶段，由假团队发展到潜在的团队，这是一种介于工作群体和真正团队之间的群体。这时已经具备了团队的雏形。

第三阶段，由潜在的团队发展为一个真正的团队，它具备了团队的一些基本特征，由很少的一些人组成的，他们为同一目的工作，有共同的目标，团队中的每一个成员共同对团队所要达到的目的负责，也对团队采用的总的工作方法负责。真正的团队距离高绩效团队还比较遥远。

第四阶段，是把团队的潜力发挥到极致的团队——绩优团队。

【课后实训】

社会测量法着眼于发现组织成员喜欢谁或不喜欢谁，愿意和谁在一起工作，不愿意和谁一起工作。要求学生回答：

1. 在组织中，你愿意和谁一起去完成你的工作？

2. 在组织中，你愿意和谁一起共度业余时间？

随后对结果进行数据统计，如下表。

选择者	选择谁					总计
	1	2	3	4	5	
1		+			+	2
2	+		+		+	3
3	+			−		0
4	+	+			+	3
5	+		+			2
总计	4	2	2		3	

通过分析表明：①在群体中人际关系最好，其次是⑤，他们可以作为群体的核心和领导者，而④在群体中是受孤立者和被排斥者，需要找出原因，改善人际关系。

第二节　群体中非正式组织的存在和影响

一个人总是处于这样或那样的群体中，而这个群体可以是正式的，也可以是非正式的。正式的群体是由组织建立的工作群体，它有着明确的工作分工、具体的工作任务、统一的群体规范，清晰的信息沟通路线和权力控制机制，以及明确的任务目标。而非正式群体（Informal Organization）也称为群体中的非正式组织，是指人们在共同劳动、共同生活中，由于个人爱好、情感、经历及利害关系等因素的一致而自发形成的社会群体。它是个人、社会关系的网络，并非由正式组织建立和要求，而是在人际交往中自发产生。因而，非正式组织可能包括机工车间的班组、同住在六楼的邻居、周日晚上打篮球的伙伴以及上午来喝咖啡的"常客"。

一、非正式组织的特征

非正式组织具有如下特征：

（1）它没有明确的共同目标，也没有固定的交往程序，个人之间的交往是按个人的意愿进行的。组织内没有明文规定，成员受风俗习惯、伦理道德影响自觉地遵守一些不成文的规则。

（2）它是建立在个人基础上的一种人际关系，成员之间的交往比正式组织成员之间的交往更广泛和深入。在非正式组织中，人们可以自由地展现自己的个性、兴趣、能力、情感与追求。

（3）它有自己的权威领袖，这个领袖不是任命的，而是由于个人的能力、品质、威望等因素得到组织内成员的共赏而推举产生的。他虽没有行政权力，但个人的威望对其成员影响很大。

（4）非正式组织具有不稳定因素，既可以是长久的，也可以是暂时的。其成员的关系可以很密切，也可以较淡薄。

二、非正式组织的成因

非正式组织完全是由人们自发结合而产生的，没有严格规章制度的约束，但其成员由于有相似的兴趣、爱好和价值观念，所以常会产生相似的"团体意识"，从而缩小人们彼此之间由于地位、身份不同所产生的距离感。一般来说，非正式群体的形成主要有以下几种因素：

（1）共同的兴趣、相似的背景，如同校毕业、住附近、下班后常有机会一起返家、牌桌上的朋友等。

（2）出于工作的需要，相互帮助。

（3）工作量不足，以至于员工靠着成群结党打发上班时间；或者公司纪律松弛，员工自由度高，容易明目张胆地三五成群闲聊培养感情。

（4）公司制度与管理的不公平、有争议，也易使权益受损的员工因为认知相同而互相支持。

如果是前两种原因，管理者大可不必大张旗鼓地反对，应给予充分的理解。如果是后两种原因，管理者应该首先检讨自己工作的不足，通过完善制度、加强管理，使这个非正式群体因为没有滋生的土壤而自然消亡。无论非正式组织形成的原因属于哪种具体的类型，非正式组织形成的基础都是成员间的共同兴趣爱好，以及他们由于无法单独实现目标而必须进行联合。正式组织的管理者有必要了解其组织内部非正式组织的成因，进而在相关的问题上避免与之对立，以免引起不必要的组织冲突，同时可以在领导或指挥下级人员时加以利用。切记，不要强制拆散任何一个非正式群体。

三、非正式组织的分类

关于非正式组织类型的划分，可以从"安全性"和"紧密度"两方面来考察。

所谓"安全性"是与破坏性相对立的，凡是积极的、正面的、有益的活动都是"安全"的，比如满足成员归属感、安全感的需要，增强组织的凝聚力，有益于组织成员的沟通，有助于组织目标的实现等；凡是消极的、反面的、有害的都是"危险"的，比如抵制变革，滋生谣言，操纵群众等。

所谓"紧密度"是与松散性相对立的，凡是有固定成员、有活动计划、有固定领导而小道消息又特别多的，都是"紧密度"高的；相反则是"紧密度"低的。在具体评价中，我们可以以"安全性"和"紧密度"这两项指标为横坐标和纵坐标，做出有四个区间的分类图（图7-7）。

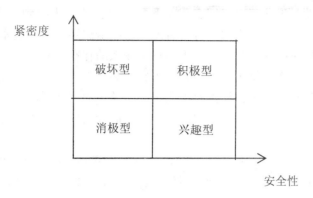

图7-7 非正式组织的划分

上图中，横轴表示"安全性"，纵轴表示"紧密度"。每项指标分为两段，分别表示其程度，从左下角的原点向右和向上递增，可以把非正式组织分为四种类型。

1. 消极型

既不安全，也不紧密。这种非正式组织内部没有一个得到全体成员认可的领袖，分为几个非正式群体，每一个团体都有一个领袖，同时某些领袖并不认同组织，存在个人利益高于组织利益的思想。

2. 兴趣型

很安全，但不紧密。由于具有共同的兴趣、爱好而自发形成的团体，成员之间自娱自乐。

3. 破坏型

很紧密，但不安全。这种非正式组织形成一股足以和组织抗衡的力量，而且抗衡的目的是出于自身利益，为谋求团体利益而不惜损害组织利益。同时，团体内部成员不接受正式组织的领导，而听从团体内领袖的命令。

4. 积极型

既积极，又很紧密。一般出现在企业文化良好的企业，员工和企业的命运紧密地联系在一起。比如，日本本田公司的 QC（质控）小组，完全是自发成立，员工下班后聚到一起，一边喝咖啡，一边针对当天生产车间出现的生产问题和产品瑕疵畅所欲言，最后通过讨论找出解决问题的方法。

对于企业来讲，虽然一般的非正式组织中很少存在破坏型非正式组织，但是如果出现一定的内外部诱因，那么消极型、兴趣型和积极型非正式组织都有可能迅速地转化为破坏型非正式组织。作为组织的管理者，需要对组织内存在的诸多非正式组织有一个清晰的界定，它们属于哪一种类型？它们的领袖是否具备良好的道德素养和职业素质？这些非正式组织中的核心成员有没有企业高层领导？他们是否可以准确地强化自身正式组织的角色？考虑到这些问题就可以为监控和处理好非正式组织的"紧密化"和"危险化"奠定良好基础。

四、非正式组织的影响

日本松下幸之助对于非正式组织有着如下看法，"经常有人提到'消除派系'的问题，然而仔细思考一下，我以为有人的地方就有派系。制造派系是人类的本能，我认为该谈的是这派系是好还是坏……既然如此，倒不如肯定派系的存在，然后再考虑如何活用派系。换句话说，与其各个分散，倒不如分成几个组较容易管理，办事也会较有效率。派系是没有办法消除的，而且有派系也许比没有派系更好。关于如何活用派系，只有靠每个人的正确认识了。管理者既不能创建非正式组织，也不能废除它们。但管理者可以学会与之共处并对之施加影响。"

非正式组织种类繁多，一般不带有政治背景，但它具有两面性，既能起到积极作用，成为正式组织的有力帮手，又能起到消极作用，干扰正式组织的工作，个别的甚至会起破坏作用。

（一）非正式组织的积极作用

首先，非正式组织较重感情、讲情义，因而能使成员获得较多的心理满足。而在正式组织中，一切都带有规定的色彩，制度具有至高无上的权威，因而对个人需要的满足十分有限。如能通过非正式组织加强各单位和各层次之间的联系协调，则可有效而及时地处理紧急性或牵扯范围较广的问题。

其次，非正式组织的存在，可以完善正式组织的沟通渠道。正式组织中的意见沟通渠道有限，并且沟通时多遵循一定程序，而非正式组织的沟通渠道遍布组织的每个角落，且不受程序的限制，因而能使组织的沟通渠道更为完善。

再次，非正式组织可以弥补正式命令的不足。一项正式命令在下达之后，由于时间仓促或考虑不周，容易出现问题。此时非正式组织会迅速做出反应，迫使管理阶层改变措施，消除成员的不满情绪，促进组织的稳定。

最后，在正式组织中，部分成员尤其是底层人员常常有被忽视的感觉，因此缺乏归属感，而非正式组织的存在则可使组织成员的心理得到适度的满足。

（二）非正式组织的消极作用

首先，当组织进行管理或改革的时候，如触及非正式组织的利益，会受到非正式组织无形力量的抗拒。

其次，非正式组织对成员具有相当的约束力与控制力，如果成员对非正式组织的某种规范未能遵守，则会招致其他成员的不满与唾弃，从而影响组织成员才能的发挥。

最后，非正式组织可以协助正式组织传播政令，但也可以促使谣言迅速传播，从而对正式组织推行政令产生不良的后果。

对于组织中的非正式组织，如果否认、限制非正式组织的形成和发展，就会引起对立情绪。如果放任其盲目发展，就有可能扩大势力范围，与正式组织分庭抗礼，阻碍组织的正常活动和目标的实现。非正式组织对个体的影响是积极的还是消极的，主要取决于非正式组织的性质以及与正式组织的目标的一致程度。因此，对于非正式组织，既不能采取高压政策，又不能放任自流，要正确地引导使其发挥积极作用，避免其消极作用。总之，若能在组织工作中充分发挥正式组织功能的同时，重视非正式组织的作用，有效地驾驭好这些"隐形的"但又无处不在的"民间"组织，"两个轮子"走路，就能政令畅通，收到事半功倍的管理效果。

【课后实训】

在组织中，非正式组织就像灯塔和航标一样指引着人们的行动。正确认识和引导非正式组织，将其纳入正式组织的管理轨道，是管理者的一项重要职责；而认识和引导非正式组织的具体方式，则直接考验着管理者的管理艺术水平的高低。

5 人左右组成一个小团队，寻找学校中存在的非正式组织，并根据所学知识研究分析该非正式组织存在的原因，以及对学校发展、学生成长的影响。作为学校的一员，我们应该如何去应对该非正式组织？

第三节　团队的开发和构建

经济学上的"木桶理论"认为，一只木桶盛水的多少，并不取决于桶壁上最高的那块木板，而恰恰取决于桶壁上最短的那块。根据这一核心内容，还可以继续引申为一只木桶能够装多少水不仅取决于每一块木板的长度，还取决于木板与木板之间的结合是否紧密。假如木板与木板之间存在缝隙或缝隙很大，同样无法装满水。一个团队的战斗力，不仅取决于每一名成员的能力，也取决于成员与成员之间的相互协作、相互配合，这样才能均衡、紧密地结合形成一个强大的整体。

心理学家马斯洛认为，杰出团队的显著特征，便是具有共同的愿景与目标。共同愿景是团队和组织的旗帜与灵魂。团队不仅仅是在一起工作的一群人，更是由拥有互补的技能、相同的目标、一致的绩效目标、承担责任的共同方式的人组成的小规模团体。企业组织会因为不同的目的创建不同的团队。

一、高效团队构建的过程

（一）制订战略重点

团队的战略重点须与所属组织的愿景和价值观相结合。

（二）确定团队目标、职权和期限

在组建团队时应以具体的目标和工作要求为团队的努力指明方向。

如果条件适当，必须给予团队执行及决策的权力，团队成员须了解授权范围。

最后，团队必须有时间期限对其行动加以引导。

（三）挑选团队成员

在挑选团队成员时，根据完成团队任务所需要的素质、经验和知识来甄选人才，并根据这些方面来选择成员。

确保聘请的个人有助于形成互补性的技能组合。虽然理想的技能组合根据团队的使命有所不同，但所有的团队都需要包括以下技术或职能专长的人员组合：解决问题的能力与决策能力+人际关系能力+团队技能。

团队的理想规模也取决于团队的目标与任务。通常，当团队的任务很复杂并且要求特殊的技能时，微型团队（5 至 9 个人）可能最有效力。如果任务比较简单明了，而且团队成员同样是需要向子集体授权，那么较大型的团队（最多 25 个人）可能是相当有效的。按奇数人员组成团队有助于进行决策,因为这样的话,"多数原则"投票永远也不会出现平票。

（四）确定团队成员职责

团队发展的一个基本要素即团队角色与责任的明确定位。

确定团队人选之后，就需要确定或者传达将由谁承担各个关键角色。

职责安排无须一成不变，可以在某一时间进行职责轮换，或者也可以指定几名成员在整个项目过程中共同承担某些职责。

（五）制订团队的目标与章程

团队需要具体的目标和工作交付指标，以便团队集中努力的方向。这些初始的目标应该是切合实际的，同时，还应该给团队成员提供挑战，以促进合作与协调。

为团队制订一份书面章程有助于团队在整个项目的实施过程中不偏离轨道。团队章程应包括：团队使命与目标，领导职责，确认需要与之共同工作的其他团队、部门和客户，成功的度量标准，指导团队行为的规范。

（六）确定决策原则

有关团队决策的清晰规则会使团队成员对决策感到坦然并给予支持。作为团队的领导者，需要帮助团队确定决策原则，如图 7-8 所示。

由谁做出决策（团队领导者、全体成员、某些成员）？

如何做出决策（一致通过或多数通过）？

决策是否将是最后方案？如果不是，有何修改程序？

多数原则：团队成员在会议、讨论中发表意见，然后进行投票。得票50%以上的决定将被采纳。

一致原则：团队的每一位成员都必须同意采纳某一决定。如果不能达成一致，团队则需要采用新的替代办法。

小组决定：选出拥有相关经验与技能的小组去做决定。

领导者综合团队成员意见，然后做出决定。

图 7-8 决策示意图

（七）学习以团队方式运作

要帮助团队学习以团队方式运作，在工作中应采用整体方式而不是个人方式，增强团队成员的归属感和忠诚度，并鼓励其发挥主动性，增强责任心。

某些成员需要一些培训才能在团队环境中有效地发挥作用，如需学习在集体中大胆发言、表达自己的意见，设定界限并能够说"不"，提供正反两方面的建设性反馈，回复建设性的批评，对上级管理者提出要求（如需要什么样的组织支持等），谈判，为自己的行动承担责任。

二、组建团队所遇到的阻力

团队建设成为流行的趋势是事实，但在具体组建团队的过程中也会遇到一些阻力。

（一）来自组织结构的阻力

（1）传统的等级官僚体制限制团队的发展。因为它主张自上而下的管理方式，团队很多时候需要拥有相当的自主权。从某种意义上来说，这是对传统组织结构的一种挑战。

（2）死板而没有风险的企业文化。企业是越稳越好，但事实上成熟的企业都鼓励边缘化的探索，鼓励做一些有风险的有益尝试，这为企业未来的生存和发展带来新的渠道和发展路径，这其实是一种很好的尝试。

（3）从信息传递方面来看，传统组织结构往往是自上而下的。而团队中的个体之间，成员和领导之间，甚至团队和团队之间都可以通过信息来进行传递，可能是自上而下，也可能是自下而上，甚至可能是在平级当中进行传播。

（4）部门间各自为政。传统的组织结构中有生产部门、销售部门、研发部门、客户服务部门，每个部门都有自己的部门职责，他们各自为政，不太喜欢交流融洽的团队方式扰乱他们应有的阵地，但由此带来了许多问题和麻烦。公司的销售业绩上不去，销售部门说生产部门没有生产出合格的产品，次品率太多，卖不出去；生产部门说研发部门研发出来的产品没有考虑到生产的工艺和流程，所做的开发就目前的技术、设备和人员的技巧是做不到的；研发部门说只有按照我们所设计的来生产才具有竞争力。这就导致了组织的堕落、衰退。一个市场研发的团队过去是由研发部门自己承担的，但今天吸收了来自各个不同部门的成员：可能有生产部门的成员，他们来确定研发与生产工艺如何衔接；可能有销售部门的成员，他们了解顾客需要什么样的产品。今天的研发部门其实是一种跨部门的团队合作，只有这样研发出来的产品最后在生产、销售、客户服务等环节上才能被大众所接受。

（二）来自管理层的阻力

（1）管理层担心一旦有了团队，他们就失去了应有的权力和地位。

（2）组织机构不再需要他们了。

（3）他们认为没有及时地授予团队权威和责任。

（4）管理层没有及时提供足够的培训和支持。

（5）管理层没有及时传达企业的总体目标并制订相关的细则。

（三）来自于个人的阻力

（1）既然强调团队的贡献，那么个人的贡献由谁来承认？个人的成就感从何而来？

（2）如果在团队中必须保持一种合作的态势，那么个性还能不能发挥？个人优势还能不能得到认可？

（3）个人害怕团队会给他带来更多的工作。

（4）团队成员害怕承担责任。

（5）担心团队在一起工作时会出现新的冲突。

【课后实训】

组建一个由合适的领导、资源和人员构成的团队要花费时间，并且需要进行管理和运用技能，需要有人不断对团队工作和团队协作进行管理。存在这样一种风险，即团队成员不是为了共同的目标而组合到一起，个人差异或自身利益将破坏获取成功所需的协作。组建团队在某种程度上始终是一种实验；成功并非注定。那么，团队建设中存在着哪些误区？

1. 误区一：团队利益高于一切

团队首先是个集体。由"集体利益高于一切"这个被普遍认可的价值取向，自然而然地可以衍生出"团队利益高于一切"这个论断。但在团队里，如果过分推崇和强调"团队利益高于一切"，可能会导致两方面的弊端。

（1）极易滋生小团体主义。

团队利益对其成员而言是整体利益，而对整个企业来说，又是局部利益。过分强调团队利益，处处从维护团队自身利益的角度出发常常会打破企业内部固有的利益均衡，侵害其他团队乃至企业整体的利益，从而造成团队与团队、团队与企业之间的价值目标错位，最终影响企业战略目标的实现。

（2）过分强调团队利益容易导致个体的应得利益被忽视和践踏。

如果一味强调团队利益，就会出现"假维护团队利益之名，行损害个体利益之实"的情况。作为团队的组成部分，如果个体的应得利益长期被漠视甚至侵害，那么他们的积极性和创造性无疑会遭受重创，从而影响整个团队的竞争力和战斗力的发挥，团队的总体利益也会因此受损。

2. 误区二：团队内部不能有竞争

在团队内部引入竞争机制，有利于打破"大锅饭"的局面。如果一个团队内部没有竞争，在开始的时候，团队成员也许会凭着一股激情努力工作，但时间一长，会发现无论干多干少，干好干坏，结果都一样，那么员工的热情就会减退，在失望、消沉后最终也会选择"做一天和尚撞一天钟"的方式来混日子。这其实是一种披上团队外衣的大锅饭。通过引入竞争机制，实行赏勤罚懒，赏优罚劣，打破这种看似平等实为压制的利益格局，团队成员的主动性、创造性才会得到充分的发挥，团队才能长期保持活力。

3. 误区三：团队内部皆兄弟

不少企业在团队建设过程中，过于追求团队的亲和力和人情味，认为"团队之内皆兄弟"，而严明的团队纪律是有碍团结的。这就直接导致了管理制度的不完善，或虽有制度但执行不力，形同虚设。

纪律是胜利的保证，只有做到令行禁止，团队才会战无不胜。严明的纪律不仅是维护团队整体利益的需要，在保护团队成员的根本利益方面也发挥着积极作用。

4. 误区四：牺牲"小我"换"大我"

很多企业认为，培育团队精神，就是要求团队的每个成员都要牺牲小我，换取大我，放弃个性，追求趋同，否则就有违团队精神，就是个人主义在作祟。

诚然，团队精神的核心在于协同合作，强调团队合力，注重整体优势，远离个人英雄主义，但追求趋同的结果必然导致团队成员的个性创造和个性发挥被扭曲和湮没。而没有个性，就意味着没有创造，这样的团队只有简单复制功能，而不具备持续创新能力。

其实，团队不仅仅是人的集合，更是能量的结合。团队精神的实质不是要团队成员牺牲自我去完成一项工作，而是要充分利用和发挥团队所有成员的个体优势去做好这项工作。团队的综合竞争力来自于对团队成员专长的合理配置。只有营造一种适宜的氛围，不断地鼓励和刺激团队成员充分展现自我，最大限度地发挥个体潜能，团队才会迸发出如原子裂变般的能量。

第四节 领导团队

领导团队的过程就像医生诊治患者的过程一样，先诊断，后开方，根据团队发展的不同阶段，可以采取不同的领导方式。

一、团队发展的阶段

怎样判定团队处于哪个阶段？除团队特征外，还可以从另外两个因素中得到启示：①生产力。生产力所反映的问题是这个团队的成员会不会做事情，能不能做事情，是否拥有相关的技能。②团队成员的士气。士气体现的是团队成员愿不愿意做（图7-9）。

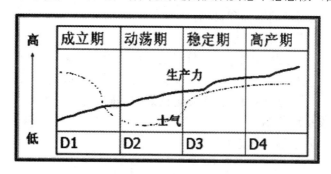

图7-9 四种不同的团队

根据士气和生产力的高和低，可以组成四种不同的团队。

（一）第一阶段

在第一阶段，团队刚刚组合在一起，面对新技术、新观念、新知识，可能掌握得不多，这时生产力相对还比较低，但人们刚刚开始加入这个团队，对其都有很大的期望值，士气比较高。

（二）第二阶段

进入到团队发展的第二个阶段，伴随着培训、产品知识的介绍等，生产力有所提升，但这个时候的士气很低，因为矛盾比较集中，冲突不断出现。

（三）第三阶段

随着培训、技能的切磋和交流，团队发展到第三个阶段，这时生产力不断攀升，达到一个较高的水平，但士气则呈现出一种波动的状态，或高或低。当团队的技能能够完成任务时，人们表现出良好的自信心，这时士气就高；而当交给该团队一个挑战性的工作，团队成员的技能还不足以能够完成它的时候，团队的士气就低。

（四）第四阶段

进入第四个阶段，这时生产力和士气都会进入相对稳定的阶段，即双高阶段。但与第一阶段相比，哪个士气更高？答案是第一阶段更高，我们很难找到刚开始参加工作时的热忱和兴奋。团队发展到第四个阶段，士气的高是相对稳定的，不是那种超现实的状态。

二、不同时期团队的领导方式

（一）第一阶段：成立期

1．团队成员的行为特征

（1）被选入团队的人既兴奋又紧张。

（2）有高期望。

（3）进行自我定位，试探环境和核心人物。

（4）有许多纷乱的焦虑、困惑和不安全感。

（5）依赖职权。

2．如何帮助团队度过第一阶段

（1）公开期望，明确愿景。即希望通过团队建设，在若干时间后，取得什么样的成就，达到什么样的规模。告诉团队成员，团队的愿景目标是什么，去向何处。

（2）为团队提供明确的方向和目标。

（3）提供团队所需要的一些资讯、信息。

（4）帮助团队成员彼此认识。第一阶段是初识阶段，大家还不知道对方是谁，自己有一些特长也不好意思说出来，所以这个时候有必要让团队的成员认识彼此。这样容易彼此形成对对方的尊重，为以后的团队合作奠定良好的基础。

（二）第二阶段：动荡期

1．团队在动荡期阶段的表现（图 7-10）

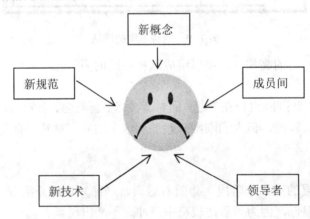

图 7-10　动荡的要素

团队在动荡期的特点主要体现在以上五个方面，人们遇到了新观念的挑战，成员间、领导者与成员间发生了一些冲突，在其他团队和传统的组织结构中没有遇到过的新技术也是一种挑战，以及一些人们觉得不适应的、过去在组织中没有的新规范。

2．如何度过团队的第二个阶段

（1）度过动荡期最重要的问题是如何安抚人心。

首先要认识并处理各种矛盾和冲突，例如某一派系或某一个人力量绝对强大，那么作为领导者要适时地化解这些权威和权力，绝对不允许以一个人的权力打压其他人的贡献。同时要鼓励团队成员就有争议的问题发表自己的看法。

（2）准备建立工作规范。没有工作规范、工作标准的约束，就会造成一种不均衡，这种不均衡也是冲突源，领导者在规范管理的过程中，要以身作则。

3. 需要调整领导决策，鼓励团队成员参与决策。

（三）第三阶段：稳定期

随着时间的推移、技能的提升，团队会进入稳定期，这是团队发展的第三个阶段。

1. 稳定期的特征

（1）人际关系由敌对走向合作。

（2）憎恶开始解除。

（3）沟通之门打开，相互信任加强。

（4）团队发展了一些合作方式的规则。

（5）注意力转移。

（6）工作技能提升。

（7）建立工作规范和流程，特色逐渐形成。

稳定期的人际关系开始解冻，由敌对情绪转向相互合作，人们开始互相沟通，寻求解决问题的办法，团队这时候也形成了自己的合作方式，形成了新的规则，人们的注意力开始转向任务和目标。通过第二个阶段的磨合，进入稳定期，人们的工作技能开始慢慢地提升，新的技术慢慢被掌握。工作规范和流程也已经建立，这种规范和流程代表的是团队的特色。

2. 怎样度过第三个阶段

团队要顺利地度过第三个阶段，最重要的是形成团队的文化和氛围。团队精神、凝聚力、合作意识能不能形成，关键就在这一阶段。团队文化不可能通过移植实现，但可以借鉴、参考，形成自己的文化。这一阶段最危险的就是大家因为害怕冲突，不敢提一些正面的建议，生怕得罪他人。

（四）第四阶段：高产期

1. 高产期团队的表现

度过第三个阶段，稳定期的团队就可以进入到高产期，即高绩效的团队。高产期的团队情况会继续有所好转。团队信心大增，具备多种技巧，协力解决各种问题；用标准流程和方式进行沟通、化解冲突、分配资源；团队成员自由而建设性地分享观点与信息；团队成员分享领导权；成员发挥出巅峰的表现，有一种完成任务的使命感和荣誉感。

2. 如何带领高产期的团队

对于一个高绩效团队，维持越久越好，但怎样去维持呢？

（1）随时更新工作方法和流程。并不是过去制订的一套方法和流程是对的就不需要改变它，随着时间推移，工作方法也需要调整，所以团队要保持不断学习的劲头。

（2）团队的领导者是团队的成员而不是领袖。领导者要把自己当作团队的一分子去工作，不要把自己当成团队的长者、长官。

（3）通过承诺而不是管制来追求更佳的结果。在一个成熟的团队中，应该鼓励团队成员，给他们一些承诺，而不是命令。有时资深的团队成员反感自上而下的命令式的方法。

（4）要给团队成员具有挑战性的目标。

（5）监控工作的进展，比如看一看团队在时间过半的情况下，任务是否已经完成了一半，是超额还是不足。在进行监控反馈的过程中既要承认个人的贡献，也要肯定团队整体的成就，毕竟大家经过磨合已经形成了合力，所以团队的贡献是至关重要的。当然也要承认个人的努力。

【课后实训】

一滴水只有放进大海才不会干涸，一个人只有把自己和团队融合在一起才最有力量。一个卓越的团队一定是一个合作最好的团队，只有紧密的团队合作才能把所有团队成员的力量凝聚起来，产生撼山动地的力量。但是，在领导团队的过程中，也会遇到各种各样的问题，如团队无法顺利地继续开展工作、团队中人际关系发生冲突等，面对上述问题，该采取何种解决方法？

1. 当团队"卡壳"时

团队在项目执行过程中会因各种问题而"卡壳"。有时，由于一开始便没有较好地界定团队的方向或由于团队成员没有持续地对其予以研讨，团队成员的方向感可能会削弱。由于团队的活力问题或人际关系冲突占用了过多的精力，对团队绩效表现的投入程度便可能不充分或不均衡。团队可能出现关键技能的缺口，或者遭到其他团队的误解、敌视或漠视。团队领导者可以采取多种方法在团队"卡壳"时解决问题。

（1）主持团队讨论，强调团队的宗旨、方法和绩效目标，利用图表进行演示。探究隐藏的假设或观点上的不同并设法予以解决。

（2）制订一项普通的近期目标并实现它。

（3）通过行业标准、历史案例、访谈或公司考察，从组织内部或外部引进新的信息和不同的观念。

（4）改变团队成员的组成。

2. 个人与团队之间的冲突

当个人的行为给团队造成困难时，可以利用不同的方法予以识别和处理。利用团队讨论的直接方式，每个成员都可以对其他成员进行评论。作为反馈，每个团队成员要对其行为改进做出承诺。这种方式需要时间、集体的信任和推动的技巧才能保证取得最大成效。

另外一种方式是，促进者与团队的流程观察员（帮助维护团队关系的团队成员）与表现出问题行为的个人私下碰面，他们需要描述具体的问题行为，说明行为的影响，推荐一种具体的替代行为，描述如果问题行为继续发生会带来的后果。

无论使用哪一种方式，对于设定"检查"时间以考察问题行为当事人所取得的进步，并支持其尝试或努力改变行为通常会很有帮助。

3. 团队管理中的注意事项

（1）制订良好的规章制度。

小头目管事，大主管管人。在项目规模较小的时候，主管通过传帮带的方式实现人管人；在项目规模较大的时候，主管必须通过立规矩、建标准来实现制度管人。

所谓强将手下无弱兵，没有不合格的兵，只有不合格的元帅。一个强劲的管理者首先是一个规章制度的制订者。规章制度也包含很多层面：纪律条例、组织条例、财务条例、保密条例和奖惩制度等。

（2）建立明确的共同目标。

一条猎狗将兔子赶出了窝，一直追赶它，追了很久仍没有抓到。一个牧羊人见此情景停下来，讥笑猎狗说："你们两个之间小的那个反而跑得更快"。猎狗回答说："你不知道我们两个奔跑的目的是完全不同的！我仅仅为了一餐饮而跑，而它却为了性命而跑呀。"

兔子与猎狗做一样的事情，即都在拼命地跑步，然而，它们的目标是不一致的，目标不一致，导致动力也会不一样。在团队管理中，不同角色的成员的目标是不一致的。项目主管直接面向客户，需要按照承诺，保质保量地按时完成项目目标。项目成员可能是打工者心态，我干一天你要支付我一天的工资，加班要给奖金，当然干项目能学到新知识、新技能更好。

团队中不同角色由于地位和看问题的角度不同，对项目的目标和期望值会有很大的区别，这一点也不奇怪。好的主管善于捕捉成员间不同的心态，理解他们的需求，帮助他们树立共同的奋斗目标。劲往一处使，可使团队的努力形成合力。

（3）营造积极的工作氛围。

钓过螃蟹的人或许都知道，篓子中放了一群螃蟹，不必盖上盖子，螃蟹是爬不出去的，因为只要有一只想往上爬，其他螃蟹便会纷纷攀附在它的身上，结果是把它拉下来，最后没有一只能够出去。企业里常有一些人，嫉妒别人的成就与杰出表现，天天想尽办法破坏与打压，如果不予去除，久而久之，组织里只剩下一群互相牵制、毫无生产力的"螃蟹"。

对于不知悔改的"螃蟹"，应该尽早清理出去。对于公司而言，也许历史尚短，还没有形成成熟的企业文化和企业精神，从而造成大环境的不良风气，但是我们要致力于营造出一种积极进取、团结向上的工作氛围。

本章小结

"一花独放不是春，万紫千红春满园。"工作团队在组织中越来越盛行的原因是：它形成了团结精神，它把管理层从事务性工作中解放出来并从事战略层面进行思考；它接纳更为灵活的决策，实现工作多元化，并常常能提高绩效水平。在组织中最常运用的四种工作团队为职能型工作团队、自我管理型工作团队、虚拟工作团队、跨职能团队。职能型工作团队由一名管理者和来自特定职能领域的若干下属组成；自我管理团队是一个没有管理者的正式员工群体，他们共同对整个及局部的工作流程负责；虚拟团队利用计算机技术把实际上分散在各地的成员联系起来实现一个共同的目标；跨职能团队是一个由来自不同领域的专家组成的混合体，目的是并肩作战，共同完成各种任务。

本章习题

1. 什么是群体？什么是团队？群体与团队的区别是什么？

2. 联系实际，谈谈非正式组织的影响。

3. 根据个人情况，评价自身在团队中的角色与位置。

4. 提升团队的协作性，应该从哪几个方面努力？

5. 高效团队有哪些特征？

6. 团队游戏——拼图。

游戏目的：在统一目标的指引下，资源信息要共享，彼此愿意、善于分享，将组织利益置于个人利益之上才是真正的"状况共有"。

游戏道具：硬纸若干。

游戏程序：

（1）按如图所示制作 15 张硬纸，将其打乱，分拆成 5 份装入信封。

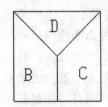 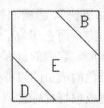 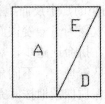 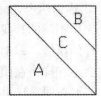 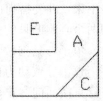

（2）小组内每人得到一个信封，小组内的每个人将散乱的图片拼成同样大小的正方形，最快的小组获得胜利。

游戏规则：

（1）全过程不许交流。

（2）每人手里拿到的卡片只许给别人，不能从别人手里拿卡片（不能帮别人拼图）。

第八章　项目管理

引例：

1977 年，水电部就开始着手进行贵州鲁布革水电站的建设，水电十四局开始修路，由于资金缺乏，工程一直未能正式开始，前后拖延 7 年之久。1983 年，水电部决定利用世界银行贷款，总额度 1.454 亿美元，根据世界银行要求，鲁布革将引进项目管理进行国际竞争性招标，结果日本大成公司中标。承包方大成公司由 30 人组成项目管理班子进行管理，施工人员是水电十四局的 500 名员工。此次招标的标底成本为 14958 万美元，工期为 1579 天。大成公司投标为 8463 万美元，比标底低 43%，工期为 1545 天。结果，鲁布革造价为标底的 60%，工期为 1423 天，质量达到合同规定的要求，这在当时对国内工程建设项目产生了巨大的冲击！

从人类开始有组织地活动起，人们就一直执行着各种规模的项目。项目来源于人类有组织的活动的分化。例如，长城、金字塔、美国的阿波罗登月计划、北京夏季奥运会、冬季奥运会等；又例如，建造一座大楼、一座工厂、举办各种类型的活动、企业新产品的开发、进行一次旅行、解决某个研究课题、开发一套软件等，这些都是项目。本章将对项目及项目管理进行详述。

第一节　项目和项目管理的内涵和特点

一、项目

项目是由一组有起止时间、相互协调的受控活动所组成的特定过程，该过程要达到规定要求的目标，包括时间、成本和资源的约束条件。在明确了项目的定义之后，那么一个项目的真正内涵是什么？

（一）项目的内涵

从上述关于项目的定义中可以看出，作为某个项目来讲，其包含三层含义：一是项目是一项有待完成的任务，有特定的环境与要求。这一点明确了项目自身的动态概念，即项目是指一个过程，而不是指过程终结后所形成的成果。每个项目都有自己的特定过程，都有自己的目标和内容，都有开始时间和完成时间，因此只能对它进行单件处置（或生产），不能批量生产，不具有重复性。只有认识到项目的特定性，才能有针对性地根据项目的具体特点和要求进行科学管理，以保证项目一次成功。二是在一定的组织机构内，利用有限资源（人力、物力、财力等）在规定的时间内完成任务。三是在众多的约束条件中，质量（工作标准）、时间（进度）、成本（费用）是项目普遍存在的三个主要的约束条件。项目的目标有成果性目标和约束性目标。成果性目标是指项目应达到的功能性要求，如兴建一所学校可容纳的学生人数、医院的床位数、宾馆的房间数等；约束性目标是指项目的约束条件，凡是项目都有自己的约束条件，项目只能满足约束条件才能成功，因而，约束条件是项目成果性目标实现的前提。

（二）项目的特点

1. 目的性

项目的目的性是指任何项目都是为实现一个组织的特定目标而服务的，所以任何项目都必须根据组织的既定目标来确定和设计项目及其目标与内容。项目的目的性使得项目涉及两个方面的目标或指标。其一是有关项目产出物的目标，其二是有关项目工作的目标。例如，学校为扩大规模而建造一栋新教学楼就是一个项目，该项目的目的是为了扩大学校规模，该项目的产出物指标包括建筑物规模、功能、特性和使用寿命等，而该项目的工作指标包括项目工期、成本、质量和范围等。在很多情况下，项目的目的性是项目最为重要和最需要关注的基本特性。

2. 独特性

项目的独特性是指项目目标、项目产出物和项目工作与其他项目或项目产品和服务相比所具有的独特之处，实际上，任何一个项目的目标、产出物和工作在某些方面总是有别于其他项目的。每个项目都会在某些方面是全新的和独特的，例如，每个人的婚礼都是一个独特的项目，因为每个人的婚礼相对于别人的婚礼总有许多独特的地方。

3. 一次性

项目的一次性（或称时限性）是指每个项目都有自己的起点与终点，并且每个项目必须是有始有终的。项目的一次性与项目持续时间的长短无关，不管项目持续时间多长都必须是有始有终的。正是项目的一次性这一特点，使得项目只有一次成败的机会，所以项目管理要比日常运营管理要求更高。项目绝不是持续不停的。项目的一次性也是项目不同于一般日常运营的关键特性。

4. 制约性

项目的制约性是指每个项目都在一定程度上受项目所处客观环境和各种资源的制约，项目客观环境和资源制约可以涉及项目的各个方面和项目所需的各种资源，包括项目所需的人力、物力、财力、时间、技术和信息资源等各方面的资源制约，以及各种客观环境与条件的限制。因为任何一个项目都有时间、预算、人员、技术、信息和设备等方面的制约或限制。这些资源限制条件和项目所处环境的制约因素就构成了项目的制约性。项目的制约性也是决定项目成败的关键特性，所以项目管理必须关注这一项目特性。

5. 风险性

项目的风险性是指由于项目的各种资源条件和环境的发展、变化以及人们认识的有限性，项目后果出现非预期的损失或收益的可能性。由于项目的各种资源条件和环境因素会有各种不同的情况发生（不确定性），所以当对项目有利的情况发生时，项目就有可能获得非预期的收益，而当对项目不利的情况发生时，项目就有可能遭受非预期的损失。项目的风险性是使项目不同于日常运营的最重要的特点之一。

6. 过程性

项目的过程性是指项目是由一系列项目阶段、项目工作包和项目活动所构成的完整过程，在项目过程中人们可以通过不断地计划、组织、实施、控制和决策而最终生成项目的产出物，并实现项目目标。这种项目过程性又称为项目渐进性，它决定了项目和项目管理必须按照基于活动的方法开展管理与控制。

二、项目管理

任何项目要想取得预期成果和成功，就必须进行必要的管理，那么，理解项目管理就显得非常重要了。现代项目管理理论认为，项目管理是运用各种相关的知识、技能、方法与工具，为满足或超越项目有关各方对项目的要求与预期，所开展的各种计划、组织、领导和控制等方面的活动。这是从管理方法、管理目的和管理内容三个角度出发给出的项目管理定义。另外，美国项目管理协会对项目管理的定义是"项目管理是通过应用和综合诸如启动（起始）、规划、实施、监控和收尾等项目管理过程而开展的"。据此，美国项目管理协会提出了一整套的现代项目管理知识体系（PMBOK），该项目管理知识体系由项目集成管理、范围管理、时间管理、成本管理、质量管理、人力资源管理、沟通管理、风险管理和采购管理九个部分组成。同时，ISO 组织还根据美国项目管理协会的项目管理知识体系指南给出了自己对于项目管理的定义，它认为"项目管理包括在一个连续的过程中，为达到项目目标而对项目各方面进行规划、组织、监测和控制"。上述有关项目管理的定义分别从不同的角度给出了项目管理的内涵和特点。

综上所述，项目管理就是为实现上述项目目标所开展的项目计划、组织、领导、协调和控制等管理活动。项目管理的定义最重要的内涵包括以下两个方面。

（一）项目管理的内涵

1. 项目管理的根本目的

项目管理的根本目的是满足或超越项目有关各方对项目的要求与预期。每个项目相关利益主体对项目都有自己的要求与期望（否则它就不是项目相关利益主体），例如，项目业主期望以最小的投资获得更多的销售收入和收益，项目所在社区期望项目能够给社区带来好处，政府主管部门期望项目能扩大就业和提高社会福利等。所以，现代项目管理必须努力使这些不同项目相关利益主体的要求与期望都能得以均衡和实现，并最终使项目成果最大限度地满足和超越这些不同项目相关利益主体的要求与期望。

2. 项目管理的根本手段

项目管理的根本手段是运用各种知识、技能、方法和工具开展项目的起始、计划、组织、控制和结束活动。这种现代项目管理所需要运用的知识、技能、方法和工具包括专门用于项目时间、质量、成本、范围、风险等各个项目专项管理的知识、技能、方法和工具等。其中，"知识"是指人类对以前的成功经验和客观规律的认识和总结，而"方法"是指按照客观规律分析问题和解决问题的程序与做法，"工具"是指分析和解决具体问题的手段，"技能"是指人们掌握和运用知识、方法和工具的能力。由于项目本身的一次性、独特性和不确定性等特点，现代项目管理需要运用更为广泛的知识、技能、方法和工具，以便更为科学地开展项目管理活动。

（二）项目管理的特点

1. 普遍性

如前所述，项目作为一次性和独特性的社会活动普遍存在于各项活动之中，项目管理，也具有普遍性的特点。

2. 目的性

目的性是项目管理最为重要的特点，项目管理的目的性就是要通过项目管理活动满足或超越项目有关各方明确提出的要求与期望。

3. 独特性

项目管理的独特性是指项目管理既不同于一般的企业日常运营管理，也不同于常规的政府行政管理，而是一种完全不同的管理工作或活动。此处的独特性既指管理对象和内容的独特性，又指其方法和工具等的独特性。只有认识到项目管理的独特性，才能有针对性地根据项目的具体特点和要求进行科学管理，以保证项目一次成功。

4. 集成性

项目管理的集成性是指在项目管理中，人们必须根据具体项目的各阶段、各要素和各相关利益主体之间的配置关系做好集成性的管理，而不能孤立地开展项目某个阶段、某要素或某相关利益主体的独立管理。

5. 创新性

项目管理的创新性包括两层含义：其一是项目管理的对象本身具有一定的创新性，所以对有创新性的项目进行管理也必然包含一定的创新性；其二是每个项目的管理都没有一成不变的管理模式和方法，必须通过管理创新找出合适的方法，开展对于具体项目的有效管理。

【课后实训】

下列情节中，哪些是过程？哪些是项目？请在□内打钩？

1. 扩建房屋	□过程□项目
2. 图书馆中的书本上架	□过程□项目
3. 烘焙蛋糕	□过程□项目
4. 为某个电视节目分级	□过程□项目
5. 一周浇两次花	□过程□项目
6. 每天遛狗	□过程□项目
7. 织围巾	□过程□项目
8. 做鸟笼	□过程□项目
9. 每6个月更换一次空气过滤器	□过程□项目
10. 运转玩具工厂里的装配线	□过程□项目
11. 安排大型研讨会	□过程□项目
12. 每周去三次健身房	□过程□项目

第二节　项目团队构成与角色

项目团队包括项目经理，以及为实现项目目标而一起工作的一群人。项目团队包括项目经理、项目管理人员，以及其他执行项目工作但不一定参与项目管理的团队成员。项目团队由来自不同团体的个人组成，他们拥有执行项目工作所需的专业知识或特定技能。项目团队的结构特点可以相差很大，但项目经理作为团队领导者的角色是固定不变的，无论项目经理对团队成员有多大的职权。

一、项目团队中的角色

（一）项目管理者

项目管理者即开展项目管理活动的团队成员，例如，规划进度、制订预算、报告与控制、管理沟通、管理风险、提供行政支持。项目管理办公室可以履行或支持这些工作。

（二）项目人员

项目人员即执行工作以创造项目可交付成果的团队成员。

（三）支持专家

支持专家为项目管理计划的制订或执行提供支持，例如，合同、财务管理、物流、法律、安全、工程、测试或质量控制等方面的支持。根据项目规模的大小和所需的支持程度，支持专家可以全职参与项目工作，或只在项目需要他们的特殊技能时才参与团队工作。

（四）用户或客户代表

将要接受项目可交付成果或产品的组织，可以派代表或联络成员参与项目，来协调相关工作，提出需求建议，或者确认项目结果的可接受性。

（五）卖方

卖方又称为供应商、供方或承包方，是根据合同协议为项目提供组成或服务的外部公司。通常，项目团队负责监管卖方的工作绩效，并验收卖方的可交付成果或服务。如果卖方对交付项目结果承担着大部分风险，那么他们就在项目团队中扮演着重要角色。

（六）业务伙伴成员

业务伙伴组织可以派代表参与项目团队来协调相关工作。

（七）业务伙伴

业务伙伴也是外部组织，但是与本企业存在某种特定关系，这种关系可能是通过某个认知过程建立的。业务伙伴为项目提供专业技术或填补某种空白，如提供安装、定制、培训或支持等特定服务。

（八）项目经理

项目经理是由执行组织委派，领导团队实现项目目标的个人。项目经理的角色不同于职能经理或运营经理。一般而言，职能经理专注于对某个职能领域或业务单元的管理和监督。总体来说，项目经理有责任满足以下需求：任务需求、团队需求和个人需求。项目经理是战略与团队之间的联系纽带，项目经理的角色在战略上越来越重要。

二、项目团队的组成

项目团队的组成因各种因素而异，如组织文化、范围和位置等。项目经理和团队之间的关系因项目经理的权限而异。有些情况下，项目经理是团队的直线经理，能全权管理团队成员。另外一些情况下，项目经理几乎或完全没有管理团队成员的职权，可能只是兼职或按合同领导项目。以下是项目团队的两种基本组成方式。

（一）专职团队

在专职团队中，所有或大部分项目团队成员全职参与项目工作。项目团队可能集中办公，也可能是虚拟团队，团队成员通常直接向项目经理汇报工作。对项目经理来说，这是最简单的结构，因为职权关系非常清楚，团队成员专注于项目目标。

（二）兼职团队

有些项目是临时的附加工作，项目经理和团队成员一边在本来的部门从事本职工作，一边在项目团队从事项目工作。职能经理控制着团队成员和项目资源，项目经理可能同时肩负着其他管理职责。兼职的团队成员也可能同时参与多个项目。

（三）两者间关系

专职团队和兼职团队可存在于任何组织结构中。专职项目团队经常出现在项目型组织中，在这种组织中，大部分组织资源都用于项目工作，项目经理拥有很大的自主性和职权。兼职项目团队通常出现在职能型组织中。矩阵型组织中既有专职项目团队，也有兼职项目团队。那些在项目各阶段有限地参与项目工作的人员，可被看作兼职项目团队成员。

【课后实训】

项目经理是企业法定代表人在工程项目上的全权委托人，对外代表工程企业与建设单位及分包单位进行联系，处理与合同有关的重大事项，对内全面负责组织项目的实施，是项目的直接领导者和组织者。项目经理的权限一般如下：参与项目招投标和合同签订、参与组建项目经理部、主持项目经理部工作、决定授权范围内的项目资金的投入和使用、制订内部计酬办法、参与选择并使用具有相应资质的分包人、参与选择物资供应单位、在授权范围内协调与项目有关的内外部关系、法定代表人授予的其他权利等。以下是三位项目经理的真实经历，请对三位项目经理进行相关分析。

（1）项目经理李华：男，具有 10 多年软件开发经验，从程序员做到技术经理、项目经理，参与过多个大型软件项目（项目金额超过 500 万元）开发。承担着一个多方分包的大型集成项目管理工作，用户非常不满，一是认为李华沟通有问题，二是软件质量太差。但李华自认为能够控制用户需求、客户关系，也能顶住用户压力，他认为项目主要问题是用户需求不明确、关键用户的回扣没有处理好。目前项目已经按计划完成，工作过程签字确认文件很多，文档也很齐全。

（2）项目经理王玲：女，具有 5 年以上软件开发项目工作经验，从测试到需求分析，再到如今的小型软件开发项目经理。她主要承担着大多数用户需求和技术团队之间的口头传递工作，同时与客户保持着非常好的关系，客户需求并不是很明确。王玲和开发团队关系很差，常常需要领导出面解决一些技术问题、质量问题、开发进度问题等。王玲不懂技术，对程序代码没有任何兴趣。项目已经艰难交付。

（3）项目经理王峰：男，5 年以上软件开发经验，从程序员到项目经理，目前担任一个小型软件开发项目经理，同时负责客户需求、部分客户开发工作。项目过程中除了正常报告外，很少麻烦领导，客户关系良好。项目交付质量、进度非常好，成本略有超支。

第三节　项目管理的管理范围

项目范围管理包括做且只做项目中所需完成的全部工作，以成功完成项目的各个过程。管理范围主要在于定义和控制哪些工作应该包括在项目内，哪些不应该包括在项目内。项目范围管理的各个过程包括：

（一）规划范围管理

创建范围管理计划，书面描述将如何定义、确认和控制项目范围的过程。

（二）收集需求

为实现项目目标而确定、记录并管理干系人的需要和需求的过程。

（三）定义范围

制订项目和产品详细描述的过程。

（四）创建 WBS（工作分解结构）

将项目可交付成果和项目工作分解为较小的、更易于管理的组件的过程。

（五）确认范围

正式验收已完成的项目可交付成果的过程。

（六）控制范围

监督项目和产品的范围状态，管理范围基准变更的过程。

（七）如何定义范围

1. 利益相关者分析

进行利益相关者分析时，你应与利益相关者进行讨论，整理出他们需要什么并全部写下来，这样做是因为你必须确认交付的东西确实符合利益相关者的需要，这可让团队免于交付糟糕的产品。利益相关者分析的部分重点是尽量设定一些可量化的目标。

2. 产品分析

一旦工作完成，你必须确认交付的东西符合你写的计划范围。项目开始时的产品分析做得越好，利益相关者对产品就会越满意，最后出错的可能性就越小。

3. 替代方案识别

探索不同的工作方法会帮助你找到一个对项目最有效率的方法。总是有可能找出更好的方式来完成工作，而且可能需要改变原来的计划。

（八）范围不再是初步的

完成范围计划后，尽可能运用利益相关者分析与产品分析，识别出进行工作的其他可能方法，应该就可以准备好为初步范围说明书添加新信息，并且让它成为一个成熟的范围说明书。下文以一款游戏产品为例进行说明。

项目范围说明书

项目目标：项目团队必须在明年年内发布，并且必须至少增加 5% 的收益。

项目范围描述：产品必须包含 34 个级别、4 种可以扮演的角色、必须支持 PC 与 Mac 平台。

项目需求：产品必须符合进度，以便能够在年会发表。产品必须符合已制定的质量标准后才能被视为可发布的。

项目边界：此项目不包含网站部分，该部分会由另一项目团队完成。

项目可交付成果：此项目的可交付成果有游戏测试计划、源代码进度表、设计文档、测试报告、缺陷报告、变更请求、合同预算、项目管理计划书。

项目验收标准：游戏对现有系统不可以有不利的冲击。所有被找出的缺陷必须有足够低的优先性与严重性才能被利益相关者接受。

项目约束：前版游戏的美工作品不能被使用。

项目假设：开发人员不可被要求做其他项目。

初步的项目组织：团队将由项目经理、5 名开发人员、4 名测试人员以及 5 名创意人员组成。

（九）创建工作分解结构（Work Breakdown Structure，WBS）

"创建 WBS"的过程是"范围管理"中最重要的过程，因为它是该项目所需做的"真正"工作，"范围管理"的主要输出、项目团队中的任何人要做的每一件事都被写入 WBS。

1. WBS 的输入来自其他过程

创建之前，需要范围管理计划书、范围说明书及组织过程资产，以便分解项目工作。

2. 分解工作

为项目需要做的所有工作构建清晰整体图的一个方法就是创建工作分解结构（WBS）。WBS 不显示工作包的顺序或它们之间的相互依赖关系，它唯一的目标是现实创建产品所涉及的工作。

3. 根据可交付成果分解

WBS 可根据任何方式分解，两种将工作以视觉化方式表达的最为常见的做法是根据可交付成果或根据阶段分解。将工作分解可以让管理更容易。

4. 把可交付成果分解成工作包

创建 WBS 是将可交付成果分解成创建它们所需的工作包的过程，这称为分解，分解是创建 WBS 的主要工具。

5. 模板是有用的捷径

分解是"创建 WBS"最重要的工具，但不是唯一的工具。可以使用模板，它是另一种用于"创建 WBS"的工具。最常见的方式是使用以前做过的类似项目，以它的 WBS 作为当前项目的起点。

6. "创建 WBS"过程的输出

"创建 WBS"过程有三个主要的输出：工作分解结构、WBS 词典及范围基线。创建 WBS 时，通常会想到其他被遗漏的范围片段，会出现另外三个输出的目的。

【课后实训】

以下是一款游戏产品的一些属性，哪些是项目范围？哪些是产品范围？

1. 编程

□项目范围□产品范围

2. 34 个游戏级别

□项目范围□产品范围

3. 图形设计

□项目范围□产品范围

4. 4 种可扮演的角色

□项目范围□产品范围

5. 很棒的图形

□项目范围□产品范围

6. 测试

□项目范围□产品范围

7. Mac 与 PC 兼容

□项目范围□产品范围

8. 游戏秘籍

□项目范围□产品范围

第四节　项目管理方法和技术

项目管理中，目前主要涉及项目过程管理、项目范围管理、项目时间管理、项目成本与价值管理、项目质量管理、项目风险管理、项目沟通管理、项目组织管理、项目人力资源管理、项目采购管理、项目集成管理等方面，其中相关的方法与技术繁多，下面将主要介绍几种方法和技术。

一、"范围控制"的方法与技术

（一）偏差分析（Variance Analysis）

收集工作执行情况的相关资料，将它与范围基线进行比较，两者之间的不同称为偏差。该方法或工具全然关乎分析基线与实际工作之间的差异，以判断计划是否需要被修正。

（二）重新计划（Replanning）

当被批准的变更或纠正措施处于变更控制系统中时，必须重新查阅计划并调整它已包含的新工作。这通常代表重新计划已包含该变更的所有工作，也就是更新 WBS、WBS 词典、范围说明书、项目管理计划以及范围基线中出现的新信息。

（三）配置管理系统（Configuration Management System）

配置管理系统用于查询已经完成的可交付成果的相关信息，所有的文件都被保存在其中，因此，当变更整合计划时，需要适当地做好版本控制并且将其妥善保存。因此，可以认为"范围控制"的目的是更新范围、计划、基线及 WBS 信息。

二、"活动定义"过程的方法与技术

（一）分解（Decomposition）

分解是指在范围管理诸多过程中所定义的工作包进一步分解成能被估算的活动。

（二）模板（Template）

假如已经做过类似的项目，就可以使用模板来制订所有需要的活动。

（三）专家判断（Expert Judgment）

就有关完成此工作所需的活动请教某个有相关经验的人。

（四）计划组件（Planning Component）

当对项目的了解不够、无法想出完整的活动清单时，可以使用计划组件作为占位符，直到掌握更多的信息。计划组件是 WBS 中高层的额外条目，两个组件分别是控制账目和计划包。所谓控制账目（Control Account）是一个占位符，此占位符被插入比工作包更高的层次，用于财务相关事务。任何被写在控制账目中的内容会在控制账目计划（Control Account Plan）里被追踪记录。计划包（Planning Package）也是一个占位符，该占位符被放置在控制账目与实际的工作包之间。

（五）关键路径法

关键路径法（Critical Path Method）是让项目运作保持在轨道上的一个重要工具。每个网络图都有某个称为关键路径的东西，它是一连串活动，将这些活动的所有工期汇总后会超过网络图的任何其他路径。关键路径法通常从网络图的第一个活动开始，并且结束于最后一个活动。如果其中任何一个活动发生延迟，将会造成整个项目的延迟。关键路径之所以关键，是因为该路径上的所有活动都必须准时结束，项目才能准时完成。

1. 如何找出关键路径

如果知道某个活动不在关键路径上，就知道该活动的延迟可能不一定会让项目产生延迟。找到任何项目的关键路径都很容易。当然，在有成百上千个任务的大型项目中，可能要借助于软件才能完成。

（1）从活动网络图开始。

（2）找出网络图中的所有路径，一条路径就是一连串活动，从项目开始到结束。

（3）通过对路径上所有活动的工期求和就可以找出每条路径的工期。关键路径是具有最长工期的路径。

2. 进度控制的方法与技术

项目"进度控制"的方法与技术完全关系到判断项目进度的执行情况。将项目的实际情况与基线中的计划内容进行比较并且查看人们做的情况如何。

（1）偏差分析（Variance Analysis）。

使用此工具估算项目当前的执行状况，并且与基线中计划要做的事情进行比较，如果存在大的偏差，就知道其中有问题。

（2）绩效测量（Performance Measurement）。

两个重要的计算值分别为"进度偏差"（Schedule Variance，SV）与"进度绩效指数"（Schedule Performance Index，SPI），它们将告诉相关项目当前执行情况的有用信息。

（3）进度比较条形图（Schedule Comparison Bar Charts）。

和一般的柱形图一样，除了为每个活动显示两根长条（一根是预期的，另一根是现况）以外，其他和一般的柱形图一样。

（4）进展报告（Progress Reporting）。

通常是一个报告的范本。

（5）项目管理软件（Project Management Software）。

（6）进度变更控制系统（Schedule Change Control System）。

它包含所有必须遵循的步骤，以确保分析变更，如果被批准，就实现该变更。

（六）其他进度网络分析技术

1. 关键链法（Critical Chain Method）

在此方法中，资源依存关系被用来决定关键路径。在进度表中的一些重要时点上，从交付日往前推，加入若干缓冲时间。项目被妥善管理以至于每个里程碑都能完成。

2. 资源平衡（Resource Leveling）

有时候，只有具有某项资源才可以进行某项活动。如果该资源用于关键路径中的另一项活动，该路径本身就需要改变以包含此依存关系，那就是资源平衡的要点，它评估所有的资源，查看关键路径是否需要改变以符合资源的分配。

3. 运用日程表（Applying Calendars）

有时候，某些日程表上的约束可能影响关键路径。如果资源只在特定时间内有效，可能就有一些外部资源的日程表需要考虑。

4. 调整提前与滞后（Adjusting Leads and Lags）

着手进行项目时，可能需要调整时间的提前与滞后量来改变项目的结束日期。

【课后实训】

某大学的管理学院打算筹备一场元旦晚会，大家共度这有纪念意义的节日。管理学院希望在为同学们创造更多欢乐的同时，能够通过这次庆典在全市范围内扩大自己学院的声望，并与企业界建立更广泛、更直接的联系。这次活动的具体筹办工作由学生会全面负责，必要时可请学生工作办公室的李老师加以指导。要扩大学院的声望，需要大力的宣传投入。他们计划在本市晚报刊登四分之一版面的广告，并通过电视台加以宣传。晚会筹备资金一部分由学院自筹，一部分由企业赞助。对赞助企业的宣传，体现在晚报和电视台的广告上，此外，还可以与企业达成人才资源库的协议，为他们输送所需人才。

要达到上述预定目标，就意味着这次庆典活动必须是高质量、高水平的。从整体组织到每一个细节，都必须准备得周到、完善。校园游艺的场地安排，既要体现出本学院在大学中的重要地位，又要方便大家游乐。晚会的舞台设计、灯光、音响以及嘉宾的安排等，也要考虑周全，不能冲淡了娱乐的主题，同时还要自然而然地通过这次活动将学院的名声打出去。为此，学生会的干部们深知自身责任重大，他们首先进行了明确的分工，由主席担任项目总负责人，实践部部长负责外联工作，副主席担任财务主管，其他人的责任也都一一明确。接下来，他们进行了详细的工作分解，确定了工作范围。庆典活动主要由两部分组成，一是校园游艺活动，一是元旦晚会。

如何构建此次元旦晚会的 WBS？

本章小结

本章主要就项目管理中的一些方法与技术进行了论述。

本章习题

1. 项目范围管理有哪些主要的作用？

2. 结合实例，详述 WBS。

第四篇　组织技能篇

第九章　决策和战略规划

引例一：被困的老虎

  有这样一个寓言。山间的小路上，老虎踏进猎人设置的圈套之中，挣扎了很长时间，都没能使脚掌从锁套中解脱出来，眼见猎人一步一步逼近，老虎一怒之下，奋力挣断了这只被套住的脚掌，忍痛离开了危险地带。老虎断了一只脚自然是很痛苦的，但是保住性命是一个聪明的选择，所谓"断尾求生"，就是这个道理。

  思考题：根据上述寓言，你认为什么是决策？

引例二：本田的竞争优势：在汽油发动机技术方面的专长

  任何人第一眼看到本田的产品系列——汽车、摩托车、割草机、发电机、艇外推进机、履带式雪上汽车、扫雪机、花园播种机时，会推断本田实行的是不相关的多元化经营战略，但是在各种明显不同的产品之下是一个同样的核心：汽油发动机技术。

  本田的战略是通过建立低成本和高质量的生产能力，在所有产品上使用广为人知并受人尊崇的本田品牌，在同一个广告中同时推销几种产品等方法，将公司在汽油发动机技术方面的特有专长转移到更多的产品中去。本田的广告以这样的问题吸引顾客："你怎样把6部本田放到只能存放两辆车的车库中？"然后展示了一个装有一部本田汽车、一辆本田摩托车、一辆本田履带式雪上汽车、一台本田割草机、一台本田发电机和一台艇外推进机的车库。本田各项经营的价值链间的相关性及范围经济性，将技术和生产能力从一种经营转移至另一种经营所带来的利益,经济地使用一个共同的品牌的形式为本田创造了竞争优势。

资料来源：邸彦彪. 现代企业管理理论与应用[M]. 北京：北京大学出版社，2013：74.

  思考题：本田公司战略的认识是如何创造竞争优势的？

第一节　决策和战略规划概述

一、决策概述

  现代企业管理理论认为，管理的重点在于经营，经营的中心是决策。因此可以认为，整个管理过程都是围绕着决策的制订和组织的实施而开展的。在任何企业组织中，都存在着若干问题等待解决，而决策贯穿于企业生产经营活动的全过程。所以决策的正确与否，将直接影响到一个企业的生存与发展。

  决策是指在一定的环境下，组织或个人为了实现某个特定的目标，借助于一定的科学方法和手段，遵循决策的原理和原则，从若干个可以相互替代的可行方案中选择满意的方案，并组织实施的过程。决策具有以下几个特征。

（一）决策具有明确的目标

决策是为了解决某个问题或达到某种目标而采取的行动。目标是判断方案可行与否的标准，没有目标，决策就没有方向；没有目标，行动就是盲目的。

（二）决策是一个过程

决策不是"瞬间"做出的决定，它有一定的过程，即提出问题、分析问题和解决问题。在这个过程中，必须按照一定的程序进行一系列的科学研究。

（三）决策的关键是优选

如果实现目标的备选方案只有一个，则无从比较其优劣，也就无须选择。但若存在多个可行方案时，则必须确定评价标准，对各个方案从技术、经济、社会等方面进行综合分析与评价，从而选出最优方案。

（四）决策是根据预测做出的选择

由于人们对未来认识的局限性，预测与实际总是存在一定的差距，因而决策都有不同程度的风险。这就要求决策者既要勇于承担风险、大胆决策，又要遵循科学的程序，运用科学方法，提高决策的准确性。

二、战略规划的概述

（一）战略规划定义

战略规划是指相对较长时间段内的具体目标和策略，这个时间段的长短要根据每个企业的情况而定，一般来说企业应当做"三五规划"，即三年和五年规划，20年、50年的长远规划太虚无缥缈，对绝大多数的企业来讲，并没有太多的实际用处。在战略规划的定义中有一个关键问题，那就是：当明天真正来临的时候，你和你的企业是否已经做好了准备？

一个企业战略规划的前奏就是编织一个美丽的梦，但是仅仅有梦还不够，还要有实现梦的具体行动计划，通过规划，编造美梦，然后用行动圆梦，再规划，再圆梦，循环反复，不断前进，如图9-1所示。

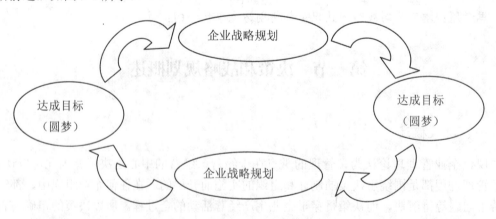

图9-1 战略规划制定与实施循环图

（二）两种工作方法和两种企业家

1. 两种工作方法

不同的工作方法会带来不同的结果，这里介绍两种典型的工作方法，如图9-2所示。

（1）"正三角形"工作方法。

企业制定目标之后，立即付诸行动，仿佛看到目标就在前方，但是在冲向目标的过程中困难重重，不断出现的各种问题可能会导致最终无法实现目标。

（2）"倒三角形"工作方法。

企业在制订了战略目标之后，紧接着进行核心的业务流程及组织结构设计、市场调查及经营计划等相关工作，把各项准备工作都做好了，就能顺理成章地完成目标。这种方法虽然进度慢一点，但是能够保证工作越做越顺畅。

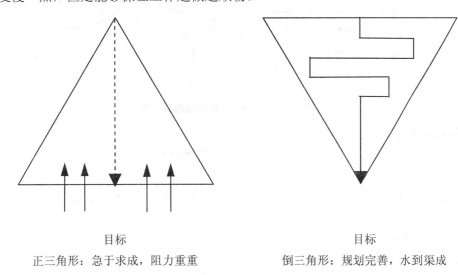

正三角形：急于求成，阻力重重　　　　倒三角形：规划完善，水到渠成

图 9-2　不同工作方法的差异图

2. 两种企业家

企业家也可以分为两种类型：

（1）"报时型"的企业家。

"报时型"形容一些企业家工作没有计划，遇到一个问题就解决一个问题，缺乏整体的规划，因为这类企业家总是后知后觉，所以最终会在竞争中被淘汰。

（2）"做钟型"的企业家。

"做钟型"的企业家工作有明确的目标，能够按照预定的目标做出切实的规划，整个企业有明确的方向和坚定的目标，与之无关的事情概不考虑，一心按照目标和规划坚定地前进。

（三）企业战略目标的构成

1. 增强应变能力

变是世界上唯一的"常数"，世界在不断变化，消费者也在不断变化，消费者不会对某一个产品永远忠诚，所以企业战略规划的意义不是"不变"，而是"应变"，要增强企业应变的能力。

2. 企业战略目标的构成及其关系

任何一个企业的战略目标都应该由两个部分组成，第一部分是规划出来的目标体系，又称为预谋性的部分；第二部分是针对变化的反应，又称为应变部分，这两部分结合起来就是企业实际实施的整体战略。战略目标的两部分之间相互联系、相互制约，预谋的越充分，应变的量越少；预谋的质量越高，应变能力越大（图9-3）。

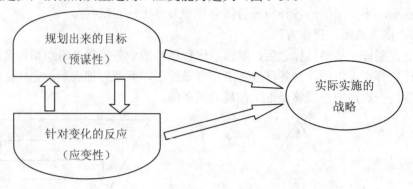

图9-3　企业战略目标组成关系图

【课后实训】

一个小游戏：先救谁？

一、游戏目的

体会团队中每个人不同的文化背景，对事物的认识也不尽相同，团队的决策优于个人决策。

二、游戏程序

1. 介绍救援背景

2002年的一个夏天，象山集团一个旅游小分队在庐山脚下的洞穴里遇到了麻烦，他们被洪水所困，不过他们靠一台卫星定位电话跟附近的太平救援队联系上了。

这个救援队唯一的负责人告诉小分队员说，以他们现有的设备每小时只能救出一个人，在救援过程中，可能有些人会被快速上涨的洪水冲走以至于有生命危险。小分队的人们了解此种情况后知道很危险，不过他们不愿意自行排出先后被救顺序。大家一致认为应将此事迅速报告给象山集团突发事件研究委员会。

现在你及你所在的团队扮演这个研究委员会的角色，救援设备将于50分钟后抵达洞口，在这段时间里，你们要研究出救援顺序并将方案提交给太平救援队。

人力资源处很快送来了此次旅游小分队成员的简要资料，委员会一致通过仅以此为依据来决定先后顺序，但标准必须由所有成员各抒己见，然后团体决策拟出救援方案。

2. 旅游小分队的成员简况

成员1：王雷鸣，男，30岁，同济大学计算机专业毕业，象山电脑设备公司总工程师，集团不可多得的技术带头人。由于他极具事业心，以企业为家，目前仍过着"钻石王老五"的生活，不过青睐他的女性很多。

成员2：马俪，女，25岁，武汉大学国际贸易专业毕业，集团董事会秘书。她的父亲是上海一家国有企业的老总，母亲是一位沪剧表演艺术家，因为她漂亮，又多才多艺，被大家誉为"象山之花"。她最近组织集团业余文艺爱好者彩排了舞蹈"象山之花"，准备参加中国企业文化艺术节，行内人士评价很高，根据参选录像带的初步评分，遥遥领先于其他企业。

成员 3：李云，男，26 岁，贵州人，毕业于浙江大学计算机系，贵州分公司终端产品的业务主办，他是象山集团 TSC（TOP Sales Club）去年的冠军得主。他少年丧父，与小他 8 岁的妹妹靠母亲拉扯养大。如今母亲体弱多病，妹妹尚在大学读一年级。

成员 4：郑海明，女，43 岁，福州大学无线电专业，象山集团工会主席，早期创业者之一。她宽厚待人，爱"民"如子，至今膝下尚无子女。她目睹象山由创业时 16 人至如今拥有 3000 多人企业的成长历程，并为之付出了自己的青春和热血。她在集团有较高的威望，也是福建省较有影响的巾帼人物。

成员 5：马克，男，27 岁，华侨大学计算机系研究生毕业，象山软件系统集成公司总经理助理，当年为了选择象山而放弃了出国定居的机会。他是公司不可多得的技术与公关双才，是老总心爱的助手。3 个月后，他将去英国任教并与在那攻读硕士学位的女友结婚。

成员 6：李虎昌，男，38 岁，华东交通大学精密机械专业研究生毕业，是最近空降象山集团这艘航空母舰的生力军。他曾在中关村创办了一家很有名气的高科技企业，现与象山强强联合，并与象山总裁大有相见恨晚之意。目前，集团拟任命他为常务副总裁。

3. 学员个人排出救援的顺序

4. 团队共同决策排出救援的顺序

5. 请您写下个人的决策依据或标准

6. 检讨团队救援决策情况

对被救者排序时，团队达成统一所使用的主要标准有哪些？在做此类决策时，你感觉舒服与否？哪些行为有助于该团队下决策？哪些行为阻碍了该团队下决策？（以上请由各小组指定的观察员整理，并代表小组发表意见。）

第二节　战略环境分析

案例：环境变化对公司战略的影响

20 世纪 30 年代，当福特汽车公司"T 型车"风靡整个美国市场时，对于美国汽车行业中的各大公司来说，战略环境却在悄悄变化。福特公司当时奉行的是成本领先战略，它通过大规模的生产组织，标准化的产品生产，较低研究开发（R&D）投入，较低广告促销费用支出使生产成本大大降低，并获得极大成功。而实施这种战略的基础是广大消费者的收入不高，福特公司通过降低成本使广大普通消费者也能够买得起汽车，使汽车走入普通家庭，从而拓展了市场。但是，随着人们生活水平的提高，实行成本领先的战略基础被动摇了。人们越来越不满足于购买与使用千篇一律的"T 型车"，愿意为产品的差异付出一定的额外费用，汽车市场上这种需求的变化给通用（GM）公司带来了机会。通用公司果断采取产品差异性战略，以不同的产品品种满足市场上的不同需求，从而一跃成为世界最大的汽车公司。由这个例子可以看出，当消费者收入发生变化时，汽车市场上的需求也就随之变化，从而对汽车公司产生了全局性的重大影响，这一环境要素就属于战略环境的构成要素。

（资料来源：上海交通大学管理案例研究中心。）

一、外部环境

企业与其外部客观的经营条件、经济组织及其他外部经营因素之间处于一个相互作用、相互联系、不断变化的动态过程之中。这些影响企业的成败，但企业又不能全部控制的外部因素形成了企业的外部环境。而对这些外部环境分析的目的就是找出外部环境为企业所提供的可以利用的发展机会，以及外部环境对企业发展所构成的威胁，以此作为制订战略目标和战略的出发点、依据和限制的条件。

外部环境诸因素对一个企业的影响程度是不同的。首先，对于一个特定的企业来说，它总是存在于某一产业（行业）环境之内，这个产业环境直接影响着企业的生产经营活动。所以第一类外部环境因素是产业环境，它是企业微观的外部环境。第二类外部环境因素间接或潜在地对企业发生作用和影响，这类外部环境被称为企业的客观外部环境。

（一）宏观环境因素分析

构成企业宏观环境的因素是指对企业经营与企业前途具有战略性影响的变量。这些因素可以分为四大类型，即政治法律、经济、社会文化和技术。经济领域因素的变化对企业战略具有最重要的影响，但对其他领域的影响也非常重要。当然，某一个因素的变化对不同行业的企业的影响程度是不同的。

1. 政治法律环境因素

政治法律因素是指对企业经营活动具有现存的和潜在作用与影响的政治力量，同时也包括对企业经营活动加以限制和要求的法律和法规等。具体来说，政治因素包括国家和企业所在地区的政局稳定状况，执政党所要推行的基本政策，以及这些政策的连续性和稳定性。这些基本政策包括产业政策、税收政策、政府订货及补贴政策等。就产业政策来说，国家确定的重点产业总是处于优先发展的地位。因此，处于重点行业的企业增长机会多，发展空间大。那些非重点发展的行业，发展速度就较缓慢，甚至停滞不前，因而处于这种行业的企业很难有所发展。另外，政府的税收政策影响企业的财务结构和投资决策，资本持有者总是愿意将资金投向那些具有较高需求且税率较低的产业部门。

2. 经济环境因素

经济环境因素是指国民经济发展的总概况、国际和国内经济形式及经济发展趋势、企业所面临的产业环境和竞争环境等。

一般来说，在宏观经济大发展的情况下，市场扩大、需求增加，企业发展机会就多，如国民经济处于繁荣时期，建筑业、汽车制造、机械制造以及轮船制造业等都会有较大的发展。而上述行业的增长必然会带动钢铁业的繁荣，增加对各种钢材的需求量。反之，在宏观经济低速发展、停滞或倒退的情况下，市场需求增长很小，产值不增加，这样企业发展机会也相应减少。反映宏观经济总体状况的关键指标是国内生产总值（GDP）增长率，比较高的、健康的国内生产总值增长率表明国民经济的良好运行状态，而经济的总体状况通常受到政府赤字水平以及中央银行货币供应量这两者相互关系的重大影响。

除上述宏观经济总体状况以外，中央银行和各专业银行的利率水平、劳动力的供给（失业率）、消费者收入水平、价格指数的变化（通货膨胀）等因素将影响企业的投资决策、定价决策以及人员录用决策等。值得指出的是，从 2003 年开始，我国中央政府的宏观调控目标主要集中在以下四个方面：①国内生产总值的增长速度；②物价总水平；③城镇失业率或就业水平；④国际收支平衡状态。

3. 社会文化环境因素

社会文化因素是指一定时期整个社会发展的一般状况，主要包括社会道德风尚、文化传统、人口变动趋势、文化教育、价值观念和社会结构等。

社会阶层通常指在一个社会中存在着相对持久、类似的人的组合。在一个阶层，个人和家庭具有大致相同的价值观、生活方式、兴趣和行为规范。一般依据一个人的职业、收入来源和教育水平来决定一个人属于哪一个社会阶层。一个清洁工与一个文艺工作者的收入或许相同，但由于职业不同，两个人的消费特点就不同。划分社会阶层可以更准确地判断和测定消费者的购买意向和购买行为。

此外，生活方式的演变、消费者保护运动的开展等，也是构成社会文化环境的重要组成部分。

4. 技术因素

技术因素不但指那些引起时代革命性变化的发明，而且包括与企业生产有关的新技术、新工艺、新材料的出现，发展趋势及应用前景。

技术的变革在为企业提供机遇的同时，也对其构成了威胁。因此，技术力量主要从以下两个方面影响企业战略的选择。

（1）技术革新为企业创造了机遇。这表现在以下两个方面：第一，新技术的出现使得社会和新兴行业增加对本行业产品的需求，从而使得企业可以开辟新的市场和新的经营范围；第二，技术进步可能使得企业通过利用新的生产方法、新的生产工艺过程或新材料等各种途径，生产出高质量、高性能的产品，同时也可能使产品成本大大降低。例如，连铸技术的出现，简化了钢铁加工工艺过程，提高了生产效率，也节约了大量的能源，从而降低了产品成本，同时也可使企业在不同的地点完成产品研发、设计、生产、销售和售后服务等不同的活动，以寻求产品的不断增值。

（2）新技术的出现也使企业面临着挑战。技术进步会使社会对企业产品和服务的需求发生重大变化。技术进步使某一个产业产生了机遇，也可能会对另一个产业构成威胁。例如，塑料制品业的发展就在一定程度上对钢铁业形成了威胁，许多塑料制品成为钢铁产品的代替品。此外，竞争对手的技术进步可能使得本企业的产品或服务陈旧过时，也可能使得本企业的产品价格过高，从而失去竞争力。在国际贸易中，某个国家在产品生产中采用先进技术，就会导致另一个国家的同类产品价格偏高。因此，要认真分析技术革命对企业带来的影响，认清本分区域内竞争对手在技术上的优势和劣势。

（二）行业环境的战略分析

企业战略环境的范围很广，既有社会的因素，又有经济的因素。企业所面临的一个直接环境因素就是企业所在的行业。行业环境的战略分析属于外部环境分析中的微观环境分析，它的内容主要是分析本行业中的企业竞争格局以及本行业和其他行业的关系。行业的结构及竞争性决定着行业的竞争原则和企业可能采取的战略，因此行业环境的战略分析是企业制订战略最主要的基础。按照波特（M.E.Porter）的观点，一个行业中的竞争，远不止在原有竞争对手中进行，而是存在着 5 种基本的竞争力量：潜在的行业新进入者，替代品的威胁，购买商讨价还价的能力，供应商讨价还价的能力，以及现有竞争者之间的竞争（图9-4）。

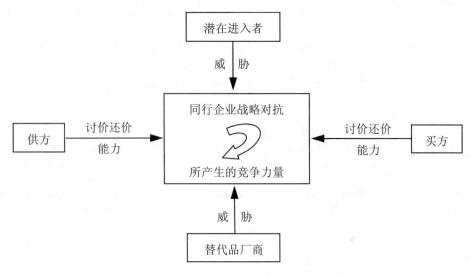

图 9-4　五力模型

这 5 种基本竞争力量的状况及其综合强度，决定着行业竞争的激烈程度，从而决定行业中获利的最终潜力。在竞争激烈的行业中，不会有一家企业能获得惊人的收益。在竞争相对缓和的行业中，各企业普遍可以获得较高的收益。行业中竞争的不断进行会导致投资收益率下降，直至趋近于竞争的最低收益率。若投资收益率长期处于较低水平，投资者将会把资本投入其他行业，甚至还会导致现有企业停止经营。在相反情况下，就会刺激资本流入和现有竞争者投资增加。所以，行业竞争力量的综合强度还决定着资本向本行业的流入程度。这一切最终将决定着企业保持高收益的能力。现将 5 种竞争力量分述如下：

1. 行业新加入者的威胁

这种威胁是由于新进入者加入该行业（如钢铁行业）会带来生产能力的扩大，带来对生产占有率的要求，这必然引起与现有企业的激烈竞争，产品价格下跌；另一方面，新加入者要获得资源（如钢铁生产中的矿山和焦炭）进行生产，从而可能使得行业生产成本升高。这两方面都会导致行业的获利能力下降。

新加入者威胁的状况取决于进入障碍和原有企业的反击程度。如果进入障碍高，原有企业激烈反击，潜在的加入者难以进入该行业，加入者的威胁就小。决定进入障碍大小的主要因素有规模经济、产品差异优势、资金需求、转换成本、销售渠道和与规模经济无关的成本优势等几个方面。

2. 现有竞争者之间的竞争程度

现有竞争者之间采用的竞争手段主要有价格战、广告战、引进产品以及增加对消费者的服务和保修等。竞争的产生是由于一个或多个竞争者感受到了竞争的压力，或看到了改善其地位的机会。如果一个企业的竞争行动会对对手有显著影响，就会招致报复或抵制。如果竞争行动和反击行动逐步升级，则行业中所有企业都可能遭受损失，使处境更糟。

3. 替代产品的威胁

替代产品是指那些与本行业的产品有同样功能的其他产品。替代产品的价格如果比较低，它投入市场就会使本行业产品的价格上限只能处在较低的水平，这就限制了本行业的收益。替代产品的价格越有吸引力，这种限制作用也就越大，对本行业构成的压力也就越大。正因为如此，本行业与生产替代产品的其他行业进行的竞争，常需要本行业所有企业采取共同措施和集体行动。

4. 购买商讨价还价的能力

购买商可能要求降低购买价格，要求高品质的产品和更多的优质服务，其结果是使得行业的竞争者们互相竞争残杀，导致行业利润下降。

5. 供应商讨价还价的能力

供应商威胁一个行业竞争者的手段，一是靠提高供应商品价格；二是靠降低供应产品或服务的质量，从而使下游行业利润下降。

二、内部环境分析

（一）企业资源分析

所谓资源是企业在创造价值过程中的各种投入，是可以用来创造价值的资料。企业资源按其是否容易辨识和评估可以分为有形资源和无形资源。

（1）有形资源是指可见的、能量化资产。有形资源不仅容易被识别，而且也容易估计它们的价值，如厂房、设备、资金等。许多有形资源的价值可以通过财务报表予以反映。有形资源包括4类，即财务资源、实物资源、组织资源、人力资源，其中人力资源是一种特殊的有形资源，它体现在企业的知识结构、技能、决策能力、团队使命感、奉献精神、团队工作能力，以及组织整体的机敏度上。因此，许多战略学家把企业人力资源称为"人力资本"。

（2）无形资源是指那些根植于企业的历史，长期积累下来的、不容易辨识和量化的资产，如企业的创新能力、产品和服务的声誉、专利、版权、商标、专有知识、商业机密等均属无形资源。无形资源可归为两大类，即技术资源和声誉资源（表9-1）。与有形资源相比，无形资源更具潜力。目前在全球经济中，相对于有形资源，企业的成功更多取决于知识产权、品牌、声誉、创新能力等无形资源。

（二）企业能力分析

企业能力是指整合企业资源，使价值不断增加的技能。一般而言，资源本身并不能产生竞争能力和竞争优势，竞争能力和竞争优势源于对多种资源的特殊整合。例如，一支足球队可能会因为获得了最优秀的前锋而获益，但这种获益只有在其他队员与之配合默契，大家共同按一套正确的进攻攻略来踢球并能充分发挥出团队的竞争优势时，才能实现。回到企业的命题上，道理也是一样的（表9-1）。企业的竞争优势源于企业的核心竞争力，核心竞争力又源于企业能力，而企业能力源于企业资源。换言之，企业可持续性的竞争优势是由企业在长期运行中，将具有战略价值的资源和能力进行整合，升华而形成的核心竞争力所产生的。这样一个整合过程正是企业素质的提升过程，也是一个以资源为基础的战略分析过程。

表 9-1　企业资源的分类和特征

资源		主要特征	主要的评估内容
有形资源	财务资源	企业的融资能力和内部资金的再生能力决定了企业的投资能力和资金使用的弹性	资产负债率、资金周转率、可支配现金总量、信用等级
	实物资源	企业装置和设备的规模、技术及灵活性，企业土地和建筑的地理位置和用途，获得原材料的能力等决定企业成本、质量、生产能力和水准的因素	固定资产现值、设备寿命、先进程度、企业规模、固定资产的其他用途
	人力资源	员工的专业知识、接受培训程度决定其基本能力，员工的适应能力影响企业本身的灵活性，员工的忠诚度和奉献精神以及学习能力决定企业的运作方式与方法	员工知识结构、受教育水平、平均技术等级、专业资格、培训情况、工资水平
	组织资源	企业的组织结构类型与各种规章制度决定企业的运作方式与方法	企业的组织结构以及正式的计划、控制、协调机制
无形资源	技术资源	企业专利、经营诀窍、专业技术、专有知识和技术储备、创新开发能力、科技人员等技术资源的充足程度决定企业工艺水平、产品品质、企业竞争优势的强弱	专利数量和重要性、独占性知识产权所得收益，全体职工中研究开发人才的比重、创新能力
	声誉资源	企业声誉的高低反映了企业内部、外部对企业的整体评价，决定着企业的生存环境	品牌知名度、美誉度、品牌重构率、企业形象，对产品质量、耐久性、可靠性的认同度，供应商、分销商认同的有效性、支持性的双赢的关系、交货方式

第三节　战略的选择模式

案例：通用：组织结构创新与战略选择

1921 年，随着联合汽车公司并入"通用"，阿尔弗雷德·斯隆出任通用副总裁。他认为，大公司较为完善的组织管理体制，应以集中管理与分散经营二者之间的协调为基础。只有在这两种显然相互冲突的原则之间取得平衡，把两者的优点结合起来，才能获得最好的效果。由此他认为，通用公司应采取"分散经营、协调控制"的组织体制，并第一次提出了事业部制的概念。

他废除了杜兰特的许多附属机构，将力量最强的汽车制造单位集中成几个部门。这种战略现在已经被人们所熟知，但在当时是第一流的主意并且被出色地执行了。通用汽车公司生产一系列不同的汽车，聪明的办法是造出价格尽可能各有不同的汽车，就好像指挥某次战役的将军希望在尽可能遭到进攻的每个地方都要有一支军队。因此，斯隆认为，通用汽车公司生产的车应从卡迪拉克牌往下安排到别克、奥克兰，最后到雪佛兰。

每个不同牌子的汽车都有其专门的管理人员，每个单位的总经理相互之间不得不进行合作和竞争。这意味着生产别克牌的部门与生产奥尔兹莫比尔牌的部门都要生产零件，但价格和式样有重叠之处。这样许多买别克牌的主顾可能对奥尔兹莫比尔牌也感兴趣，反之亦然。这样，斯隆希望在保证竞争的有利之处的同时，也享有规模经济的成果。零件、卡车、金融和通用汽车公司的其他单位差不多有较大程度的自主权，其领导人成功获奖赏，失败则让位。通用汽车公司后来成为一架巨大的机器，但斯隆力图使它确实保有较小公司所具有的激情和活力。

斯隆的战略及其实施产生了效果。1921 年，通用汽车公司生产了 21.5 万辆汽车，占国内销售的 7%；到 1926 年，斯隆将小汽车和卡车的产量增加到 120 万辆。通用汽车公司现在已拥有 40% 以上的汽车市场。1940 年，该公司生产车辆 180 万辆，已达该年全国销量的一半。

一、三种主要的战略态势

对于一个大型的公司来讲，有多种战略选择。一般来说，企业及其战略业务单位可以采用以下三种主要的战略态势，即稳定型战略、增长型战略和紧缩型战略。

（一）稳定型战略

稳定型战略是在企业的内外部环境约束下，企业准备在战略规划期使企业资源分析分配和经营状况基本保持在目前状态和水平上的战略。按照稳定型战略，企业目前所遵循的经营方向及其正在从事经营的产品和面向的市场领域、企业在其经营领域内所达到的产销规模和市场地位大致不变，或以较小的幅度增长或减少。稳定型战略主要依据前期战略，它坚持前期战略对产品和市场领域的选择，以前期战略所达到的目标作为本期希望达到的目标。因而，实行稳定型战略的前提条件是企业过去的战略是成功的。

一般来说，奉行稳定型战略的企业都集中于单一产品或服务。企业的增长和发展依赖于在稳定增长的市场上维持一定的市场占有率，或依靠缓慢地提高市场占有率，或增加新的产品或服务（但仅在广泛的市场研究之后才做出），或扩大企业市场所覆盖的地理范围。稳定型战略的风险比较小，对处于稳定增长中的行业或稳定环境中的企业来说，它是非常有效的战略选择。公用事业、运输、银行和保险等部门的企业，许多都采取稳定型战略。事实上，对于许多企业来说，稳定型战略可能是最合逻辑、最适宜且最有效的战略。

（二）增长型战略

增长型战略是一种使企业在现有的战略基础水平上向更高一级的目标发展的战略。它以发展作为自己的核心内容，引导企业不断地开发新产品、开拓新市场、采用新的生产方式和管理方式，以便扩大企业的产销规模，提高竞争地位，增强企业的竞争能力。从企业发展的角度来看，任何成功的企业都应当经历长短不一的增长型战略实施期，因为本质上来说，只有增长型战略才能不断地扩大企业规模，使企业从竞争力弱小的小企业发展成为实力雄厚的大企业。虽然增长型战略是一种最流行、使用最多的战略，但它具有相应的利弊，在实施决策前要充分地加以权衡。从类型来看，增长型战略又可分为以下三类：集中生产单一产品或服务战略、一体化战略和多样化战略。

（三）紧缩型战略

紧缩型战略是指企业从目前的战略经营领域和基础水平收缩和撤退，且偏离战略起点较大的一种经营战略。与稳定型战略和增长型战略相比，紧缩型战略是一种消极的发展战略。一般的，企业实行紧缩型战略只是短期性的，其根本目的是使企业捱过风暴后转向其他的战略选择。有时，只有采取紧缩和撤退的措施，才能抵御对手的进攻，避开环境的威胁，并迅速地实行自身资源的最优配置。可以说，紧缩型战略是一种以退为进的战略姿态。

二、战略态势选择的影响因素

公司战略态势的选择会对未来战略实施产生重大影响，因而这一决策必须是非常慎重的，但往往在经过对各种可能的战略态势进行全面评价后，企业管理者会发现好几项方案都是可以选择的。在这种情况下，一些因素会对最后决策产生影响，这些因素在不同的企业和不同的环境中起到的作用是不同的。了解这些因素对企业战略管理者制订合适的战略方案来说是非常必要的。

（一）企业过去的战略

对大多数企业来说，过去的战略常被作为战略选择过程的起点。这样，一个很自然的结果是，进入考虑范围的战略方案的数量会受到基于企业过去的战略的限制。由于企业管理人员是过去战略的制订者和执行者，因此他们也常倾向于不改动这些既定战略，这就要求企业在必要时撤换某些管理人员，以削弱目前失败的战略对未来战略选择的影响，使新的管理层更少受到过去的战略的限制。

（二）管理者对风险的态度

企业和管理者对风险的态度影响着战略态势的选择。风险承担者一般采取一种进攻性战略，以便在被迫对环境的变化做出反应之前主动地做出反应。风险回避者则通常采取一种防御性战略，只有在环境迫使他们对环境变化做出反应时他们才不得不这样做。风险回避者相对来说更注重过去的战略，而风险承担者则有着更为广泛的选择。

（三）企业对外部环境的依赖性

企业总是生存在一个受到股东、竞争者、客户、政府、行业协会和社会影响的环境之中，企业对这些环境力量中的一个或多个因素的依赖程度也影响着其战略的选择过程，对环境较高的依赖程度通常会减少企业在其战略选择过程中的灵活性。例如，美国克莱斯勒汽车公司对联邦贷款委员会贷款协议的依赖极大地限制了公司在 20 世纪 80 年代早期的战略选择，公司提前归还贷款的决定在很大程度上是为了减少对外部环境的依赖，提高公司战略的灵活性。

（四）企业文化和内部权势关系

任何企业都存在或强或弱的企业文化。企业文化和战略态势的选择是一个动态平衡、相互影响的过程。企业在选择战略态势时不可避免地要考虑企业文化对自身的影响。企业未来战略的选择只有在充分考虑到与目前的企业文化和未来预期的企业文化相互包容和相互促进的情况下，才能被成功地实施。

另一方面，企业中总存在着一些正式和非正式组织。由于种种原因，某些组织成员会共同支持某些战略，反对另一些战略。这些成员的看法有时甚至能左右战略的选择，因此在现实企业中，战略态势决策不可避免地要打上这些影响力的烙印。

（五）时期性

时期性的第一点是指允许进行战略态势决策的时间限制。时限压力不仅减少了能够考虑的战略方案的数量，而且也限制了可以用于评价方案的信息的数量。事实表明，在时限压力下，人们倾向于把否定性因素看得比肯定性因素更重要一些，因而往往做出更有防御性的决策。时期性的第二点包括战略规划期的长短，即战略的时期着眼点。战略规划期长，则外界环境的预测相对更为复杂，因而在选择战略方案时的不确定性因素更多，这会使战略方案决策的复杂性大大增加。

（六）竞争者的反应

在战略态势的选择中，还必须分析和预计竞争对手对本企业不同战略方案的反应。例如，企业采用增长型战略的话，主要竞争者会做出什么反击行为，从而对本企业打算采用的战略有什么影响。因此，企业必须对竞争对手的反击能力做出恰当的估计。在寡头垄断型的市场结构中，或者市场上存在一个极为强大的竞争者时，竞争者的反应对战略选择的影响更为重要。例如，IBM 公司的竞争行为会强烈地影响计算机行业的所有公司的战略抉择，而美国各汽车巨头也都必须紧盯其他巨头的竞争反应以确定自己的战略。

第四节 战略的执行与变革

一、战略执行

企业战略的实施是借助于中间计划、行动方案、预算和一定的程序，实现企业战略和政策的行动过程。一般认为，战略实施是一项行政性的管理工作，是在企业最高管理层的监督和指导下，由企业的中下层管理人员组织执行的。然而，作为企业的最高行政领导，一个企业的总经理必须对企业的战略实施承担全部的责任。

（一）企业家的任务和战略领导的实施

1. 企业家的任务

在企业战略执行的过程中，一个企业家有下列四项重要的任务：①确认实施所选择的战略对行政管理的要求，探明企业战略在执行过程中将产生的问题；②协调企业战略与企业的内部组织行为，使之相互适应；③推进战略执行过程；④监督战略执行过程。

2. 战略领导的实施

企业家要完成战略领导工作，需要使企业的内部结构和经营活动与企业战略相适应。这种适应反映在以下几个方面：战略与企业组织结构相适应，战略与企业的技术和能力相适应，战略与企业的资源分配相适应，战略与企业的组织激励系统相适应，战略与企业的内部政策和工作程序相适应，战略与企业员工的价值观念相适应，战略与企业的预算和计划方案相适应。

（二）企业战略的执行过程

企业战略的执行过程包括制订方案、编制预算、确定工作程序等内容。

（1）中间计划（Intermediate Plan）。它是介于长期战略和行动方案之间的计划。从时间上说，它一般为 1～3 年。从内容上说，它包括了比行动方案更全面的内容。对于一个 3 年期的企业战略，中间计划就是年度计划。

（2）行动方案（Program）。它是对完成某一次性计划的活动和步骤的陈述。例如，一个企业选择了产品开发战略，就需要在战略执行过程中为开发新产品制订行动方案。

（3）预算（Budget）。它是企业在一定时期内的财务收支预计。从企业战略管理的角度来看，预算是为了管理和计划控制的目的，确定每一项战略活动方案的详细成本。预算是实现企业战略目标的财务保证。

（4）程序（Procedure）。它是规定完成某一特殊行动或任务的步骤和方法。这些活动是实现企业战略目标所必需的，因而程序必须在时间、人、财、物等方面满足战略目标的要求。为了制订最佳的工作程序，可以借助于计算机和计划评审法、关键路线法、线性规划、动态规划、目标规划等一系列科学管理方法。

二、战略的变革

企业战略变革是指企业为了获得可持续竞争优势，根据所处的外部环境或内部情况已经发生、预测会发生或想要使其发生的变化，结合环境、战略、组织三者之间的动态协调性原则，并涉及企业组织各要素同步支持性变化，改变企业战略内容的发起、实施、可持续化的系统性过程。企业战略变革的主要形式有以下三种。

（一）调整企业理念

企业战略变革首选的理念是得到社会普遍认同，体现企业自身个性特征，促使并保持企业正常运作以及长足发展而构建反映整个企业经营意识的价值体系。它是企业统一化的可突出本企业与其他企业差异性的识别标志，包含企业使命、经营思想和行为准则三部分。调整企业理念，首先，确定企业使命，即企业应该依据怎样的使命开展各种经营活动，它是企业行动的原动力；其次，确立经营思想，指导企业经营活动的观念、态度和思想，给人以不同的企业形象；最后，靠行为准则约束和要求员工，使他们在企业经营活动中必须奉行一系列行为准则和规则。调整企业理念，给企业全新定位，这是一种企业适应社会经济发展的变革，只有在这种不断地演化、渐进的变革中，才能构建新的企业战略，企业才能重生，才能得到发展和壮大。在重新调整企业理念时，首先与行业特征相吻合，其次在充分挖掘原有企业理念的基础上赋予其时代特色，最后企业理念应区别于竞争对手的理念。

（二）企业战略重新进行定位

如何实施战略定位是战略变革的重要内容，根据迈克尔·波特的观点，帮助企业获得竞争优势而进行的战略定位实际上就是在价值链配置系统中从产品范围、市场范围和企业价值系统范围三方面进行定位的选择过程。对于明星产品的重新定位，由于企业竞争力和市场吸引力强，其也是高速成长的市场领先者，因此要多投资，促进发展，扩大市场份额；对于"金牛"产品，由于具有规模经济和高利润优势，但有风险，对其要维持市场份额，尽可能多地榨取市场利润；对于问题产品，虽然产品市场吸引力强，但由于要加大投资，因此主要考虑在尽可能短的时间内收回成本；对于"瘦狗"产品，企业的对策就是尽快地售出剩余产品然后转产。对于市场和企业价值系统的重新定位，由于企业作为一个独立的组织，其竞争优势来源于研发、生产、营销和服务等过程，来源于企业的价值链配置系统，这个系统在市场与企业之间不断地传递有关价格、质量、创新和价值的信息，从而为企业营造和保持新的竞争优势。

（三）重新设计企业的组织结构

在进行组织结构设计时，要围绕战略目标实现的路径来确定不同层级的管理跨距，适当的管理跨距并没有一定的法则，一般是 3 至 15 人，在进行界定时可以依据管理层级、人员的素质、沟通的渠道、职务的内容以及企业文化等因素。在设计组织结构时，还要充分考虑企业各部门顺利完成各自目标的可能性，以及在此基础上的合作协调性、各自分工的平衡性、权责明确性、企业指挥的统一性、企业应变的弹性、企业成长的稳定性和效率性、企业的持续成长性。通过重新设计企业的组织结构，理清各部门的管理职责，改变指挥混乱和权责不对等的现象，从而提高管理效率。

第五节　决策的准则和方法

案例：独裁决策机制最不行——巨人集团衰落教训之一

1996 年底，巨人集团在经历了辉煌的创业与发展阶段之后，面临着严重的生存危机。究其原因，还要从史玉柱本人的个性及其管理思想方法说起。首先，不善交际是他的性格特征之一。正是这种封闭的性格，造成了他封闭的思维模式，形成了巨人集团封闭的发展道路，所以一旦出现危机，就使自己处于孤立无援的境地。其次，工作作风不扎实，一味地追求创新而忽视巩固成果。他善于创业而不善于守业。最后，施行"个人说了算"的独裁决策机制。

巨人集团虽然也设有董事会，但那不过是个空架子，实际上是他个人说了算。导致巨人集团财务危机和发展困境的直接原因主要有两点：一是"巨人大厦"的狂热上马。巨人大厦原计划是盖 18 层的，但是后来由于史玉柱的"头脑发热"改成 70 层，这样一来，预算加到 12 亿，工期延长到 6 年。由于大厦在施工过程中碰到了地震断裂带并遭两次水淹，又不得不追加预算和推迟工期，从而导致国内债主上门讨债，企业内部资金萎缩，法院冻结资产，新闻聚焦报道，一下子把史玉柱这位响当当的现代企业家置于难以摆脱的境界。二是生物工程的管理不善。生物工程对史玉柱是一个陌生的领域，只因在 1994—1996 年间异军突起，红火一时，便成了巨人集团的第二支柱产业。这本身就可能潜伏着某种程度的危机。巨人集团的下属主营生物工程项目的子公司康元公司出现了严重的管理问题，财务混乱，导致全面亏损，债权债务相抵净亏 5000 万元。史玉柱当初对这两项工程的设想是：在兴建大厦的过程中，当卖楼花的钱用完后，就从生物工程方面抽调资金。但是，一个子公司怎能承担兴建大厦这么重的负荷！结果因抽资过度，伤害了生物工程造血功能的元气，终于导致了这个第二产业的逐渐萎缩，整个集团的流动资金因此而枯竭，最后的失败是意料之中的。

一、决策的准则

（一）系统原则

系统原则是科学决策必须遵循的首要原则，决策活动面临的是一个众多因素相互影响、相互作用的复杂系统，因此，这就要求管理者利用系统理论进行决策，在综合分析考虑各种因素之间关系的基础之上，实现决策的整体化和满意化。

（二）信息原则

大量可靠而真实的信息是保证决策成功的前提和基础，信息的数量和质量直接影响决策的水平，因此，决策的制订离不开信息，管理者制订决策的过程实际上就是一个信息的收集、加工和变化的过程。

（三）可行性原则

有些看上去诱人的方案，在实施的过程中由于种种原因而被迫搁浅，无法为组织带来实际的效益，只有决策方案顺利实施并取得实质性成果，组织才能从中收益，因此，可行性原则是管理者在进行决策时不可忽视的。在决策的实施过程中，往往会受到许多条件的约束，因此，管理者不仅需要分析各种外部因素，同时还要掌握组织自身能力及资源，在此基础上，才能够确定某些方案是否具备实施条件。

（四）民主与集中相结合原则

决策的做出绝不能是管理者"独裁"的结果，这就要求在制订决策的过程中，充分发挥民主集中制，充分听取不同方面的意见，在民主讨论的基础上实行正确的集中，但要注意防止无休止的讨论与磋商，否则，组织有可能会在这个过程中错失良机。

（五）创新原则

创新是人类进步的一个重要推动力，任何有意义的创新都能够给人类带来巨大的收益，对组织来讲也是同样的。当前，信息的共享性在逐渐提高，因此，在决策过程中，打破常规和原有的定式，进行大胆的创造经常能够给组织带来意想不到的惊喜。

二、决策的方法

决策学是在一定历史阶段产生并发展起来的，体现着时代的特征。随着环境的变化，决策也日益呈现出一些新的特点，其中最典型的就是群体决策受到重视并获得迅速发展。鉴于决策的普通性和问题的复杂性，群体决策的技术方法具有一定的多样性和灵活性。群体决策方法又称为决策方法、决策"软"方法。

（一）头脑风暴法

头脑风暴法是比较常用的群体决策方法，便于发表创造性意见，因此主要用于收集新设想。这种方法通常是将对解决某一问题有兴趣的人集合在一起，在完全不受约束的条件下，敞开思路，畅所欲言。头脑风暴法的目的在于创造一种畅所欲言、自由思考的氛围，诱发创造性思维的共振和连锁反应，产生更多的创造性思维。这种方法的时间安排应在 1～2 小时，参加者以 5～6 人为宜。

（二）德尔菲法

这种方法是兰德公司提出的，被用来听取有关专家对某一问题或机会的意见。当管理者面临着一个重大技术问题时，运用这种方法的第一步是要设法取得有关专家的合作，然后，把要解决的关键问题分别告诉专家们，请他们单独发表自己的意见并对实现新技术突破所需的时间做出估计。在此基础上，管理者收集并综合各位专家的意见，再把综合后的意见反馈给各位专家，让他们再次进行分析并发表意见。在此过程中，如遇到差别很大的意见，则把提供这些意见的专家集中起来进行讨论并综合。如此反复多次，最终形成代表专家组意见的方案。

（三）专家会议法

根据规定的原则选定一定数量的专家，按照一定的方式组织专家会议，发挥专家集体的智能结构效应，对决策对象未来的发展趋势及状况做出判断。

专家会议有助于专家们交换意见，通过相互启发，可以弥补个人意见的不足；通过内外信息交流与反馈，产生"思维共振"，进而将产生的创造性思维活动集中于决策对象，在较短时间内得到富有成效的创造性成果，为决策提供依据。但是，专家会议也有不足之处，有时心理因素影响较大，如屈服于权威或大多数人的意见；易受劝说性意见的影响；不愿意改变自己已经发表过的意见等。

运用专家会议法，必须确定专家会议的最佳人数和会议进行的时间。专家小组规模以 10～15 人为宜，会议时间一般以 20～60 分钟最佳。会议提出的设想由分析组进行系统化处理，以便在后续阶段对提出的所有设想进行评估。

（四）电子会议法

最新的群体决策方法是将名义群体法与尖端的计算机技术相结合的电子会议法。会议所需的技术一旦成熟，概念就简单了。多达 50 人围坐在一张马蹄型的桌子旁，这张桌子上除了一系列的计算机终端外别无他物。将问题显示给决策参与者，他们把自己的回答打在计算机屏幕上，个人评论和标数统计都投影在会议室内的屏幕上。

电子会议的主要优点是匿名、诚实和快速。决策参与者能不透露姓名地打出自己所要表达的任何信息，一敲键盘即显示在屏幕上，使所有人都能看到，它使人们充分地表达想法而不会受到责难；它消除了闲聊和偏题讨论，且不必担心打断别人的"讲话"。专家们声称电子会议比传统的面对面会议快一倍以上，但是电子会议也有缺点。打字快的人使得那些口才虽好但是打字慢的人相形见绌；再有，这一过程缺乏面对面的口头交流所传递的丰富信息。

【课后实训】

一个小游戏：德尔菲法

目的：表明在决策（预测）过程中，结构化的方法对获得趋同观点的重要性。

程序：在一个罐子里装上玉米（事先数好）。将罐子给大家看，并让大家估计玉米的数量。算出平均数、中间数和频数分布，并将结果告诉大家（有时也会告诉大家推导结论的基本原理）。将该过程重复 3 遍（或直到得出一个比较稳定的结果）。宣布正确答案，并请大家比较一下自己最初的估计和小组最后的结论，看哪个更准确。

讨论：

1. 哪个更准确：个人原先的估计，还是最终小组的决定？
2. 为什么小组往往更准确？
3. 为什么大家的答案会趋同？
4. 这种方法在你的工作中有何应用？

总结与评估：

德尔菲方法：选出一组见多识广的专家，每个专家要对手中需要解决的问题真正感兴趣，问题涉及对未来事态的预测（如公司5年后的销售额）。要请专家小组尽最大努力做出推测，也会给他们提供一些反馈信息（小组平均数和频数分布）。这个过程会（以不计名的方式）重复数次，一般会出现一个明显的趋同想法，这个想法后来也会被证实是准确的。

本章小结

随着变革的加剧，人们越来越深切地感到决策与战略管理的研究对企业未来生存和发展的重要性。本章首先对决策与战略规划进行概述，重点阐述了概念和特征；在介绍概念和特征的基础上，着重阐述了战略分析和战略选择，即在对企业的内、外部环境分析的基础上，确定企业的宗旨和目标并进行战略选择；企业一旦选择了合适的战略，战略管理活动的重点就从战略选择转移到了战略实施的阶段。

本章习题

1. 企业战略的外部环境分析包括哪些方面？
2. 波特的5种竞争力量有哪些？
3. 影响企业战略选择的因素有哪些？
4. 企业战略的执行过程有哪些？
5. 如何理解战略变革？

第十章　组织设计和授权

引例：自我测评——你更喜欢哪种组织结构

你更喜欢哪种组织结构				
我喜欢在这样的组织结构下工作	完全 不喜欢	少许 喜欢	有些 喜欢	非常 喜欢
1. 个人的职业发展有几个层级，通向更高的职位和责任	☐	☐	☐	☐
2. 执行工作时，员工的自由度几乎不受规则限制	☐	☐	☐	☐
3. 工作责任下放给执行工作的员工	☐	☐	☐	☐
4. 监督者有几个下属，因此他们的工作更紧密	☐	☐	☐	☐
5. 决策大多数由管理者执行以保证行动的一致性	☐	☐	☐	☐
6. 工作被清晰地界定，每个人负责的工作都非常清楚	☐	☐	☐	☐
7. 员工有权利参与讨论，但是管理者制订大部分的决策	☐	☐	☐	☐
8. 工作被广泛地定义，或者根本就没有定义	☐	☐	☐	☐
9. 每个人的工作与高层管理者的计划紧密联系	☐	☐	☐	☐
10. 大多数的工作由不受监督的团队执行	☐	☐	☐	☐
11. 通过员工的非正式沟通而不是正式规范进行工作	☐	☐	☐	☐
12. 管理者有很多的下属，因此他们不能仔细监督每个人	☐	☐	☐	☐
13. 每个人都对目标、期望和工作规范有清晰的了解	☐	☐	☐	☐
14. 高层管理者制订总目标，但每天的决策留给一线团队	☐	☐	☐	☐
15. 即使在一个大公司中，CEO 距离最底层也只有 3~4 层	☐	☐	☐	☐

资料来源：2000 Steven L. McShane.

评分说明：使用下表对应每个你圈出的答案的分数。把数字填入下表对应每个陈述项的横线上。在对应所有 15 个描述项的分数后，汇总分数以估计你对高层级、正式化、集权化的偏好程度。然后通过加总所有量表，计算出总分。

对于描述项 2、3、8、10、12、14、15	完全不=3，少许=2，有些=1，非常=0
对于描述项 1、4、5、6、7、9、13	完全不=0，少许=1，有些=2，非常=3

高层级（H）=（1）+（4）+（10）+（12）+（15）

正式化（F）=（2）+（6）+（8）+（11）+（13）

集权化（C）=（3）+（5）+（7）+（9）+（14）

总分（机械式）=（H）+（F）+（C）

解释	组织结构维度和定义
高：11~15 中：6~10 低：低于6	高层级：在该维度上得分高的人倾向于在有着多层级且管理跨度较窄（每个主管负责较少员工）的组织中工作
高：12~15 中：9~11 低：低于9	正式化：在该维度上得分高的人倾向于在工作被清晰定义且仅需有限判断的组织中工作
高：10~15 中：7~9 低：低于7	集权化：在该维度上得分高的人倾向于在决策主要被高层管理层掌握而非分配给低层员工的组织中工作
高：30~45 中：22~29 低：低于22	总分（机械式）：在该维度上得分高的人倾向于在机械组织中工作，反之在该维度上得分低的人倾向于在有机组织结构中工作。机械结构有着较窄的管理跨度以及高度的正式化和集权化。有机结构有着较窄的管理跨度、低正式化以及分散化决策

第一节　组织结构的基本类型

一、组织与组织结构

"组织"一词有名词和动词之分。名词意义上的组织（Organization），是指为达到某些目标而设计的集合体，是成员进行各种活动的基本框架。而动词意义上的组织（Organizing）被定义为安排和设计工作任务以实现组织目标。它是一个重要的过程。

组织设计和组织结构是管理学组织问题研究中最基本的论题。随着竞争和市场的日益全球化以及科技的迅猛发展，传统的组织设计方法不断遭受质疑和重新考察，管理者在实践中不断摸索和尝试新的组织结构设计方案，以使组织结构在动态复杂的竞争环境中既能保证活动的高效性，又能保持灵活性。

那么，什么是组织结构？所谓组织结构（Organization Structure），就是组织中正式确立的对工作任务进行分解、组合和协调的组织活动安排体系。管理者一般需要借助组织系统图来描述其组织结构。组织系统图（Organization Chart）是指展示组织各个单位结构和人之间的职权责任关系的结构图，其中，"单位"一词指的是团队、群体、部门或地区等。通俗地说，组织系统图就是一个组织的骨架。图10-1描述了某公司的整体组织结构，从该图中，可以看出有7位执行副总裁直接向董事会主席兼首席执行官负责。同时，该公司的组织系统图也传递了4种信息：

（1）图中不同的表格代表不同的单位（市场、法律、人力资源等）。

（2）每个表格里的头衔显示了该职位所需要履行的职责及工作。

（3）上下级之间的责任关系以连接的直线表示。

（4）系统图中垂直式层次的数目表示组织里的等级层次。

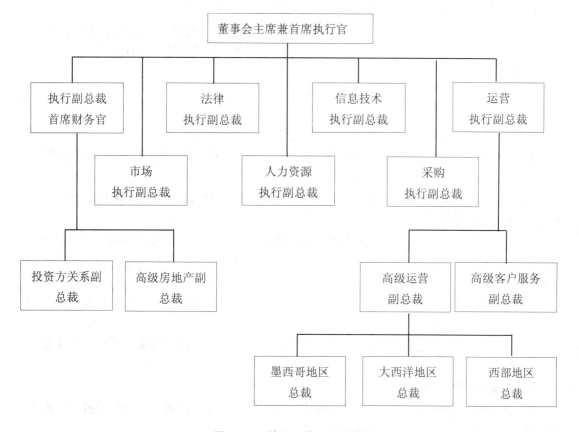

图10-1 某公司的组织系统图

当然，除此之外，组织结构图还可以表达其他一些信息，例如，可以显示其职能的划分；可以知道其权责是否适当；可以看出该人员的工作负荷是否过重；可以看出是否有无关人员承担几种较松散、无关系的工作；可以看出是否出现有才能的人得不到发挥的情况；可以看出是否出现让不胜任此项工作的人担任重要职位的情况；可以看出晋升的渠道是否畅通；可以显示出下次升级时谁是最合适的人选；可以使各人清楚自己组织内的工作，加强其参与工作的欲望，其他部门的人员也可以明确，增强组织的协调性。

二、组织设计的原则

组织所处的环境，采用的技术、制订的战略、发展的规模不同，所需的职务和部门及其相互关系也不同，但任何组织在进行机构和结构的设计时，都需遵守一些共同的原则。

（一）任务目标原则

组织结构设计要服从每一项工作的任务和目标，尤其是价值链上的目标，体现一切设计为目标服务的宗旨。

（二）分工协作原则

一家现代企业无论设置多少个部门，每一个部门都不可能承担企业所有的工作。企业部门之间应该是分工协作的关系。

（三）统一指挥原则

无论公司怎样设计，都要服从统一指挥的原则，要在公司的总体发展战略指导下工作。公司所有部门要按照董事会的方针进行工作，在总经理和总裁的统一指挥下工作。

（四）合理管理幅度原则

每一个部门、每一位领导人都要有合理的管理幅度。管理幅度太大，无暇顾及；管理幅度太小，可能没有完全发挥作用。所以在组织结构设计的时候，要制订合理恰当的管理幅度。在决定采用哪种结构时，应分析以下因素：

（1）工作任务的相似程度：工作任务越相似，管理幅度可能越大，宜采用扁平结构，减少管理层次；反之，则宜采用高型结构。

（2）工作地点远近：管理系统各工作地点较接近，可以加大管理幅度，采用扁平结构；反之，则采用高型结构。

（3）下属人员水平：人员整体素质较差，思想水平较低，工作缺乏经验，应缩小管理幅度，加强对下属的直接指导，采用高型结构。若下属工作自觉性高，能力强，可采用扁平结构。

（4）工作任务需要协调的程度：管理系统各部门的协调难度大，应减少管理幅度，采用高型结构；反之，则可用扁平结构。

（5）信息沟通：信息沟通良好宜采用扁平结构，随着信息技术的发展，可以大大减少管理层次。

（五）责权对等原则

设置的部门或单位有责任，就应该使其拥有相应的权力。如果没有对等的权力，根本无法完成相应的职责，所以责和权应该对等。

（六）集权和分权原则

在整个组织结构设计的时候，权力的集中与分散应该适度。集权和分权控制在合适的水平上，既不影响工作效率，又不影响积极性。

（七）执行部门与监督部门分设原则

例如，财务部负责日常财务管理、成本核算，审计部专门监督财务部。执行部门和监督部门分设，也就是通常所说的不能既当裁判员又当运动员。

（八）协调有效原则

组织方案的设计应遵循协调有效的原则，而不应在执行组织设计方案之后，部门之间无法相互监督控制，一旦出现运营机制效率低下的现象，就说明组织方案设计没有遵循协调有效的原则。

二、常见的组织结构类型

组织结构的本质是反映组织成员之间的分工协作关系，设计组织结构的目的是为了更有效地、更合理地将企业员工组织起来，形成一个有机整体来创造更多的价值。每个企业中都有一套自身的组织结构，它们既是组织存在的形式，也是组织内部分工与合作关系的集中体现。

常见的组织结构类型有直线型、职能型、直线职能型、事业部制、子公司制、矩阵式结构等。由于直线型、职能型组织结构相对简单，现代企业采用较少，这里将不再赘述。

（一）直线职能制（Line and Functional Structure）

直线职能制实际上是直线制与职能制的有机结合。其特点是既保证直线统一指挥的原则，又充分发挥专业职能机构的作用。但职能机构只是同级直线管理者的参谋，无权对下一级组织发布命令，只能提供信息、建议和一些必要的业务指导，如图 10-2 所示。

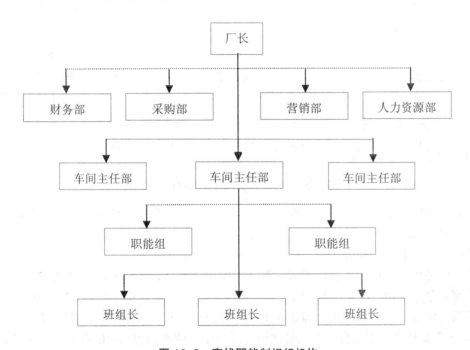

图 10-2 直线职能制组织机构

（二）事业部制（Division System）

事业部制，又称为分权制结构、斯隆模型，是一种在直线职能制基础上演变而成的现代企业组织结构形式。其特点是"集中决策，分散经营"，即在组织高层管理者的集中领导下，按照产品、技术、地区或顾客等标准将企业划分为若干相对独立的经营单位，分别组成事业部。各事业部在经营管理方面拥有较大的自主权，全权负责所属业务的全部活动，实行独立核算、自负盈亏，并可根据经营需要设置相应的职能部门。企业的高层管理者主要承担整个组织的战略、方针、目标的设定，并落实到各事业部，可以通过利润等指标对事业部进行控制，如图 10-3 所示。

事业部制组织机构的优点是：

（1）各个事业部自主权力较大，有利于发挥事业部管理者的积极性和创造性。

（2）事业部制有利于各事业部内部组织专业化生产，有利于提高生产效率和产品质量，降低成本。

（3）权力下放，有利于企业的高层管理者摆脱日常事务，集中精力进行外部环境的研究，制订长远的全局性的发展战略规划。

虽然事业部制在当今被特大型组织普遍采用，但其也存在着一些缺点，如增加了管理层级，容易造成机构重叠、管理人员膨胀现象；各事业部独立性强，容易忽视企业整体利益。

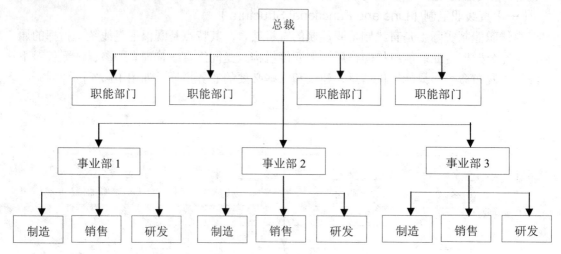

图 10-3　事业部制组织结构

事业部制结构适合那些经营规模大、生产经营业务多样化、市场环境差异大、要求较强适应性的企业采用。它成为目前国际上特别是欧美国家大型公司组织形态的主流形式。从其组织结构来看，它亦可分为三层（图 10-4）。

第一层是核心层企业，它由三部分组成，即图中的 A、B 和 C，其中 A 为母公司，B 为一个或多个分公司，C 是分属于 B 的一个或多个生产厂，这三者合起来成为一个法人。从管理职责角度，A 是集团投资和利润中心，B 为集团的二级法人（内部核算单位或虚拟法人），它主要从事生产经营活动，是集团的经营中心或利润中心；C 为生产活动中心，是属于 B 的成本中心或费用中心。

第二层是核心层企业的控股企业，即图中的 D，它可为一个或多个独立的法人，是集团公司的紧密层企业，与核心层企业保持资本投资关系，它可以是核心层企业的原料生产厂或其他产品购销网络。

第三层是核心层企业的参股企业或控股企业的参股企业，这些参股企业都是独立法人，与核心企业或紧密层企业保持一定的关系。

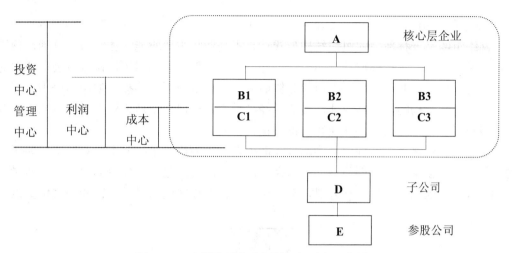

图 10-4 大型公司事业部制组织形态示意图

(三) 矩阵制 (Matrix System)

前文提到的各种结构都存在一个共同的缺点, 就是横向沟通比较困难, 缺乏弹性。为克服这个缺点, 在企业中根据产品项目或某些专门任务成立跨部门的专门机构, 这样形成的组织结构即为矩阵制, 如图 10-5 所示。

矩阵制组织结构由纵横两个管理系列组成, 一个是职能部门系列, 另一个是为完成某一临时任务而组建的项目小组系列, 纵横两个系列交叉, 即构成矩阵。在这种组织中, 每个成员既要接受垂直部门的领导, 又要在执行某项任务时接受项目负责人的指挥。

矩阵制组织结构的优点在于有利于使组织中的横向联系与纵向联系很好地结合起来, 加强了各职能部门间的协作和配合, 提高任务完成的效率; 同时, 将不同专业背景的人员组织在一起工作, 有助于激发员工的积极性和创造性, 促进企业内各项创新活动的实现。

其缺点是打破了一个职工只受一个直接上级领导的传统管理原则, 违反了统一领导、统一指挥的组织原则, 容易导致职责不清和不同职能部门间的矛盾。

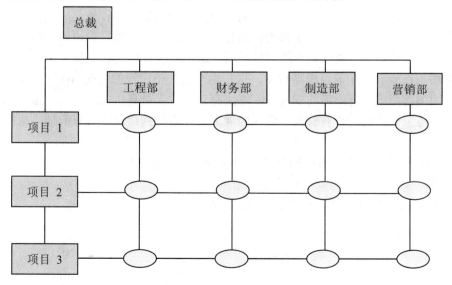

图 10-5 矩阵制组织结构

（四）网络组织（Network Organization）

网络组织是一种新型的组织结构形式，是指企业将主要职能（如制造、分销、营销或其他关键职能）分包给外部独立的公司，并以一个小型的总部组织协调这些公司分担的活动，使得供应商、制造商、装配商和分销商网络可以实现无缝连接，如图 10-6 所示。

网络组织结构的优点是快速、灵活、经济，组织可以在全球范围内整合资源，以较低的价格获取各种生产要素，并能在全世界销售产品。

其缺点是网络组织结构由于将部分职能外包，因而增加了控制上的难度，例如研发活动的外包，会使企业技术创新活动难以保密；生产活动外包，会使企业对产品的质量、交付期限等难以控制；销售活动外包，会使企业失去对顾客满意度等关键的顾客价值点的控制等。

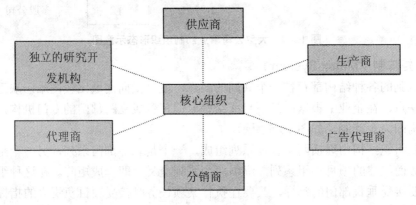

图 10-6　网络组织结构

【课后实训】

张明被正式提升为 S 医院的院长，S 医院位于郊区，拥有 600 个床位。张明对自己被提升感到非常激动，但是同时也有些担忧。

张明在 S 医院已经工作了 3 年，以前是医院的副院长。尽管他是副院长，但实际上他更像是前院长李刚的助理。鉴于张明的教育背景（他获得了医院管理硕士学位）和对医院的忠诚，医院董事会上周接到李刚的辞呈后，就决定让张明接任院长一职。

张明正在查看医院的组织结构图，这是由李刚去年设计的（图 10-7）。事实上，每一次设立新的部门或者开始新的职能时，李刚都让相关人员直接向他一人汇报。张明担心在这个新职位上，自己是否有管理这些人的能力，能否做到让这些人只向他一人汇报。

请问：

1. 你认为张明是否具备新职位所要求的技能和经验？为什么？

2. 你将如何描述 S 医院现有的组织结构？

3. 你打算如何重新设计一份组织结构图？

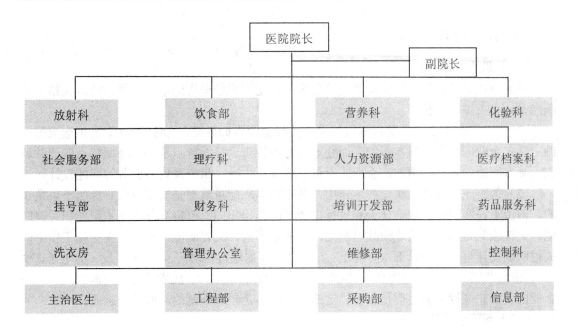

图 10-7 医院组织结构图

第二节 组织设计

一、组织设计的概念

关于组织结构设计，最早的陈述之一见于《圣经》的《出埃及纪》。摩西的岳父叶忒罗看见摩西每天从早到晚接待那些排长队向他诉苦或抱怨的以色列老百姓，便对摩西说："你做得不好。你和这些百姓都很疲惫，因为这事太重，你独自一人办理不了。"叶忒罗随之向摩西建议，选拔一些干练之人担任不同职务，任命千夫长管理千人，百夫长管理百人，再下设五十夫长和十夫长。重大决策仍由摩西决定，而那些夫长则可以自行处理比较小的事务。摩西采纳了叶忒罗的建议，从此，减轻了自己带领以色列各个部落通往希望之乡的重担。

对于组织设计的概念，不同的学者有不同的看法。这里的组织设计（Organizational Design），是指管理者将组织内各要素进行合理组合，建立和实施一种特定组织结构的动态的工作过程。其中，"各要素"包括工作专门化、部门化、指挥链、管理跨度、集权和分权、正规化。

在上述概念中，组织设计有三个基本点：首先，组织设计应当被看作一个过程。其次，组织设计是随机制宜和因地、因时、因人而异的。最后，设计建立后的组织结构不是一成不变的，组织设计也不是一蹴而就的，相反，它是一种连续性的或周期性的活动。

二、组织设计的方法

（一）职能设计的方法

职能设计是进行组织结构设计的首要步骤，是在职能分析的基础上进行的，包括基本职能设计和关键职能设计。

（1）基本职能设计：它是根据组织设计的权变因素如环境、战略、规模、员工素质等，确定特定企业应具备的基本职能。而企业的行业特点、技术特点及外部环境特点制约并调整着基本职能的设计，例如，企业的财务、研发、生产、销售及售后服务等职能设计。

（2）关键职能设计：在企业运作中，各项基本职能虽然都是实现企业目标所不可缺少的，但由于在实现企业战略任务和目标中所起的作用不同，可将其分为基本职能和关键职能。关键职能是由企业的经营战略决定的。战略不同，关键职能则不同。在实际工作中，关键职能设计可以分为以下六种类型：质量管理（如电器生产厂）、技术开发（如电子、仪器）、市场营销（如日常消费品）、生产管理（如油田、电厂）、成本管理、资源管理。一个企业的关键职能设计的类型是相对稳定的，但却不是一成不变的，而是动态的。

（二）部门设计的方法

部门划分通常采用以下方法：

（1）按人数划分。按照组织中人数的多少来划分部门，即抽取一定数量的人在主管人员的指挥下去执行一定的任务。这是最原始、最简单的划分方法，军队中某一兵种的师、旅、团、营、连、班、排就是以这种方法划分的。

（2）按时序划分。这是最古老的划分部门的形式之一，是在正常的工作日不能满足工作需要时所采用的划分部门的方法。通常实行三班制，适用于医院、警察、消防部门，电信部门等组织的基层部门设置。

（3）按产品划分。这是按组织向社会提供的产品和服务的不同来划分的。这种划分方法有利于发挥专用设备效益，发挥个人的技能和专业知识，并有利于部门内的协调。

（4）按地区划分。按照企业活动分布的地区为依据来划分部门。这种划分能够调动地方、区域的积极性，能够因地制宜以谋取地方化经营的最佳经济效果。但是由于地域的分散性，增加了主管部门控制的困难，容易出现各自为政的局面，不利于企业总体目标的实现。这种划分方法多用于大的集团公司和跨国公司。

（5）按职能划分。按职能划分部门是企业组织广泛采用的方式。这种划分方法有利于专业化分工，有利于各专业领域的最新思想和工具的引入，能够促进专业领域的深入发展。但易导致所谓的"隧道视野"现象：形成经理导向，关注部门目标。这种部门主义或本位主义，给部门之间的相互协调带来了很大的困难。

（6）按顾客划分。顾客部门化越来越受到重视。它是基于顾客需求的一种划分方法，即按组织服务的对象类型来划分部门。这种划分能够满足顾客特殊而又多样化的需求。但是这一部门与其他部门的协调极为困难。

（三）职务设计的方法

职务设计又称为岗位设计，是在工作任务细分的基础上，给员工分配所要完成的任务，并规定员工的责任和职责。岗位设计的科学性直接决定着人力资源管理工作的有效性，决定着人力资源管理工作作用的发挥。管理人员在职务设计时，应有意识地为提高员工的积极性而改变职务设计。职务设计的方法概括起来有以下几种：

1. 职务专业化

职务专业化就是将工作进行细分，使其专业化，这样员工承担的工作往往是范围狭小和极其有限的，如建筑施工中的监工、电工、木工、装修工等。职务专业化有利于员工专业技能的纵深发展。但是长期从事单调的工作，容易引起员工的不满情绪，导致组织效率下降。职务专业化是职务设计的最基本的方法，在对企业基层职务设计中普遍采用。

2. 职务轮换制

为了暂时解决和缓和工人的不满情绪，可实行职务轮换制。职务轮换制是指工作任务的暂时性变化。通过这一方法，员工的活动变得多样化，这样就拓宽了员工的工作领域，使其获得新的技能，为员工在企业的进一步发展奠定基础。

3. 职务丰富化

职务丰富化又称为垂直职务承载，它充实工作内容，增加职务深度，使职务设计更具有挑战性、成熟感、责任感和自主性，从而提高员工的满意度和工作积极性，有利地改善了职务专业化的弊端，但是在某些单位并未能提高劳动生产率。

4. 职务扩大化

职务扩大化是指增加工作的范围，为员工提供更多的工作种类。相对于职务丰富化来说，它主要是指员工的职务范围增大，是工作范围的水平扩展，因此又称为水平职务承载。职务扩大化赋予员工更多的工作自主权，例如做出决策和更多的控制权。

三、当今竞争环境下对组织设计的要求

（一）以"人本理念"为基调

设计企业组织结构前要综合考虑企业现有的人力资源状况，以及企业未来几年对人力资源素质、数量等方面的需求，以人为本进行设计，切忌用所谓先进的框架往企业身上套，更不能因人设岗，因岗找事。

（二）以"实际适用"为原则

企业组织结构的重新设计要适应企业的执行能力和一些良好的习惯，使企业和企业员工在执行时容易上手，而不能脱离企业实际进行设计，使企业为适应新的组织结构而严重影响正常工作的开展。

（三）以"优化整合、平衡协调"为抓手

任何组织都存在于一定的环境之中，组织的外部环境必然会对内部结构的形式产生一定程度的影响，因此企业组织结构的重新设计要充分考虑内外部环境，使企业组织结构适应外部环境，谋求企业内外部资源的优化配置。同时，企业组织结构的重新设计应力求均衡，不能因为企业现阶段没有要求而合并部门和职能，在企业运行一段时间后又要重新进行设计。总之，职能不能没有，岗位可以合并。

（四）以"突出重点"为特色

随着企业的发展，会因环境的变化而使组织中各项工作完成的难易程度以及对组织目标实现的影响程度发生变化，企业的工作中心和职能部门的重要性亦随之变化，因此在进行企业组织结构设计时，要突出企业现阶段的重点工作和重点部门。

（五）以"更上一层楼"为目标

在为企业进行组织结构的重新设计时，必须遵循拔高原则，即整体设计应紧扣企业的发展战略，充分考虑企业未来所要从事的行业、规模、技术以及人力资源配置等，为企业提供一个几年内相对稳定且实用的平台。

（六）以"坚持原则"为保障

重新设计的组织结构必然会因企业内部认识上的不统一、权力重新划分、人事调整、责任明确且加重、考核细致而严厉等现象的产生而导致干部和员工的消极抵制，甚至反对。在这种情况下，设计人员要有充分的心理准备，采取召开预备会、邀请员工参与设计、舆论引导等手段，消除阻力，但在最后实施时，必须强制执行，严厉惩罚一切违规行为，确保整体运行的有序性，某些被证明不适合企业的设计可在运行两三个月后再进行微调。

四、当今的组织设计挑战

当管理者力求寻找各种能够最好地支持和促进员工有效率、有效果地完成其工作任务的组织设计时，他们必须做好应对某些挑战的准备。这些挑战有来自于内部自身的阻力，也有外部环境带来的威胁。这里主要讨论来自内部的两方面的阻力。

（一）个体的阻力

（1）担心失败的风险性造成的阻力：组织设计实现的结果常常具有很大的不确定性和风险性。这是在客观上阻碍组织设计实现的阻力之一。

（2）经济因素造成的阻力：经济收入在人们心目中有着举足轻重的地位，如果组织设计的实现会使个人直接或间接收入降低的话，必然会受到抵制。

（3）心理因素造成的阻力：组织设计的实现首先会打破原有的稳定格局，使现有已知的东西变得模糊不清和不确定，这意味着组织会打破原有的心理平衡，使他们产生某种程度的不安全感，因而抵制组织设计的实现。

（二）组织的阻力

（1）组织惯性：一种是组织结构层面上的惯性行为；另一种是组织的惯性思维。组织的惯性思维可以帮助组织稳定现状，但对组织的进一步发展却会产生阻碍。

（2）资源限制：除了一些组织想保持现状外，有些组织很想进行转变，但是却没有足够资源。另外，现存的基础设施如体系、技术、设备及组织结构等难以支持新的工作方式，企业可能根本无法获得改变所需的大量资金和时间。

（3）组织文化：文化支撑着企业的长远发展。企业文化一旦形成传统，就认为员工的行为是理所当然的，一旦进行组织的转变，文化就会在深层左右着人们的行为。落后的企业文化会束缚组织前进的脚步，成为阻碍组织设计实现的力量。

（4）组织间的协议：组织间的协议给人们规定了道义上、法律上的责任，这种协议可能约束人们的行为，所进行的变革如果波及一些其他组织的成员的情绪，那些组织也会通过某种方式进行干预。

第三节　授权和委派的含义、作用和维度

通用前 CEO 杰克·韦尔奇有一句经典名言："管得少就是管得好。"要想管得少，就要合理地授权，授权是企业管理的一个重要环节；授权是主管必须掌握的必要管理技巧；只有通过授权，才能将有关责任和任务有效地分配给不同的下属，使任务顺利完成，提高团队的绩效。

纵观中国历史上能成就霸业的帝王将相，无一不是授权的高手，汉高祖刘邦之所以能打败盖世英雄项羽，很大程度是懂得用贤才和善于向下属授权。他把带兵打仗交给了韩信，把决策交给了张良，把后勤财务交给了萧何，通过合理的授权，创造了一个使能人充分发挥自己能力的平台。

一、授权和委派

20 世纪 50～60 年代，伊恩·戈登基于大公司面临的等级制度弊端和管理效率低下问题，提出了"授权"的管理思想。面对以客户为中心和全球市场力量的威胁，许多企业，特别是大公司，需要减少中间管理层次，简化办事程序，提高办事效率，以便满足客户的需要。

（一）委派和授权的概念

1. 委派的概念

委派工作就是将工作职责或职权赋予指定的个人或团队，使该个人或团队对组织产生承诺、归属感和参与感，提升其工作价值和工作贡献度，同时使管理者能够从日常事务中解脱出来，专心致力于那些更重要、更有价值的核心工作。简言之，委派工作就是把工作任务交给下属去做，就是交代别人去做事。

2. 授权的概念

授权是上级向下级委派权力，下级在一定的监督下完成任务，并且在这个过程中有相当的自主权和行动权。

授权的重点是权力的下放，要视员工的能力给予相应的权力，让他们有权去调动其他资源。同时还应该允许他们在工作上自行做决定，放手让他们完成任务，当然还要有领导的配合。最后要让下属列一个计划，把执行的结果向领导报告。授权之前以及在授权过程中需要考量以下三个方面：①事：事务，委派的内容，把事情的过程及执行权交给员工，这是最基础的授权。②责：责任，事情本身连带的奖惩方面的承担，当事情好或坏的时候，责任由谁来承担。③权：权力，授予当事人做决定、过程中必要的调整、过程中的安排与创新的权力。

上级有指挥和监督的权利，下级有报告和完成任务的责任。授权的重点在于如何将权力进行分配，让下属拥有更多的权力。授权就是要把下属从幕后推到台前，更多地发挥下属的主观能动性。集团的用人理念也告诉我们"靠能人，更靠团队"，单凭一个人是不行的，要充分发挥每个人的工作热情与聪明才智，人人都要发挥自己的作用。

（二）授权与委派的区别

在现实的管理工作中，管理者不可能一个人执行完成组织使命的所有工作，所以，工作和执行工作的责任必须委派给其他人。因此，委派被看作授权的一种特殊形式。委派是授权的基础，没有委派就没有授权，而且权责要相等。委派和授权要让员工知道两件事情：一是他要做些什么，即他的工作和职责；二是他的权限有哪些。

此外，授权不同于委派，委派是以命令和说服为主，只是委派任务和目标，对方的责任感不强，也缺乏主动性。授权的核心是授予对方责任和主动权，让被授权者有创造的空间，能采用自己的方法去完成目标。

授权与委派工作的区别，主要表现在以下几个方面：

第一，授权是高级的阶段，而委派是比较基础的阶段。

第二，授权是企业、团队在发展比较成熟的阶段做的事情，而委派则是管理者和经理人从上岗开始就需要做的事情。

第三，委派的重点是工作和任务，而授权的重点则是权力的二次分配。

第四，委派是部门员工理所应当要做的事情，而授权既是下属原来没有某项权限，上司赋予其这些权力和资源，又是与其能力相匹配的一项工作任务。

第五，委派通常意味着分配任务，是针对工作的；而授权是针对个人的，它涉及非工作活动、感情和关系。

二、委派和授权的好处

曾经有人做过一个试验，假如一个人在写一篇文章，每八分钟被打断一次的话，写多少年都写不完。因为当一个人坐下来，开始思考、酝酿、再准备动笔的时间正好是八分钟。每八分钟被琐碎的事情骚扰一下，思路永远是混乱的，永远动不了笔。

对企业主管来说也一样，自己正常的工作不断被打断，结果就是工作越积越多，总也忙不完。所以，委派和授权是现代管理方式和实施科学有效管理行为的需要。简言之，委派和授权的好处如下：

（1）可以把领导者从琐碎的事物中解脱出来，集中精力处理重大问题。

（2）可以激发下属的工作热情，增强下属的责任心，便于齐心协力完成任务。

（3）可以使下属增长才干，有利于培养管理者。

（4）可以充分发挥下属的专长，补救领导者自身的不足，也可使领导者有精力主攻自己的业务工作，更能体现领导者的指挥作用。

三、授权的原则

授权并不是基于组织领导者的一时兴起，授权的内容也不仅仅由需要完成的任务来决定。美国著名的管理行为学家布利斯认为，授权是管理者的良方，当管理者授权他人办事的时候，必须把足够的权力交付于他人，基于这个认识，他提出了著名的"授权法则"管理理论，主要包括以下几点：

1. 相近原则

该原则有两层意思：一是给下级直接授权，不要越级授权；二是应把权力授予最接近做出目标决策和执行的人员，一旦发生问题，可立即做出反应。

2. 授要原则

指授予下级的权力应该是下级在实现目标中最需要的、比较重要的权力，能够解决实质性问题。

3. 明责授权

授权要以责任为前提，授权的同时要明确其职责，使下级明确自己的责任范围和权限范围。

4. 动态原则

针对下级的不同环境条件、不同的目标责任及不同的时间，应该授予不同的权力。贯彻动态原则体现了从实际需要出发授权，具体可采取：

（1）单项授权，即只授予决策或处理某一问题的权力，待问题解决后，权力即收回。

（2）条件授权，即只在某一特定环境条件下，授予下级某种权力，环境条件改变了，权限也应随之改变。

（3）定时授权，即授予下级的某种权力有一定的时间期限，到期权力应该收回。

四、授权的维度

根据员工能力大小和知识水平高低进行适当授权，是授权得以成功的关键。以功授权、以资历授权则会贻误大事。企业可以通过绩效评估、素质测评、观察、访谈等方法对员工能力进行排序，实施梯次授权维度。

1. 制约授权

对于刚进公司缺乏工作经验的新员工，可采用制约授权方式，交给他们最基本的事务性工作，同时对他们的行为进行实时监督检查，促使他们尽快熟悉工作过程和技能。企业主管此时是指导者身份，只需对部属进行详加指教即可。

2. 弹性授权

当部属有了一定工作经验，但技能欠缺时，这时就可以采取弹性授权制，不定时交给部属一些具有挑战性的工作，同时给他们相当的工作支持，企业主管此时扮演教练员角色，把下属扶上马，言传身教，让部属尽快成长起来。

3. 不充分授权

扶上马之后，自然要送一程，当员工具有相当经验和技能时，主管可将非常重要的工作交给他做，如重要项目的谈判、公司最主要客户的拜访、公司重要决策的参与制订等，主管此时就摆脱了具体指导，成了员工的坚强支持者，这类员工通常是公司的中层骨干。

4. 充分授权

实施充分授权的通常是公司的核心员工，是企业重点培养的对象。对于这类员工，只需把任务交给他，就可以信马由缰，让其自由发挥，主管此时只需握住缰绳，别让其偏离轨道就行了。

授权的这四个阶段是从低到高，依次递进的。由于员工的能力、素质、态度的差异，有些人只能处于二、三阶段，能达到充分授权的只是一小部分员工。

【课后实训】

组织中的不同层级有不同的职权，权限则会在不同的层级间流动，因而产生授权的问题。授权是管理人的重要任务之一。有效的授权是一项重要的管理技巧。若授权得当，所有参与者均可以受惠。但工作中经常出现不愿意授权的现象，原因何在？

分析：

（1）技术专家心态。对下属的能力存疑，对下属缺乏必要的指导；以掌握某一项技术为荣；认为自己做可能会更快；管理角色的定位不准确，忘了自己应该做的是计划组织、协调领导和控制的工作，而把精力分散到一些具体的事情上。缺乏信心。

（2）权力主义。喜欢控制一切；害怕失去控制；不喜欢下属超越；工作主义倾向，工作狂心态，一旦没有工作干，就会惶惶不可终日，一定要做些事情才觉得有趣。

（3）害怕挑战。担心下属的成长对自己构成威胁。

（4）效率假象。也就是说有些企业主管认为自己能做得更快、更好，与其花半个小时向下属讲解、示范，不如自己花 10 分钟做好。但关键问题是，假如每天都有这样的工作，那只能永远由主管自己做，而下属永远也不会做。

第四节　授权的方法和技巧

一、有效授权

学习授权的方法和技巧，首先要正确理解授权，管理者要明白什么是有效授权。有效授权，是企业管理一个非常重要的环节，也是企业主管人员必须要掌握的一个必要的管理手段。只有通过授权，才能够将有关的责任和任务有效地分配给不同的下属，使任务能够顺利地完成，提高团队的绩效，使企业主管人员能够空出更多的时间处理更重要、更有价值的事情（图 10-8）。

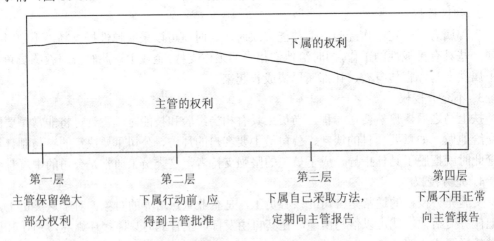

图 10-8　主管权力下放的四个层次示意图

图 10-8 显示了主管权力下放的四个层次。

第一个层次：主管保留绝大多数权力。

在这一层次，主管分配工作，下属无任何自决权力，必须按照主管指示行事，不能有任何偏差，遇到困难事事请示主管。

第二个层次：下属行动前应该得到主管的批准。

在这一层次，下属思考及讨论如何完成工作，最后由主管修正、决定和批准。

第三个层次：下属可以自己采取方法，定期向主管报告。

这时下属的权力越来越大，可以自己设定目标，采取方法，但是必须定期向主管报告工作进度。

第四个层次：下属不经常向主管报告。

这一层次的授权更充分，主管给予下属全部权力，自己退居幕后，放手让下属完成工作。所以这个层次是授权式的。

如果授权过度，就会出现放弃权力的情形；但如果授权不足，又会造成管理者的负担过重。因此，需要寻求授权适度的平衡点，以避免这两种情况的出现，公司高层对主要决策和方案选择做出决定，如财务、总利润目标、预算、重大设备及资本支出、重要的新产品方案、主要的销售战略、重要的人事调整、员工培训发展、薪酬政策等。这些决定的具体执行，可充分授权给下属部门和员工团队。

二、授权的程序

授权的程序可以分为四个步骤。

（一）确定任务

明确授权任务就是要让受权者明白要做什么，从哪里着手做，为什么要这么做。管理者必须对任务的主要内容、结构形式、工作程序有清楚的思路，并将自己的思路告知受权者，告知受权者为什么要完成这项任务，该项任务在公司战略规划中的地位，甚至还要事先明确预期成果。

对不同性质的工作任务应该采取不同的授权方法。大部分的常规、重复、琐碎的工作都适合授权，如一些日常工作、例行工作，以及下属擅长的工作都可以授权。可以根据工作常规与否和风险程度把工作分成四大类，如图10-9所示。

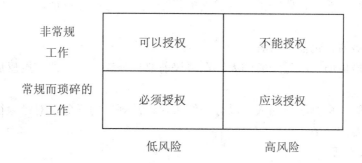

图10-9　授权与工作性质的关系示意图

（1）低风险、常规而琐碎的工作。

这种工作一定要授权。

（2）高风险、常规而琐碎的工作。

这种工作可以授权，但在授权之前要制订详细计划、进行技能辅导和训练，还要加强监督和过程控制。

（3）低风险、非常规的工作。

这种工作风险低，即使出现差错，也没有太大的危害，可以授权。但因为下属碰到非常规性质工作的机会比较少，不一定具备处理该问题的技能，所以需要进行培训和辅导，为他们提供一些必要的帮助。

（4）高风险、非常规的工作。

这种工作是否授权要具体情况具体分析。如果下属处理过此类事件，经验丰富，就可以授权，否则不能授权。

还有一些工作是绝对不能授权的，例如一些非常规的、领导性的、高风险的、关键性的工作。总之，授权与工作分类有密切关系，应当引起重视。

（二）制订计划

对授权做预先控制的最基本手段就是预先规定目标与成果。所谓预先，是根据数学模型计算出授权工作应达到的成果，根据组织需要和条件限制预测应实现的目标，这个预先确立的成果和目标，就是对受权者工作的整体性规定，这也是一种极为有效的预先控制措施，能防患于未然。

（三）选贤任能

授权工作就其目的来讲，主要有以下两个方面：一是寻找合适的人选去完成特定的工作；二是通过授权工作，培养企业后备人才。这两个方面目的的实现均与企业的人才战略有重大关系，都可能从根本上影响企业的核心竞争力。因此，在授权工作中，选人用人是一项具有根本性、前瞻性的任务。

一般来说，可授权的人员分为三大类：

（1）资历深，经验丰富者。

对于经验丰富的人，授权后就不要再干涉其工作，否则，他会觉得领导对他不信任，容易引发不满情绪。

（2）颇有经验，缺乏信心者。

对于颇有经验的人，要提供一定的支持和监督，一方面支持他，一方面监督他，相辅相成。

（3）极具潜质，仍需学习者。

对于极具潜质但又缺乏经验的人，在授权前要加强辅导、培训，授权后做充分的支持和监督。

对颇有经验和极具潜质的人可以分配低风险、常规性的任务，对经验很丰富的人可以委派大型、重要的任务。

（四）落实分工

找到合适的人选以后就要落实分工，具体要做好以下工作，如图 10-10 所示。

（1）陈述背景：说明任务的背景、重要性及选择他的原因。

（2）评述工作：详细告知工作范围、预期进度、要求水平、拥有的权力范围、征询意见、取得的承诺，这项工作类似人力资源里的岗位描述。

（3）支持指导：对没有经验或者缺乏信心的下属加以培训、指导。

（4）商定进度：商讨工作方法、制定工作进度、时限要求以及汇报和商讨形式。

（5）通知各方：通知与工作相关的人士，使下属名正言顺，运用其权限去推进工作。

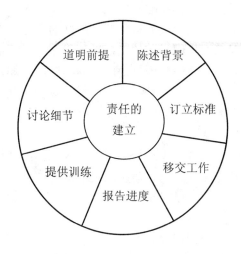

图 10-10　授权工作落实分工

（五）跟进完成

跟进完成是授权程序中的一项重要工作，领导可以视下属的成熟程度和授权程度，与下属保持一定的联络，检查进度，商讨应变措施。有效的跟进建立在坦诚沟通的基础之上，要积极客观地处理问题，而不是只追究责任。下属任务完成得好，要真诚地表扬其成绩，及时激励，给予下属一定的奖励。如果任务没有很好地完成，也应该根据实际情况使其承担一部分责任。

（六）授权后的监督与控制

贯穿于整个监督与控制过程的主线就是预先设定的任务和目标，只有建立了完善的任务和目标体系，才能在此基础上评价员工工作的成败得失，纠正错误，奖励创新；可以收集信息，并及时根据新情况调整目标；同时还可以对员工进行评价和指导，使授权工作始终沿着目标设定的方向发展，不偏离轨道。此外，还可以通过定期检查、突击检查的形式进行监督与控制。

三、授权的技巧

授权有很多方式，在每一种方式下所授予的权力的大小均有不同，控制的宽严程度不同，需要达到的目标状态也不同。因而不同的授权方式会产生不同的结果，能起到不同的作用。在各种授权方式中，充分授权与模糊授权是两种有代表性的授权方式。

（一）充分授权技巧

充分授权，顾名思义，就是授权事项充分明确，授受双方的关系严格限定，是大多数授权工作采取的方式。良好的管理，应从学会如何进行充分授权开始。

（1）必须做到事项明确。

充分授权首先要求授受双方就授权事项所需的各种条件全面约定，并加以明确。其次，需要明确双方权力的划分与责任分担；最后充分授权还应规定明确的期限，没有期限限制，责任就无法确定、无法落实，授受双方的互相约束也就成为虚无。

（2）必须做到各事项"程序化、标准化"。

要使被授权者获得真正意义上的权力与责任，最好的途径就是将授权中的各项工作程序化，各种评价与检查依据标准化进行，如工作过程程序化、评估检查程序化、控制过程程序化、各种评价依据标准化等。充分授权是内容详尽全面、规定严格的授权方式，是一种广泛运用的授权方式。管理者只有在掌握了充分授权的意义，并能熟练运用授权技巧时，才能真正进入管理角色，成为一名成功的管理者。

（二）模糊授权技巧

模糊授权是一种新兴的授权方式。这种类型的授权工作，其任务虽然能够描述但是难以衡量，目标可以预测但是无法计算；它需要最灵活的工作方式，有着巨大的预期利益，同时也有巨大的风险；它的期限难以确定，只能大致规定。要想做好模糊授权，需要注意以下几个方面的内容。

（1）创新性授权任务考虑模糊授权。

模糊授权主要是针对那些重大而复杂的创新性事务而使用的。这种事务虽然对组织发展关系重大，但是具体怎么做，可能会出现什么样的结果，需要下放多少权力合适，管理者本身也难以确定，但又不得不去做。这样的事务如果要通过授权解决，授受双方在权力分配、责任分担、目标预期、时间限制等方面只能有大致的规定，而无法详细约定。

例如，开拓市场时，管理者如果授权下属进入某一区域市场，而这个市场以前公司从未涉入，就可以采取模糊授权。给下属一定的时间先调查市场情况，给予下属足够的权力调动产品。至于具体给予多少时间和权力，只能根据市场情况及变化来调整。这个任务也无法限定具体的期限和目标成果。

（2）管理者要绝对信任下属。

模糊授权既是各种事项都难以明确的一种授权方式，又是用于解决复杂性、创造性任务的有效方式。管理者挑选授权对象时，必须慎之又慎，一旦选定了受权者，就应该对他绝对信任。如果不信任下属，时时要询问情况，检查进度，干预下属的决策，很有可能导致下属错误判断形势；或者导致下属过于谨慎而畏首畏尾，不能准确把握时机，做出科学决策。

（3）要求管理者对下属多支持、少掣肘。

对于管理者来说，要更多地支持受权者的工作，更少地干预他们的决策。在模糊授权中，下属本来也只能根据自己的判断，大部分时间是根据自己的直觉去完成工作，所以若管理者对受权者的干预较多，将影响下属能力的发挥。

（4）管理者应当承担授权工作的大部分责任。

模糊授权所要完成的任务往往具有不确定性，风险很高。对于下属来说，他们的地位和角色是难以承担起主要责任的，那么，授权的风险和责任自然而然就应由管理者自己承担。

（三）妥善处理需要撤销的授权

撤销授权是一种对授权的终极控制手段，是对授权本身的完全否定。撤销授权的决定一旦做出，为授权而做出的各种努力也就前功尽弃了。管理者在对授权工作的控制过程中，一定要谨慎对待撤销授权。

（1）仔细调查，谨慎决定是否撤销授权。

对授权工作的控制手段有很多种，管理者只有在通过各种方式了解到授权工作的进展不利，并且无法采取其他控制手段纠正工作中的过错时，才可考虑撤销授权。大致来说，可能导致撤销授权的情况是：一是计划本身基于错误判断，确定无法完成目标的。如果制订计划所依据的信息本身是虚假的，那么基于该信息确立的目标肯定无法实现。在这种情况下，继续让授权工作进行下去，只会白白浪费资源，这时可以考虑撤销授权。二是受权者根本不具备完成工作的能力。如果授权后发现受权者根本不具备完成工作所应有的知识、能力时，再让他做下去没有任何意义，这个时候管理者只能撤销对他的授权，将工作转交给其他人做，或者将工作暂时搁置。三是情况变化致使授权工作没有必要再进行下去。例如，管理者授权下属设计一个软件程序，但是在下属还没有完成工作时，已经有更好的同类软件出现了，再做下去就没有必要了。

（2）妥善处理撤销授权的善后事宜。

如果是因为下属的原因导致授权被撤销，必须追究下属的责任。因为这是下属工作中的一个重大失误，下属必须为自己的过错负责。如果是管理者的原因，管理者应该主动承担责任，自我检查，并且安抚下属，重新给他们安排工作，同时还要稳定组织内的情绪。如果是客观原因造成撤销授权，则管理者应该主动承担大部分责任，并且重新估量形势，做出决策，安排好下属的工作。

（3）消除影响，使损失降至最低。

一旦做出撤销授权的决定，管理者有责任减小它的影响，使撤销授权造成的损失降到最低。

（4）运用各种提问了解事后信息。

每一次撤销授权，都是对管理者的反面教育，管理者应针对不同的撤销原因总结教训，避免以后的授权出现类似情况，造成不必要的损失。撤销授权是不值得提倡的，所以管理者在面对这个问题时，切记慎之又慎，从源头上防范，但又要有处理这种情况的对策。

【课后实训】

授权既是必备的领导科学知识，同时也是一种领导艺术才能。懂得授权，敢于放权并善于放权是一个管理者取得成就的基础和条件。尽己之能不如尽人之力，尽人之力又不如尽人之智，高明的领导者一定是能把员工的积极性充分发挥出来，通过聚大家之力和大家之智来达到管理的目的，而不是事必躬亲，成为事务的奴隶。

每 5 人左右组成一个课外实训小组，盘点自己在实训小组的工作项目，将可以委派、授权的工作标出来，选 2～3 项委派、授权给其他同学做，完成后写一份总结。

本章小结

授权就像踢足球一样，教练必须根据每位球员的特点将其安排在合适的位置，明确每位球员在球场上的职责，在比赛过程中，教练又要根据球员的场上表现及时地换人、换位。同时又要提醒场上队员应注意的事项，做到对全场比赛的有效控制。有效的授权，既能让下属分担工作，又可以人尽其才，减少资源浪费；有效的授权，既能让员工承担起责任，又可以有效激励员工；有效的授权，既能培训员工，又可以让员工拥有成就感！授权的艺术的全部内涵和奥妙在于：做什么？让谁做？怎么做得更好？如果企业充分考虑到以上三个因素，采用合理的授权可以提高企业服务水平、增强市场竞争力，并且能不断创新和增强企业的灵活性，增强组织决策的效率和水平。同时也能使管理层获得更多的时间，缓解压力，使员工获得相对的信任与激励。

本章习题

1. 什么是授权？授权和委派的区别是什么？
2. 联系实际，谈谈一个组织的领导者应如何授权？
3. 根据个人情况，评价班级管理者的授权能力。
4. 影响授权的因素都有哪些方面？
5. 授权有哪些方法和技巧？

第十一章　社会责任、创新和可持续发展

引例：

孔子曰："君子喻于义，小人喻于利。"但在现代市场经济时代，重利是企业的本性，而且，社会也需要有"利"的企业。但仅仅有"利"的企业不一定受尊敬，有"利"又有"义"的企业才是受尊敬的企业。

2009 年 12 月 4 日，在北京举行的"2008—2009 年度中国最受尊敬企业颁奖典礼暨论坛"，加多宝王老吉等 26 家企业获"中国最受尊敬企业"殊荣，加多宝王老吉成为当年中国最受尊敬企业名单中唯一一家中国饮料企业，这也是加多宝王老吉首次获得"中国最受尊敬企业"称号。加多宝王老吉在企业十年的发展过程中，始终凭借着对企业社会责任的独到理解并持续积极履行社会责任、参与社会事务，这也是加多宝王老吉获得"中国最受尊敬企业"的密码。

1. 社会责任履行创新，第一罐荣获"最受尊敬"

加多宝王老吉履行社会责任绝非始于 2008 年"5·12"汶川大地震后捐款一亿元的惊鸿一现。加多宝王老吉至今已坚持 9 年的"王老吉-学子情"项目，向每位贫困高考生提供助学金，捐赠金额数千万元，惠及学子近 3000 人。据该公益项目负责人介绍，"王老吉-学子情"将伴随加多宝的发展与成长持续下去，以一己之力为中国大学生成长贡献力量。正是加多宝王老吉的这种坚持，"王老吉-学子情"也成了中国企业界捐资助学行为的一块金字招牌。除此之外，加多宝集团与中国扶贫基金会出资 1000 万元，建立"加多宝扶贫基金"，开展孤儿救助和实施全民公益宣传推广。

除了大手笔的捐款，加多宝王老吉对企业社会责任的解读进行了独具匠心的创新。加多宝王老吉人认为的社会责任，还包括对社会公共事务的积极参与，真正扮演起企业作为一个社会公民成员的角色。2008 奥运年，为了与全国人民一起迎接奥运，加多宝集团与国家体育总局携手开展 56 个民族"祝福北京 祈福盛典"的大型活动。该活动投入资金过亿，费时一年，成了全国各族人民积极参与奥运，对外展现中华民族大家庭才艺的大舞台，创造了极大的社会效应。在奥运开幕前夕，加多宝王老吉在美国纽约港租用游船，打出"2008, Welcome to Beijing"的口号欢迎海内外嘉宾光临奥运会，更是传为佳唱。在 2009 年，加多宝王老吉斥资 2 亿元成为广州 2010 年亚运会高级合作伙伴，也延续了其对公共事务积极参与的理念。

正是有了加多宝王老吉人对企业社会责任独特理解及持续投入，加多宝王老吉也获得了社会效应的创新，实现了社会效益与品牌效益的双丰收。加多宝王老吉率先捐赠灾区的一亿元，除了让全国网民兴奋了一把，还带动了广大企业的认捐潮，从而推动更多的公众参与到对灾区的捐款中来。"捐款就捐一个亿，要喝就喝王老吉"成为网络上各大论坛里最火热的名词。正如一位网友留言，"有社会责任的企业，应该赢得更多尊重，我们要用行动来支持王老吉。"一时间加多宝王老吉在中国的知名度和好感度呈直线上升，更有人只是因

为王老吉的这笔捐款而积极购买王老吉，使得一些地方的超市出现了货柜上王老吉全部脱销的场面。

2. "最受尊敬"体现企业可持续发展竞争力

除了在自身企业可持续发展竞争力方面表现突出，加多宝王老吉在行业可持续发展竞争力的培育上也挑起大梁。中国具有广泛的、丰富的中华老字号"非物质文化遗产"资源。如何盘活这部分资源？如何获得持续发展的动力？王老吉凉茶作为中国第一批"非物质文化遗产"，在现代商业环境中如何传承、发展？是这个品牌发展面临的一个最重要问题。加多宝王老吉作为王老吉品牌的运营方，通过积极的市场化运作及现代化企业经营管理，将王老吉这个百年品牌打造成中国饮料行业的第一品牌。加多宝王老吉在中华老字号的产业保护和产业化发展中也拓展了一条新的途径。

据媒体公开报道，2008年王老吉单品销售额超过百亿，2009年将超过150亿。2009年3月，加多宝王老吉荣膺国家统计局中国行业企业信息发布中心颁布的"连续两年全国罐装饮料市场销售额第一名"称号，成为"中国饮料第一罐"。加多宝王老吉还荣获中国食品工业协会评选的"2008年度中国食品工业百强企业"和"中国软饮料行业十强企业"称号，继续保持凉茶市场占有量第一的行业领导位置。如此这般，加多宝王老吉也走出了一条"以商养老字号，以企养老字号"的中华老字号发展新路径。2008年，加多宝罐装王老吉饮料销售额在中国市场全面超越罐装可口可乐，成为中国最畅销的罐装饮料。

2009年5月的"添加门"事件把王老吉再次推到了风口浪尖，网络媒体调查显示，有很大一部分网民认为王老吉应该下架或召回产品。王老吉品牌看似命悬一线。但是吉人自有天相，王老吉的命运在第四天即峰回路转。5月14日，卫生部正式回应，对这场食品安全风波做出了最权威的表态——王老吉凉茶是依法备案和销售的产品，食用绝对安全。

王老吉品牌在短短四天之内经历了从地狱到天堂的"生死时速"。表面看来，这次危机事件的导火索是中草药夏枯草，而中国消费者对于夏枯草清热去火的功效比较熟知，相对而言容易接受。加之卫生部很快面面澄清此事，以至于王老吉能够迅速转危为安。其实，究其深层原因，挽救王老吉最重要的原因，是其长期积极承担社会责任而建立起来的良好企业形象。此次王老吉事件，舆论中的各方观点直面交锋，各种力量胶着博弈，但有一种"挺王"力量始终占据主流。这就是：理解王老吉、相信王老吉、支持王老吉。以新华网为例，自王老吉事件以来相继刊发或转发了多篇相关报道、评论，在跟帖中，可以看到绝大部分网民对于王老吉表示出相当的理解、高度的信任和积极的支持。

加多宝王老吉一次次地证明了，积极履行社会责任及产业创新保护能带来企业业绩及品牌的提升，这也为企业持续承担社会责任奠定了坚实的基础。

什么是"最受尊敬企业"？就是最能够为社会创造价值和财富的企业。或者更明白一点说，就是最具社会责任感的企业。《左传》曰：礼，经国家，定社稷，序人民，利后嗣者也。对于企业来说，这个"礼"，就是积极承担社会责任、积极参与社会事务。加多宝王老吉将积极承担企业社会责任当作企业经营的重要理念，这就是加多宝王老吉因何而赢得尊敬的密码。

（资料来源：王钦敏，全哲洙. 中国民营企业社会责任报告（2015版）[M]. 北京：社会科学文献出版社，2015：119.）

热身思考：你们觉得作为企业的领导者应如何承担起企业的社会责任感？思考时注意

结合三鹿毒奶粉事件的反面案例思考，企业社会责任包括哪些方面呢？好的企业承担社会责任对企业的长远发展有何益处呢？

第一节　社会责任和企业可持续发展

今天在中国，企业社会责任的概念几乎无人不知，但是令人遗憾的是，在实践上国内企业仍处于较为初级的阶段。同时，不论是企业还是关注者，往往都只是聚焦于企业捐了多少钱，获得什么称号等，而没有注意到企业的社会责任应该与企业的长期发展战略和竞争优势有机地结合才能够生生不息；也忽视了企业的社会责任除了捐献数字后面有多少个零之外，更应该注意企业在高效推行企业社会责任方面是否真正投入了智慧，而不是低效率地"花钱换荣誉"。

企业社会责任是指企业在创造利润、对股东承担法律责任的同时，还要承担对员工、消费者、社区和环境的责任。企业的社会责任要求企业必须超越把利润作为唯一目标的传统理念，强调在生产过程中对人的价值的关注，强调对消费者、对环境、对社会的贡献。而我们也相信，一个商业组织在其经营过程中对企业社会责任（Corporate Social Responsibility, CSR）的承担不仅仅是一种责任，更是一种能力。拥有这种能力的商业组织可以使其实现社会价值的同时，也能够推动企业自身可持续发展——这就是 CSR 竞争力。

企业经营的目的在于创造更高的公司价值，主要的目的就是"增加公司获利"。但是近年来，随着社会关怀、环保议题、公民意识的抬头，衡量公司经营成功与否不仅是短期财报数字的增减，更重要的是公司永续经营发展的潜力，因此"企业社会责任（CSR）"成为企业营运的新趋势，国际上相关评估指标也因应而生（如道琼永续性指数 DJSI、伦敦股票交易所体系下的 FTSE4 Good），这些反映出企业社会责任不仅是社会期待，更是未来的投资潮流！

但是 CSR 在推广过程中，往往不仅无法有效达到企业回馈社会的美意，公司也无法从 CSR 回收该策略应该为公司带来的长期价值创造，其实 CSR 不仅是"助人"也是"利己"。员工 CSR 参与度不高，往往是因为员工无法清楚认知 CSR 策略和个人职能发展与公司未来展望有何明确关系。企业在 CSR 策略拟定上，通常都必须先经过严谨的效益评估；有了这些分析基础，公司高层可以更清楚了解到此举在展现企业回馈社会的诚意之外，还能替公司营运带来多少实质帮助。此外，这些分析评估也可让企业在内部沟通方面，让员工了解 CSR 不仅是单纯的公益行善，对公司与员工本身也有实质的正面影响，真正达到社会、公司、员工"三赢"的局面。举例来说，"使用再生纸""鼓励双面打印"都是很基本的 CSR 环保策略。企业会估算策略执行后，将具体减少纸张的消耗，并为公司减少购买纸张的开销，随着开销花费的减少，公司的获利空间则会提升，这对公司股价、股票分红都有正面的帮助。同样，"助人也利己"的逻辑也可以应用在 CSR 的其他层面：例如在员工响应的义工计划中，计划内容可以与员工所能提供的专长、公司经营的核心价值互相配合。因为计划内容与公司业务属性雷同，因此员工都具备胜任的技能与潜力，员工也可通过义工的经历，更加精进工作技能，有利于员工自身的职业生涯发展。在一个群体之中，由于群体成员之间认知水平不一，个人的个性不一，对各类事物的态度不一，要使群体能够发挥作用、防止社会堕化和平衡冲突，最终实现共同目标，就必须要有领导者来领导大家建立群体规范、落实角色分工，统一群体成员的思想认识，增强凝聚力，将大家团结在一起，为共同实现群体目标而努力。

一、企业社会责任的内涵与特点

（一）企业社会责任

企业社会责任又称为公司社会责任（Corporate Social Responsibility，CSR），至今没有公认的定义，只有相关内容的描述。它主要是指企业在决策与经营活动中有义务和责任处理好相关利益者之间的关系。这种关系往往超越了传统意义上的企业所具有的性质与所承担的义务与责任范围，所以具有社会性，是社会性的责任。

（二）企业社会责任的内涵

企业社会责任一般包括四大方面：经济责任、社会或法律、伦理或道德或慈善、生态环境。这四大方面的每一个扩展，都具有一定的逻辑关系，体现了社会发展的阶段与水平。其特点包括：自愿性、延伸性、约束性、间接损益性。

讨论企业社会责任问题，本质上体现的是对企业功能与角色的认识的演变，主要是从社会大系统的角度认识问题。

二、企业社会责任的起源与背景

（一）工业化

企业在工业化进程中担当主角，而工业化并不只是一个经济问题，它是人类社会发展的一个重要阶段，企业影响向其他领域的扩大与渗透，使企业成了社会的主角，仅仅发挥经济功能是不够的，必须承担社会责任。

（二）市场化

现代意义上的市场化与工业化的进程具有高度的一致性，而市场化实际上将人们的生产与生活都纳入到了市场关系之中。

（三）国际化

工业化发达国家首先注意到并重视企业社会责任问题，随着经济活动国际化，先进的理念与制度必须成为共同遵守的规则，企业社会责任成了这种规则的有机组成部分而在全世界传播。产生经济、社会、生态等问题，特别是生态环境问题所引起的关注与忧虑，使得人们对企业产生越来越多指责的同时，也赋予了越来越多的期待。这种期待进一步扩展为企业的一种特殊竞争力，即责任竞争力。

（四）企业家主观认识

企业家主观认识到承担社会责任的义务与快乐。做一个更好地履行企业社会责任的企业家具有时代自豪感与成就感，从而使其成为一种新的激励机制（当然也是一种约束机制）。

三、CSR 的 10 个相关概念

与 CSR 相关的 10 个相关概念包括：① Business Ethics 商业伦理；② Business & Human Rights 商业与人类权利；③ Corporate Accountability 企业责任；④ Corporate Citizenship 企业公民；⑤ Corporate Governance 公司治理；⑥ Corporate Social Responsibility 企业社

会责任；⑦ Corporate Sustainability　企业可持续发展；⑧ Environmental Management　环境管理；⑨ Occupational Health & Safety　职业健康与安全；⑩ Stakeholder Engagement　利益相关方参与。

强调企业社会责任的作用可优化企业内部、企业与社会、企业与环境的关系，实现企业目的与其他目的相互促进与统一。有利于增强企业内部凝聚力，有利于促进社会整体发展，有利于可持续发展，有利于转变发展方式，有利于改善企业负责与诚信的社会形象，有利于创造企业的社会责任竞争力。

【课后实训】

1. 课堂讨论：企业履行社会责任的利与弊

参考资料：圣加·L. 霍姆斯曾就履行企业社会责任后对企业可持续发展的长短期影响询问了美国 560 家企业的高层管理者，结果如表 10-1 所示。

表 10-1　履行企业社会责任后对企业可持续发展的影响

	结果	百分比		结果	百分比
积极的结果	企业信誉改善	97.4	消极的结果	短期获利率下降	59.7
	社会制度得到改善	89.0		消费者承担的价格提高	41.4
	经济制度得到强化	74.3		管理绩效评价标准有冲突	27.2
	雇员的工作满足感增强	72.3		对股东不利	24.1
	避免政府干预	63.7		生产率下降	18.8
	高级管理者的工作满足感增强	62.8		长期获利能力降低	13.1
	企业生存的机会增多	60.7		政府干预增加	11.0
	有利于吸引更好的管理人才	55.5		经济制度削弱	7.9
	长期获利能力增强	52.9		社会制度削弱	3.7
	留住和吸引顾客	38.2			
	投资者喜欢对社会负责的公司	26.6			
	短期获利能力增强	15.2			

结论：由上述结果可知，企业在履行社会责任后对企业的长远可持续发展是利大于弊的。企业面临 CSR 的选择是客观形势决定必须参与、主观态度应当积极参与、长期乃至短期利益可期可得可观可靠。

2. 案例分析：紫金矿业污染事件回顾

2010 年，福建的紫金矿业公司由于一次污染事故从不为人知到家喻户晓。7 月 3 日，福建省上杭县紫金（金）铜矿，因为连续降雨，导致厂区溶液池区底部黏土层掏空，污水池防渗膜多处开裂，渗漏事故由此发生。污染事件后果严重，造成了 9100 立方米的污水顺着排洪涵洞流入汀江，导致汀江部分河段污染及大量网箱养鱼死亡。此次污染事件，无论是对当地的生态环境还是居民的健康来说，都是大灾难。回顾整个事件，紫金矿业在事故发生之前早有多次污染源渗漏事件，厂方也多次被曝出给媒体部门"封口费"的丑闻。在汀江，附近居民对紫金矿业的污水处理方式不当早有意见，"死鱼"事件早在 2010 年初就发生，因为状告无门，百姓们只能忍气吞声。

事故一发生，上杭县公安局就于 2010 年 7 月 15 日对紫金矿业涉嫌重大环境污染事故案立案侦查。整个侦查诉讼过程长达大半年，终于在 2011 年 1 月，新罗区法院对该案做出一审判决。判决结果是紫金矿业集团股份有限公司紫金山金铜矿犯重大环境污染事故罪，判处罚金人民币 3000 万元。直到 5 月 4 日，紫金矿业公告称公司近日收到福建省龙岩市中级人民法院刑事判决书，维持新罗区法院对紫金矿业集团的一审判决：紫金矿业集团股份有限公司紫金山金铜矿犯重大环境污染事故罪，判处罚金人民币 3000 万元。

问题：根据此案例，你有什么思考和启示？紫金矿业为什么会发生这样的悲剧？在生产经营中忽视了什么关键问题？

第二节　创新与企业可持续发展

一、创新的来源

比尔·盖茨曾强调创新的重要：以前人们认为经济发展来源于资本和劳动，今天它们已经被创新超越。全球化的今天，人才资本都可以流动，各国都重视创新，军事技术民用化，即使美国作为创新先锋，也要采取措施保持进一步创新的领先。

美籍奥地利经济学家熊彼特于 1912 年提出了创新的概念，他认为"创新"属于经济范畴而非技术范畴，不仅是指科技上的发明创造，更是指把已发明的科学技术引入企业之中，形成一种新的生产能力。他认为创新包括以下五种情况：

（1）引入一种新产品。

（2）采用一种新的生产方法。

（3）开辟一个新的市场。

（4）获得一种新的原材料或半成品的供应来源。

（5）实现一种新的工业组织形式。

二、三种创新模式

"一个和尚挑水吃，两个和尚抬水吃，三个和尚没水吃。"如今，这个观点已经过时了。现在的观点是"一个和尚没水吃，三个和尚水多得吃不完。"有三个庙，这三个庙离河边都比较远。怎么解决吃水问题呢？

第一个庙，和尚挑水路比较长，一天挑了一缸就累了，不干了。于是三个和尚商量，咱们来个接力赛吧，每人挑一段路。第一个和尚从河边挑到半路停下来休息，第二个和尚继续挑，又转给第三个和尚，挑到缸里灌进去，空桶回来再接着挑，大家都不累，水很快就挑满了。这是协作的办法，又称为"制度创新"或"机制创新"。

第二个庙，老和尚把三个徒弟都叫来，说我们立下了新的庙规，要引进竞争机制。三个和尚都去挑水，谁挑得多，晚上吃饭加一道菜；谁水挑得少，吃白饭，没菜。三个和尚拼命去挑，一会儿水就挑满了。这个办法称为"管理创新"。

第三个庙，三个小和尚商量，天天挑水太累，咱们想想办法。山上有竹子，把竹子砍下来连在一起，竹子中心是空的，然后再买一个辘轳。第一个和尚把一桶水摇上去，第二个和尚专管倒水，第三个和尚休息。三个人轮流换班，一会儿水就灌满了。这称为"技术创新"。

以上和尚挑水的故事间接地反映了创新的三种形式。

1. 制度创新

它主要包括两个方面的内容。

（1）产权制度的创新。产权制度是决定企业其他制度的根本性制度，它规定着企业最重要的生产要素的所有者对企业的权力、利益和责任。

（2）经营制度的创新。经营制度是有关经营权的归属及其行使条件、范围、限制等方面的原则规定。

2. 管理创新

管理创新是指用新的、更有效的方法来整合组织资源，以期更有效地达成组织的目标与责任。

3. 技术创新

技术创新主要指三个方面，即要素创新（如材料创新、设备创新）、要素组合方法的创新（如生产工艺创新、生产过程的时空组织创新）、要素组合结果创新（如品种创新、产品结构的创新）。

三、创新与企业发展

创新是一种精神，一种能力，更是可持续发展的一种动力。企业要想实现可持续健康发展，就必须将管理创新、机制创新、技术创新和文化创新四个环节，统筹兼顾，协调发展，形成合力，才能全面提升企业的竞争实力和发展潜力。

（一）管理创新

1. 创新管理模式

以企业资源管理为载体，打造信息化管理新模式。从管理流程、管理手段上进行突破，注入精益管理等新理念，建立效能更强、效率更高和成本更低的生产经营模式，实现管理创新。

2. 创新管理理念

企业必须深入贯彻落实科学发展观，大力提倡节约意识，通过精益化管理，扎实推进节能降耗和污染减排工作，实现资源优化配置和可持续发展。

（二）机制创新

机制决定活力。企业内部各项机制必须随着企业内外部形势和环境的变化，及时进行创新与完善，否则就必然会制约企业生产经营的进一步提高。所以，企业须进一步健全风险防范体系、标准化制度，完善激励与考核机制。重点要完善企业负责人业绩考核，建立以能力和业绩为导向的职业发展机制，推进薪酬分配制度改革，发挥薪酬的激励作用；建立新型劳动用工机制，统筹过程评估与结果考核，充分调动员工的积极性和创造性；建立健全有效的监督约束机制，有效防范各种风险，为提高企业竞争力和员工队伍素质、推进"两个转变"建立机制保障。

（三）技术创新

（1）在安全生产、经济效益和环境保护等指标上大力推进技术创新。

（2）密切关注与行业相关的科学技术的发展趋势，结合设备系统的实际，实施有计划、有针对性的技术改造，提高系统运行的经济性和安全可靠性。

（3）主动帮助企业降低能耗。大力支持节能减排重点工程，通过节能技术创新拓展企业可持续发展的环保空间。

（4）充分发挥好群众性科技攻关等活动，通过设立专项奖励、实施科技攻关项目和小发明、小创造等手段，鼓励大家围绕生产中遇到的难题，自主地开展创新创效活动，全力调动公司员工技术创新的积极性和能动性，从而进一步增强企业发展的动力。

（四）文化创新

文化是一个国家和民族的灵魂，也是一个企业生存与发展的力量源泉。

1. 创新文化理念

突出人本思想，坚持"企业发展与员工发展相协调"，在积极帮助员工实现个人价值的同时，引导他们把实现个人价值与企业价值融为一体，进一步提升企业的凝聚力。

2. 创新文化传播手段

坚持以信息化促进现代化，充分发挥信息网络技术的优势，积极开发网络信息资源。积极探索实施"无意识教育"，强化情感管理，通过环境的优化美化、领导干部的人格魅力潜移默化地向员工传导先进的文化理念，以人文环境的改变促进人性的提升。

3. 提高文化建设的效能

树立起诚信、合作、奉献和服务的形象，构建广大员工不怕苦、不怕累、连续作战的品质，大力弘扬"努力超越、追求卓越"的企业精神，用行动和爱心，诠释企业文化的张力，以及在多年文化积淀中历练出来的社会责任意识，诠释"以人为本，服务社会"的企业价值观，创造出具有广泛认知度和较高美誉度的品牌形象，把文化变为无形资产，进一步提升企业可持续发展的潜力。企业的生存与发展，关键是把握市场的脉搏，依靠不断的制度、管理与科技创新开发适销对路的产品，来应对日益激烈的市场竞争。创新带来的经济效益巨大，创新为企业的可持续发展提供源源不断的驱动力。

【课后实训】

1. 有人说："不创新就是在等死，创新则是找死"，你如何理解这句话？谈谈创新与企业可持续发展的关系及其影响的主要因素。

2. 一个人在紧急情况下，才能更好地发挥其潜在的创造力和主观能动性，下面的游戏将帮助我们练习在遇到困难时，如何做计划，如何合作以及如何有效地利用有限资源。

游戏规则和程序：

（1）老师给大家讲下面一个故事：泰坦尼克号即将沉没，船上的乘客（学生）须在"泰坦尼克号"的音乐结束之前利用仅有的求生工具——七块浮砖，逃到一个小岛上。

（2）老师指导学生布置游戏场景：用 25 米的长绳在空地上摆成一个岛屿形状，在另一边，摆四个长凳，用另外的绳子作为起点。

（3）给学生 5 分钟时间讨论和试验。

（4）出发时，每一个人必须从长凳的背上跨过（就如同从船上的船舷栏杆上跨过），踏上浮砖。在逃离过程中，船员身体的任何部分都不能与"海面"——地面接触。

（5）自离开"泰坦尼克号"起，在整个的逃离过程中，每块浮砖都要被踩住，否则老师会将此浮砖踢掉。

（6）全部人到达小岛，并且所有浮砖被拿到小岛上，游戏才算完成。

相关讨论：

（1）小组可以想出什么样的办法来达成目标？

（2）小组是否确定出领导者？是根据什么确定的？撤离方案的形成是领导的决定还是小组讨论的结果？

（3）小组的方案是否坚决贯彻到底了？中间发生了什么变化？为什么？

（4）事后回顾当初的方案觉得是否可行？有更好的方案吗？为什么当时没有想到或没有提出来？

（5）小组是如何分配组员撤离的先后次序的？考虑到了什么因素？

总结：

如何应付突如其来的紧急情况，反映了一个人头脑的清醒程度和他的应变能力；同时，如何利用有限的资源更大程度地达到我们的目的，也是观察一个人想象力和创造力的最好途径。

第三节　社会责任对管理者提出的要求

由北京数 100 市场研究有限公司和青年华商峰会组委会对一百名企业的中高层管理者所做的一项调查显示，企业管理者们基本上都认为企业应该有社会责任，而且这种社会责任与企业的目标和利益是不冲突的。调查显示，认为应该有企业社会责任的人占 88%，认为不应该的只有 4%，无所谓的有 8%。对于目前中国企业履行社会责任的状况，认为不怎么样和很差的占到了一半，认为很好的只有 4.5%。至于社会责任和企业竞争力之间的关系，一大部分人还是认为有社会责任会增强竞争力，另外有 1/4 的人认为这两者之间毫无关系。这其实反映了现在企业家的多种心态。作为企业管理者，如何正确履行社会责任，成为企业的每个管理者都要引起重视的核心问题。

一、企业管理人员的社会责任要求

结合企业和企业管理人员的社会责任，有如下几点必须要做到：

一是企业依法纳税，为社会经济建设出力。国家建设社会的资金多数来源于国家税收，而企业是税收的主要缴纳者，只有企业依法纳税，国家经济职能才能得到保障。

二是企业为社会提供就业岗位，缓和就业压力并安抚社会矛盾。只有人民安居乐业，生活才能够稳定和谐。在中国，就业始终是一个大问题。企业的一大社会责任无非是如此。

三是企业生产质量有保障的产品。企业是有输出的经济组织，它生产的产品是社会的财富。如果企业生产出劣质的产品，比如含有三聚氰胺的牛奶，这给社会带来的危害是巨大的。

四是企业应当关注社会慈善。达则兼济天下。

二、社会责任履行中管理者任务分解

要很好地贯彻并履行社会责任，管理者的任务可以分为两部分：一是外部任务，也就是在企业的外部，我们要以企业公民的身份参与社会活动，用我们的能力和资源为社会做出贡献，同时通过我们的行为引领社会潮流，形成标准，建立起竞争优势。第二是内部任务。首先就是我们的核心业务，业务流程，关于 CSR 指标的研究开发，还有采购、营销，以及价值链责任管理。同时我们要协调企业内部的所有资源，促进企业以核心业务为基础的可持续发展。另外，还有社会责任报告。社会责任报告是沟通工具，更是管理工具，是提高企业的可持续发展领导力的一种工具，而不只是一个简单的宣传、报道、包装和传播的工具。

三、管理者履行社会责任管理的能力建设

社会责任领导力的问题，涉及社会责任的组织管理体系。可以看到，现在有的公司设立了 CSR 经理人岗位或者一个社会责任部门，却往往不能完成我们所想要完成的任务；有的公司还成立了社会责任管理委员会和协调机构，可还是没能解决社会责任管理方面的问题。为什么？这涉及一些职能机构的设定，以及各个不同单元的参与方式，不同方面的观点和利益如何在一个平台上整合起来，这个工作实际上没有做，或者说没有做到位，如果这个工作没做好，那么可以认为所有的组织机构都是虚设，矛盾会越来越大。

企业管理者履行社会责任的能力建设分为两个部分，第一是管理者的专业能力，专业能力首先包括对企业社会责任的认识；第二是要对企业社会责任最重要的管理工具有所了解。如果不了解，那么从事社会责任工作就没有方法。不同的管理者，在不同的层次上，他们所从事的工作在深度和广度上是不一样的，但都需要进行基本的训练和具备基本的素质，以及职业化的要求。第三是社会能力。应该说，CSR 管理者所需要的社会能力，与其他方面的管理者在社会能力方面的要求并没有根本的区别，只不过，由于企业社会责任和可持续发展是一个崭新的课题，又是一个综合的跨学科的领域，涉及企业和社会在微观和宏观层面相结合的很多问题，所以对管理者的社会能力的要求更高，其中包括沟通能力、协调能力、创新能力、合作能力。在合作能力方面，比如说与非政府组织的合作，按什么样的方法与方式去实现非政府组织和企业之间的合作，如何设定项目，如何评价绩效等，这些都很重要。

四、管理者应主动承担社会责任的方式

尽管企业社会责任并没有一个单一的定义，也并非法律上的强制规定，但从本质上讲，作为企业的管理者，需要做三件重要事情：

第一，管理者应认识到，其经营活动对其所处的社会将产生很大影响；而社会发展同样也会影响其追求企业成功的能力。

第二，作为响应，管理者积极管理其经营范围中所涉及的，诸如经济、社会、环境等方面的事务，不仅会为公司的业务运作和企业声誉带来好处，而且还使其造福于企业所在地区的社会团体。

第三，使公司通过与其他群体和组织、地方团体、社会和政府部门进行密切合作，来

实现这些利益。

【课后实训】

　　他，当今的乳业巨子，亿万身家。突然宣布捐出全部股份，不留给儿女一分一毫，这一被冠以"裸捐"的行为，是善举，还是炒作？2007年1月10日，牛根生亲临CCTV2《商务时间》，在媒体精英的"拷问"中，"裸捐"的真相浮出水面。

　　蒙牛乳业董事长牛根生的"裸捐"到底"裸"到什么程度？真的一个子也不剩吗？国家发改委主管的国家信息中心主办的《管理学家》杂志社执行主编兼运营总监、兼总经理樊登先生，作为中央电视台的主持人，对牛根生进行了深度访谈。下面是访谈部分摘录。

　　樊登：我得问问牛总，您真的一点儿也没留吗？

　　牛根生：股份是一股也没有留，钱家里还有点儿。钱的话，你每个月的工资，不能把工资每个月发的也都捐了。

　　樊登：就是大家现在都变成工薪一族了，是吧？

　　牛根生：对，至少是比一般有股的人吧，可能差点，但是比没钱人还强点儿。

　　何力（经济观察报社社长，首都师范大学教授）：牛总有一个女儿，过去跟同学的关系好像不是很好，是因为同学觉得牛总的女儿很有钱，经常吃大户什么的。说后来，牛总捐了以后，女儿跟同学的关系也变得特别融洽了，因为从此以后，牛总的女儿也变成了没钱人，也变成了普通人了。那么，所以其实牛总的这个捐是为了解决自己和家人的心灵问题呢？还是为了帮助别人呢？

　　陈宇廷（麦肯锡国际企管资深顾问）：我们不必看企业家赚了钱，好像心生嫉妒，恨不得他们把钱也都捐光了，这干什么呢？只要他开始在做一个好事情，在帮助这个社会，不管他是不是"裸捐"，还是有商业目的，我们不要去怀疑他的动机，我们尽量看一个光明、正面的东西。

　　牛根生：清代商人胡雪岩故居有两句话，说"传家有道唯存厚，处世无奇但率真"。后来我看了看他尽管那么精明，那么能算计，最后结果还是被洋人给算计了。最近看到你们央视这三五年来放了很多的片子，比如说《大染坊》《大宅门》，还有《乔家大院》，这些主人公的下场基本上跟胡雪岩都差不多。所以，我感到国运和家运有特别大的关系。

　　问题：通过上述牛根生访谈的摘录，你作为企业的管理者，将如何很好地履行社会责任呢？你在履行企业社会责任时，要如何应对各种媒体和公众关注呢？

第四节　创新对管理者提出的要求

　　上一节中，我们一起学习了作为管理者如何履行企业社会责任，本节中我们将继续学习为了实现企业的可持续发展，基于创新需求对管理者提出了哪些具体要求。

一、创新对管理者的重要性

　　创新的关键和前提在于观念的创新。思想观念的力量是无穷的，观念的转变，会导致态度、行为乃至习惯的改变，最终使得人生发生改变。因此，管理者要时刻反省自己的思想观念和思维方式，以免落后于他人。

保持思想先进和创新的根本在于学习，没有学习力，就没有竞争力。在未来的一段时间，管理者的核心竞争力是比竞争对手更快的学习能力；企业的核心竞争力是员工集体努力学习、突破旧企业模式的能力；个人的核心竞争力是通过学习不断否定自我、超越自我的能力。

人最大的敌人是自己，战胜自己就会取得胜利。管理者只有通过创新和变革增强企业综合实力，才能在竞争中保持不败的地位。

实际上，很多企业本末倒置，采用不光明、不正当的手段打压竞争对手、欺骗消费者，长久下去使企业陷入恶性的竞争循环。比如，三鹿奶粉的三聚氰胺事件，不仅剥夺了众多无辜孩子的健康，还使民族乳业品牌毁于一旦；双汇等一些国内一线肉制品公司瘦肉精等事件，严重影响了普通大众对国内产品的信任感。

二、管理者的创新领域与创新三要素

1. 创新的领域

作为管理者，创新涉及的领域很广泛，主要包括以下六方面：

（1）知识创新。知识的排列组合是一种创新。管理者只要择取零碎松散的旧知识，将其系统化，重新排列组合，就会产生新的知识。

（2）技术创新。牛顿曾经说过，"我之所以看得远，是因为我站在巨人的肩膀上。"如今很多新技术、新发明都是在前人的基础上进一步提升的结果，管理者一定要善于在原有技术的基础上进行创新。

（3）组织创新。组织创新是指组织的扁平化与学习型团队。"分久必合，合久必分"，当管理者处于无路可走的状态时，将原有的组织结构框架调整、变革，也会出现"柳暗花明又一村"的效果。

（4）营销创新。营销的方式也需要创新。很多商品本来没有需求，精明的商人懂得通过创新创造需求。

案例：和尚买梳子

李四是位梳子推销员，他每天走街串巷，到处推销工艺梳。一天，李四无意间经过一处寺庙，望着人来人往的寺院，一下子有个主意，于是径直进了寺院。

施见面礼之后，李四对方丈说："贵院香火十分兴旺，但是我有一种方法可以使贵院的香火收入增加一倍。我们的梳子功效神奇，可以活血化瘀和防止脑血管硬化，你们如果利用好它的特效功能，对前来进香捐赠的香客给予一定的回赠，叫寺庙里的师傅们给这些梳子再开开光，刻上"积善"两字，功力就一定会更加神奇。这样香客回家使用后就会感觉是佛的力量，会更加敬佛和捐赠的。"

方丈一听有理，立刻与李四签订了长期合作的协议。

问题：李四创新的营销方式对企业管理者有何启示？

从这个案例可见，李四可谓是采用了创新的营销方式，把梳子卖到寺院，听起来是无稽之谈，实际上却隐含无限商机。在职场的强烈竞争中，管理者只有时刻保持创新的思路，最终才能有所收获。

（5）管理创新。管理创新是企业变革与流程再造的过程。随着社会不断发展，企业原有的管理方法并不能满足时代的需求，管理创新便成为企业寻求生存和发展的中心任务。

（6）文化创新。企业进行文化创新的最终目标是使企业永续经营，基业长青。企业文化必须随着时代变迁而变迁，经过创新发展，才会成功地将无形的价值转化为有形并可衡量的目标，全面提升企业效益。

创新是一把双刃剑，有利也有弊。管理者不能因惧怕创新带来的负面影响，就停止创新的步伐。而是应该利用好这把双刃剑，时刻准备面对挑战。

2. 管理者创新三要素

管理者想要创新，主要掌握三要素：

（1）构思概念。概念构思是创造性思维的体现，具体表现为由粗到精、由模糊到清晰、由具体到抽象不断进化的过程。

（2）选择素材。选择素材，即寻找适当的工具来表达已完成的概念构思。

（3）表现手法。表现手法也是管理者必须注意的创新要素之一。相同的素材用不同的表现手法，往往会产生不同的效果。

三、管理者应掌握的创新八个工具

创新的工具有八个，其中"魔岛理论"和"天才理论"是普通人难以达到的创新，"拼图理论""巴列托法则"、改变观念、改变用途、新语言和新感觉是以普通大众为切入点的创新。创新有三种形式：真正的发明创造、组合、改变用途。

1. "魔岛理论"

在创新的形式中，"魔岛理论"属于发明者之一。"魔岛理论"包含无中生有，异想天开的意思，主要涉及一些高技术行业，如生物制药等。

2. "天才理论"

"天才理论"属于创新形式中的发明者之二。有些人的天赋是与生俱来的，比如美国游泳健将菲尔普斯，普通人难以望其项背。

3. "拼图理论"

"拼图理论"是指把旧的东西组合到一起，形成新的物品，属于创新形式中的组合者之一。比如，最初的手机只能打电话，而如今却集电话、相机、电脑于一体，就形成了一个典型的"拼图理论"。

4. "巴列托法则"

与拼图理论不同，"巴列托法则"是把新的东西排列组合，属于创新形式中的组合者之二。在创新领域之中，拼图理论与巴列托法则应用非常广泛，前者的创新产品可以申请实用新型专利，后者可以申请发明专利。

5. 改变观念

变性分为改变观念和改变用途，改变观念是创新形式中的变性者之一。把旧的观念改变之后应用于今天，也属于创新，比如，在封建社会，统治者用"仁义礼智信"来规范人们的行为，现已成为中华民族恪守的美德。

6. 改变用途

改变事物的用途也可以产生创新，被称为创新中的变性者之二。比如，可口可乐最初是作为药物来使用的，如今已成为世界流行的饮料。

7. 新语言

新语言是创新工具中的符号者之一。如今网络催生了很多新词汇，诸如"给力""神马都是浮云"等，都属于新的语言。

8. 新感觉

新感觉属于创新中的符号者之二。新的词汇和语言固然会给人新的感觉，新词所表达出的含义，效果往往比旧词更令人印象深刻。

在实际工作中，管理者的创新不能简单地停留在产品和技术创新的层面，更重要的是思维方式的创新。拘泥于旧有的思维不懂变通，只会让管理陷入困境。

【课后实训】

5 人左右组成一个课外实训小组，选择身边真实的企业，或者通过网络搜集典型公司作为研究对象，调研所选公司的社会责任履行情况，分析所选公司的创新能力，研究管理者对其管理能力的体现，完成以下问题：

（1）该公司承担社会责任情况如何？作为管理者，应如何改进？

（2）该公司开展哪些方面的创新？管理者应在哪些方面提升自身和企业的创新能力？

本章小结

现代企业应在追求经济利益的基础上，勇于承担相应的社会责任。企业管理者应将社会责任贯彻到企业文化精神中，如此方能保障企业的长期利益，实现企业的可持续发展。而创新是企业在市场竞争中立于不败之地的内源性驱动力，作为管理者，必须居安思危，将创新的精神融入企业的每个员工。

本章习题

1. 什么是企业社会责任？企业社会责任与企业可持续发展存在什么关系？

2. 联系实际，讨论企业社会责任与企业经济责任的关系。

3. 评价自身的管理能力，并为自己设计一套管理者创新能力提升方案。

4. 提升企业的创新能力，作为管理者，应该从哪几个方面努力？

5. 讨论企业家、慈善家与富翁的区别。

参考文献

[1]陈春花. 管理的常识[M]. 北京：机械工业出版社，2010.

[2]查尔斯·汉迪. 非理性的时代：掌握未来的组织[M]. 北京：华夏出版社，2000.

[3]斯蒂芬·P. 罗宾斯，玛丽·库尔特. 管理学（第九版）[M]. 北京：中国人民大学出版社，2008.

[4]周三多. 管理学（第四版）[M]. 北京：高等教育出版社，2014.

[5]徐国华，张德，赵平. 管理学[M]. 北京：清华大学出版社，1998.

[6]杨文士，焦叔斌，张雁，李晓光. 管理学[M]. 北京：中国人民大学出版社，2009.

[7]许淑君，江志斌. 网络环境对组织创新的影响研究[J]. 工业工程与管理，2005（1）：64-67.

[8]孔德议，张向前. 我国小微企业发展环境支撑体系研究[J]. 理论探讨，2013（4）：101-105.

[9]奥雷德蒙德·马利克. 管理技艺之精髓[M]. 北京：机械工业出版社，2010.

[10]李毅心. 跟德鲁克学管理，跟科特勒学营销[M]. 长春：吉林科学技术出版社，2014.

[11]彼得·圣吉. 第五项修炼[M]. 上海：读书·生活·新知三联书店，1998.

[12]曾仕强，刘君政. 领导的真功夫[M]. 北京：北京联合出版公司，2011.

[13]克里斯·布雷迪，奥林·伍德沃德. 每个人都能成为好领导：发现和培养你的影响力[M]. 海口：南海出版公司，2010.

[14]周一波. 每天学点领导学大全集[M]. 上海：立信会计出版社，2011.

[15]张贤军. 中层领导的上与下：提升中层领导力的 5 个管理细节[M]. 南宁：广西人民出版社，2010.

[16]陈德起. 中国式领导力修炼[M]. 南京：江苏人民出版社，2010.

[17]崔秉权，姜珍求，金贤基，韩桑烨. 中层领导力：来自世界 500 强的中层内训课[M]. 北京：中央编译局出版社，2010.

[18]徐碧琳. 管理学原理[M]. 北京：机械工业出版社，2012.

[19]编者. 诚征稿件[J]. 中国人力资源开发，2016，（3）：201.

[20]程云喜. 管理沟通[M]. 开封：河南大学出版社，2014.

[21]王瑞永. 管理沟通——理论、工具、测评、案例[M]. 北京：化学工业出版社，2014.

[22]马翠华等. 管理沟通：技能与开发[M]. 北京：清华大学出版社，2015.

[23]大卫·A. 惠顿（David A. Whetten）[M]. 北京：机械工业出版社，2012.

[24]江林茜等. 管理沟通[M]. 成都：西南财经大学出版社，2012.

[25]杜慕群. 管理沟通案例[M]. 北京：清华大学出版社，2013.

[26]康青. 管理沟通[M]. 北京：中国人民大学出版社，2015.

[27]崔佳颖. 管理沟通实践[M]. 北京：经济管理出版社，2015.

[28]余世维. 有效沟通[M]. 北京：北京联合出版公司，2012.

[29]沛霖·泓露. 有效沟通[M]. 北京：中国商业出版社，2017.

[30]权锡哲. 领导能力培训全案[M]. 北京：人民邮电出版社，2007.

[31][美]大卫·A. 威坦，金·S. 卡梅伦. 管理技能开发[M]. 北京：清华大学出版社，2004.

[32][英]理查德·丹尼. 激励为王[M]. 福州：海峡文艺出版社，2003.

[33]陈琳. 管理原理与实践[M]. 北京：国防工业出版社，2007.

[34]陈明，余来文，曾国华. 管理技能[M]. 福州：福建人民出版社，2013.

[35]凯瑟琳·马特尔. 管理学[M]. 南京：南京大学出版社，2009.

[36]莱斯利·W. 鲁等. 管理学：技能与应用（13 版）[M]. 北京：北京大学出版社，2013.

[37]黎红雷. 中国管理智慧教程[M]. 北京：人民出版社，2006.

[38]芮明杰. 管理学（第二版）[M]. 北京：高等教育出版社，2005.

[39]斯蒂芬·P. 罗宾斯，戴维·A. 德森佐，玛丽·库尔特. 管理学：原理与实践（第7版）[M]. 北京：机械工业出版社，2010.

[40]王凤彬，李东. 管理学（第三版）[M]. 北京：中国人民大学出版社，2003.

[41]王祖成. 世界上最有效的管理：激励[M]. 北京：中国统计出版社，2002.

[42]吴照云等. 管理学（第 2 版）[M]. 北京：科学出版社，2011.

[43]辛枫冬，刘建准. 管理学原理[M]. 北京：经济科学出版社，2014.

[44]袁凌. 现代企业中层管理者的激励问题[J]. 财经理论与实践，2002（3）.

[45]周三多，陈传明. 管理学（第 3 版）[M]. 北京：高等教育出版社，2010.

[46]张满林. 管理学理论与技能[M]. 北京：中国经济出版社，2010.

[47]彼得·德鲁克. 管理的实践[M]. 北京：机械工业出版社，2006.

[48]彼得·德鲁克. 卓有成效的管理者[M]. 北京：机械工业出版社，2009.

[49]彼得·康德夫. 冲突事务管理——理论与实践[M]. 北京：世界图书出版公司，1998.

[50]陈春花. 管理沟通[M]. 广州：华南理工大学出版社，2001.

[51]程新友. 团队建设与有效沟通[M]. 北京：中信出版社，2004.

[52]罗伯特·希斯. 危机管理[M]. 北京：中信出版社，2001.

[53]卢盛忠. 管理心理学[M]. 杭州：浙江教育出版社，2006.

[54]斯蒂芬·P. 罗宾斯. 组织行为学[M]. 北京：中国人民大学出版社，2005.

[55]杨树波，尤丽. 有效管理沟通在企业中的作用及实现途径分析[J]. 现代营销，2013（4）.

[56]杨文婧. 现代企业管理沟通问题及对策探讨[J]. 现代商业，2013（36）.

[57]周永生. 现代企业危机管理[M]. 上海：复旦大学出版社，2007.

[58]Williams. 群体与团队管理（英文版）[M]. 北京：中国人民大学出版社，普兰蒂斯霍尔出版公司，1997.

[59]王琼芝. 群体行为与团队激励[J]. 企业改革与管理，2005（12）：52-53.

[60]范丽娜，刘卓林，曹英姿. 创建成功的团队管理[J]. 市场周刊，2003（9）：84-85.

[61]熊有坚. 管理心理学在团队建设中的妙用[J]. 北京：中国电力企业管理，2016.

[62]范合君，杜博. 多样化团队群体断裂带研究综述[J]. 经济管理，2015（7）：182-190.

[63]斯蒂芬·罗宾斯. 管理学原理（第 9 版）：英文[M]. 北京：中国人民大学出版社，2016.

[64]朱凯，李健等. 凝聚群体的力量[M]. 成都：四川大学出版社，2016.

[65]陈维政，余凯成，黄培伦. 组织行为学高级教程[M]. 北京：高等教育出版社，2015.

[66]姚裕群，许晓青. 团队建设与管理（第四版）[M]. 北京：首都经济贸易大学出版社，2015.

[67]孙朦. 麦肯锡的团队管理[M]. 沈阳：辽海出版社，2016.

[68]David W. Johnson，Frank P. Johnson，琼森等. 集合起来：群体理论与团队技巧[M]. 北京：中国轻工业出版社，2008.

[69]盖伊·拉姆斯登，唐纳德·拉姆斯登等. 群体与团队沟通[M]. 北京：机械工业出版社，2001.

[70]雷哲. 团队驱动力[M]. 北京：人民邮电出版社，2014.

[71]毕元. 美国式团队[M]. 北京：中国商业出版社，2005.

[72]王桢. 构建高效团队[M]. 北京：社会科学文献出版社，2013.

[73]戚安邦. 项目管理学（第二版）[M]. 北京：科学出版社，2016.

[74]Scott Berkun. 项目管理之美[M]. 北京：机械工业出版社，2009.

[75]美国项目管理协会. 项目管理知识体系指南（PMBOK 指南）（第五版）[M]. 北京：电子工业出版社，2013.

[76]孙裕君等. 现代项目管理学（第三版）[M]. 北京：科学出版社，2016.

[77]邱婉华等. 现代项目管理学（第四版）[M]. 北京：科学出版社，2017.

[78]张建新. 工程项目管理学（第三版）[M]. 大连：东北财经大学出版社，2015.

[79]戚安邦. 项目管理学（第二版）[M]. 天津：南开大学出版社，2014.

[80]刘国靖. 现代项目管理教程（第三版）[M]. 北京：中国人民大学出版社，2013.

[81]白思俊等. 现代项目管理概论（第二版）[M]. 北京：电子工业出版社，2013.

[82]郑志恒，孙洪，张文举. 项目管理概论[M]. 北京：化学工业出版社，2012.

[83]江平. 项目管理概论[M]. 北京：科学出版社，2013.

[84]李春波. 组织设计与发展[M]. 北京：北京大学出版社，2014.

[85]郑明身. 组织设计与变革[M]. 北京：企业管理出版社，2007.

[86]陶莉. 创业企业组织设计和人力资源管理[M]. 北京：清华大学出版社，2005.

[87]朱勇国. 组织设计与职位管理[M]. 北京：首都经济贸易大学出版社，2010.

[88]郭威. 新组织设计：流程与结构[M]. 北京：经济管理出版社，2011.

[89]邓俊荣. 技术创业：企业组织设计与团队建设[M]. 西安：西安电子科技大学出版社，2010.

[90]刘凤霞. 组织与工作设计[M]. 天津：天津大学出版社，2015.

[91]任浩. 现代企业组织设计[M]. 北京：清华大学出版社，2005.

[92]理查德·L. 达夫特，王凤彬. 组织理论与设计[M]. 北京：清华大学出版社，2014.

[93]黄玉清，徐旭珊. 团队授权：创建高绩效的项目团队：创建高绩效的项目团队[M]. 上海：华东理工大学出版社，2003：12-17.

[94]莫斯利. 督导管理：授权和培养员工的艺术[M]. 北京：人民邮电出版社，2003.

[95]岳阳. 让员工跑起来：授权与激励的艺术[M]. 北京：清华大学出版社，2009.

[96]卢小平. 如何有效授权[M]. 北京：北京大学出版社，2004.

[97]珍内特. 有效授权的力量[M]. 重庆：重庆出版社，2011.

[98]魏秀丽，史春祥. 授权艺术：如何修炼有效授权的技能[M]. 北京：机械工业出版社，2014.

[99]罗宾斯. 管理学[M]. 北京：中国人民大学出版社，2012.

[100]德鲁克. 管理的实践[M]. 北京：机械工业出版社，2009.

[101]兰杰·古拉蒂. 管理学[M]. 北京：机械工业出版社，2014.

[102]邢以群. 管理学（第三版）[M]. 杭州：浙江大学出版社，2012.

[103]张岩松等. 现代管理学案例教程[M]. 北京：北京交通大学出版社，2016.

[104]邵剑兵. 管理案例研究[M]. 北京：经济管理出版社，2016.

[105]弗雷德·R. 戴维. 战略管理[M]. 北京：中国人民大学出版社，2012.

[106][美] 小阿瑟 A. 汤普森. 战略管理：概念与案例[M]. 北京：机械工业出版社，2015.

[107]徐碧琳. 管理学原理（第二版）[M]. 北京：机械工业出版社，2015.

[108]A.C.L. 戴维斯. 社会责任[M]. 北京：中国人民大学出版社，2015.

[109]沈洪涛. 公司社会责任思想起源与演变[M]. 上海：上海人民出版社，2007.

[110]陈佳贵. 中国企业社会责任研究报告：2009[M]. 北京：社会科学文献出版社，2009.

[111]刘连煜. 公司治理与公司社会责任[M]. 北京：中国政法大学出版社，2001.

[112]任荣明，朱晓明. 企业社会责任多视角透视[M]. 北京：北京大学出版社，2009.

[113]李洪彦. 中国企业社会责任研究[M]. 北京：中国统计出版社，2006.

[114]田虹. 企业社会责任及其推进机制[M]. 北京：经济管理出版社，2006.

[115]姜启军. 企业社会责任和企业战略选择[M]. 上海：上海人民出版社，2008.

[116]黄晓鹏. 企业社会责任：理论与中国实践[M]. 北京：社会科学文献出版社，2010.

[117]杨洁. 企业创新论[M]. 北京：经济管理出版社，1999.

[118]侯先荣. 企业创新管理理论与实践[M]. 北京：电子工业出版社，2003.

[119]卢福财. 核心竞争力与企业创新[M]. 北京：经济管理出版社，2002.

[120]王曼. 企业创新文化建设[M]. 北京：化学工业出版社，2010.

[121]夏洪胜. 企业创新[M]. 北京：经济管理出版社，2014.

[122]张振刚，陈志明. 创新管理：企业创新路线图[M]. 北京：机械工业出版社，2013.

[123]韦铁. 企业创新能力评价[M]. 北京：知识产权出版社，2010.

[124]曾叔云. 创新之道：中外企业创新经典案例教程[M]. 北京：企业管理出版社，2010.

[125]王宏. 企业创新与发展研究[M]. 昆明：昆明理工大学出版社，2011.

[126]肖广岭，杨淳. 企业创新发展研究：创新型企业模式案例[M]. 北京：清华大学出版社，2015.

[127]全国注册咨询工程师（投资）资格考试参考教材编写委员会. 项目决策分析与评价[M]. 北京：中国计划出版社，2012.

[128]仲崇高. 管理学[M]. 苏州：苏州大学出版社，2009.

后 记

本教材由安轶龙博士、兰芳博士担任主编，两人分别负责拟定教材大纲，确定内容结构，并由安轶龙博士负责总纂、修改和定稿。参与编著此书的编者具体分工如下：第一章、第二章及第八章由安轶龙博士编写，第三、第十章由全香花博士编写，第四章由李奕博士编写，第五章、第六章由王艺暄博士编写，第七章、第九章及第十一章由兰芳博士编写。

天津财经大学高正平教授、刘秀芳教授、张英华教授、凌培全副教授、王海霞副教授对本教材提出了宝贵的建议与意见，在此向他们表示诚挚的感谢。

在本书编写过程中，得到了南开大学出版社的大力支持，在此表示衷心的感谢。同时，也向本书参考文献的诸位编（作）者表示深深的谢意，因为他们的智慧是编写组编写此书的重要基础和思想源泉。

寥寥数语，难以表达感激之情，编写组各位成员唯有在今后更加努力以谢各位的大力支持。

2017 年 7 月